聂 聂卫平围棋 道场系列

聂卫平围棋习题精解

手筋专项训练

（从1级到1段）

聂卫平 ◎ 主编

唐嘉隆 邵 佳 ◎ 编

人民邮电出版社

北 京

图书在版编目（CIP）数据

聂卫平围棋习题精解. 手筋专项训练. 从1级到1段 /
聂卫平主编；唐嘉隆，邵佳编. —— 北京：人民邮电出
版社，2019.9
（聂卫平围棋道场系列）
ISBN 978-7-115-51622-0

Ⅰ. ①聂… Ⅱ. ①聂… ②唐… ③邵… Ⅲ. ①围棋—
对局（棋类运动）—题解 Ⅳ. ①G891.3-44

中国版本图书馆CIP数据核字(2019)第135772号

内 容 提 要

本书是为围棋水平在1级到1段的棋友专门编写的手筋专项习题集。

全书共提供了660道习题及习题答案，内容覆盖10种常见手筋技巧与4种对杀技巧，且习题类型
灵活多变，考察深入到位。此外，在开始进行习题练习前，书中会对即将运用的知识点做出简单回
顾并提供相关例题，以帮助棋友进一步巩固学习基础，提高练习效率。

◆ 主　　编　聂卫平
　　编　　　　唐嘉隆　邵　佳
　　责任编辑　刘　蕊
　　责任印制　周昇亮
◆ 人民邮电出版社出版发行　　北京市丰台区成寿寺路 11 号
　　邮编　100164　　电子邮件　315@ptpress.com.cn
　　网址　http://www.ptpress.com.cn
　　北京虎彩文化传播有限公司印刷
◆ 开本：700×1000　1/16
　　印张：15.25　　　　　　　　2019 年 9 月第 1 版
　　字数：248 千字　　　　　　2025 年 5 月北京第 14 次印刷

定价：58.00 元

读者服务热线：(010)81055296　印装质量热线：(010)81055316
反盗版热线：(010)81055315

序一

围棋是中国传统文化中的瑰宝，古人留下的智慧结晶。围棋蕴含的文化底蕴丰富而深远。对于中国人来说，围棋不仅是一种休闲活动，更是对人类智慧的无止境探索。

20世纪90年代，我致力于创建一个围棋训练场所，让更多的人有机会了解、学习围棋，使围棋爱好者能够专心研习棋艺，成长为更优秀的职业棋手，抱着这样的初衷便有了聂卫平围棋道场。道场不仅是棋手们的家，更是他们之间相互交流学习的平台。道场成立以来，培养了许多位世界冠军和职业棋手，也实现了我当年的愿景。

围棋是我一生的至爱，我曾不止一次说过，对围棋有利的事情，我就会去做。作为国内第一家围棋道场，聂卫平围棋道场不光为职业棋手提供训练、对弈的场所，同时也为小朋友们打开了围棋世界的大门。围棋之法与人生开悟相辅相成，我经常对道场的老师说，既然是围棋学校，要先教做人，再教下棋。围棋的魅力也不仅在于棋局本身，还在于传递一种快乐。

围棋是一项竞技智力的运动，这两年随着人工智能的发展以及阿尔法围棋的横空出世，围棋再次引起了社会各界的关注。很多家长也非常认同围棋在少儿智力开发方面的作用，我也坚信围棋应该进入学校，成为校本课程，惠及更多的孩子。基于这些考虑，为了在围棋普及方面多做些贡献，传承我国优秀的传统文化，聂卫平围棋道场教研组为读者打造了从围棋零基础入门到围棋业余5段这一完整的围棋学习体系。该体系以道场老师们多年的成功经验和教学心得为基础，同时结合少儿的智力发展规律得以完成。希望"聂卫平围棋道场系列"图书能带领更多的孩子走进围棋的世界，启迪智慧，茁壮成长。

聂卫平

序 二

　　小朋友们，大家好！我是柯洁哥哥。

　　你们喜欢下围棋吗？围棋是中国的国粹。我在6岁的时候便开始学习下围棋了，7岁来到聂卫平围棋道场接受专业的训练。记得刚来道场的时候我经常输棋，后来经过道场老师的悉心指导，进步很快。我11岁成为职业棋手，不到20岁便拿下了4个世界冠军。

　　我是一个在围棋上追求尽善尽美的人，从事围棋运动我从来不后悔，因为它总是能带给我快乐。每当下棋下累了的时候，我就坚定地告诉镜子里的自己："我一定能行"。我认为最幸福的事情，莫过于挑战最强大的对手，在对手面前，我从不言败。

　　2017年我代表人类和阿尔法围棋大战三局，让我更加惊叹围棋的无穷变化。人机大战让更多的小朋友了解了围棋、喜爱上了围棋。为了让小朋友们像当年的我一样喜欢围棋运动，聂卫平围棋道场的老师们精心编写了"聂卫平围棋道场系列"图书。这套书覆盖了从围棋零基础入门到业余5段的学习内容，循序渐进、系统性强，既有进阶教程，又有专项训练练习册，是聂卫平围棋道场的老师们多年教学经验的总结。

　　希望"聂卫平围棋道场系列"图书的出版，可以帮助更多的小朋友学习并爱上围棋，了解围棋的魅力。

目 录

扫描下方二维码添加企业微信。

1. 首次添加企业微信，即刻领取免费电子资源。

2. 加入体育爱好者交流群。

3. 不定期获取更多图书、课程、讲座等知识服务产品信息，以及参与直播互动、在线答疑和与专业导师直接对话的机会。

第一章
吃子手筋

　　吃子是围棋中的重要内容。棋友们自入门以来就要反复练习吃子，即使围棋水平到了高级级位和段位，也不能忽视吃子能力的锻炼与提升。值得注意的是，随着围棋水平的提升，吃的技术要求也更高。棋友们要具备更加开阔的视野，懂得判断棋筋的位置，更加注重棋子的配合和对要点的把握。

1.1 征子

征子是连续打吃对方棋子的吃子方法。征子的高级技巧指即使改变征子路线，仍然可以吃掉攻击的目标。

例1

图1 问题图

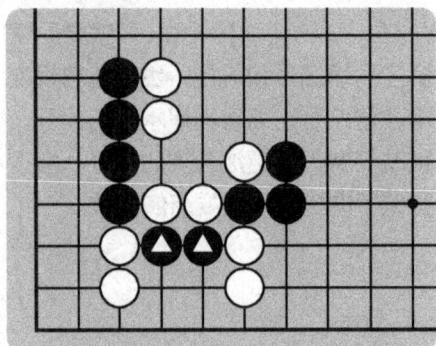

黑先，▲两子处于危险之中，如何才能救出黑棋？

图2 正解图1-1

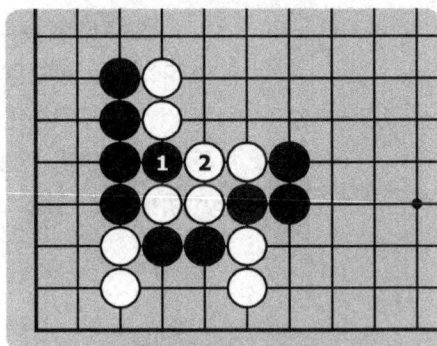

黑1打吃是好棋，白2粘，黑棋"咬住"白棋的棋筋不放。

图3 正解图1-2

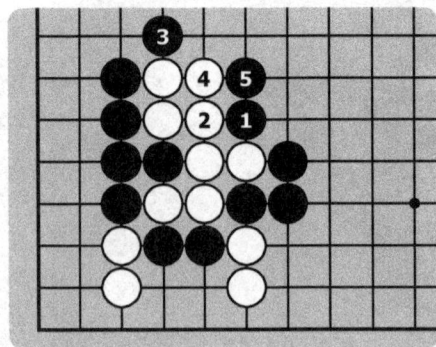

接图2，黑1打吃，至黑5征子，黑棋吃住白棋。

图4 失败图

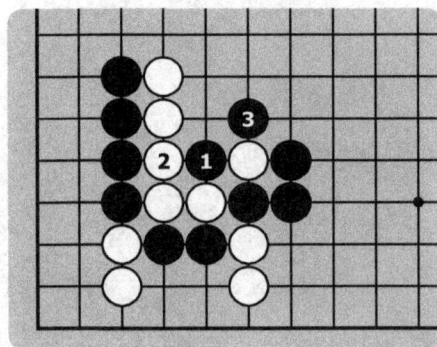

黑1双打吃，看似是好棋。白2粘，白棋成功连接，变成3口气。黑棋虽然吃掉一颗白棋，但由于这颗白棋不是棋筋，黑棋失败。

例2

图1 问题图

图2 正解图1-1

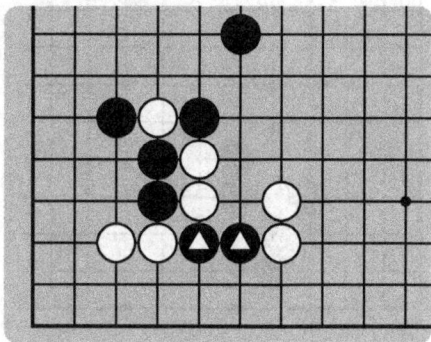

黑先，应该如何救出●两子？

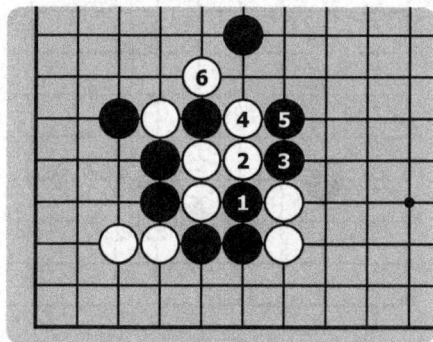

黑1打吃，黑5是好棋，至白6，一切尽在黑棋的掌握之中。

图3 正解图1-2

图4 失败图

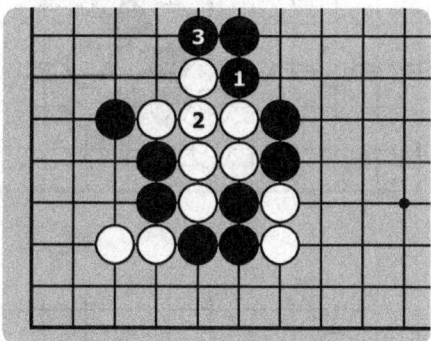

接图2，黑1打吃，至黑3征子，黑棋吃住白棋。

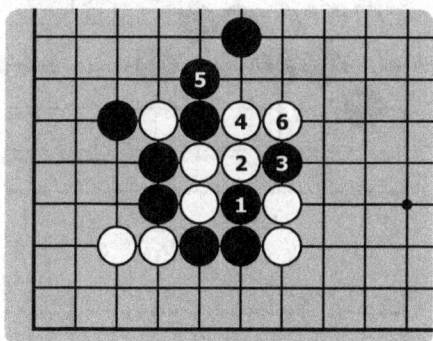

黑1打吃，黑5取小舍大，是有问题的下法。至白6，白棋成功逃脱。

征子（一）

黑先，请利用征子技巧杀白，并写出必要的过程。

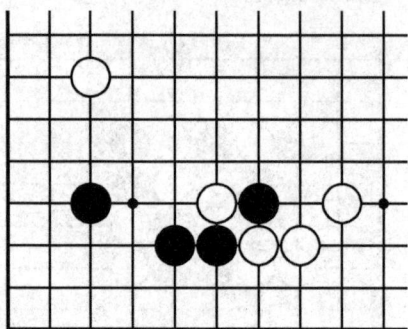

第1题

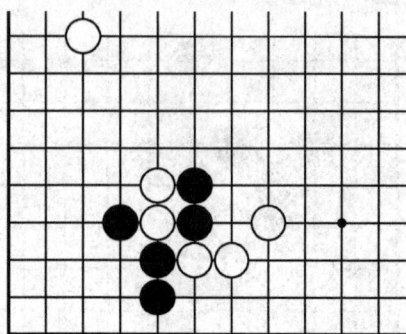

第2题

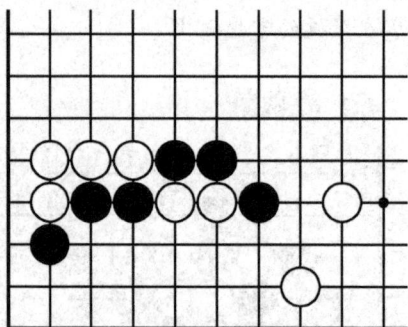

第3题

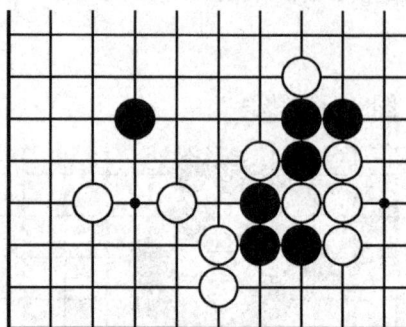

第4题

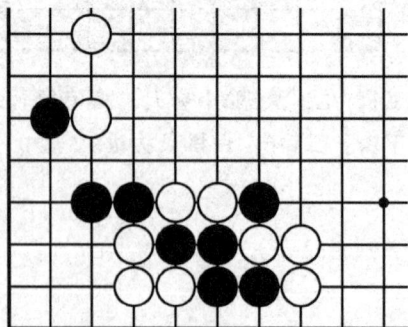

第5题

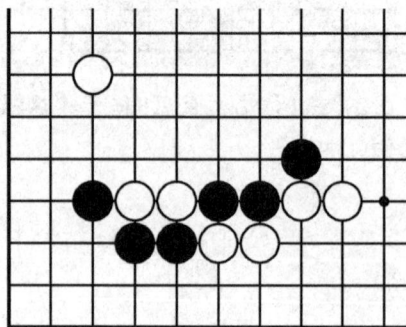

第6题

征子（二）

黑先，请利用征子技巧杀白，并写出必要的过程。

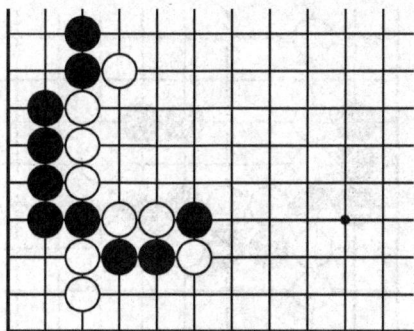

第 7 题

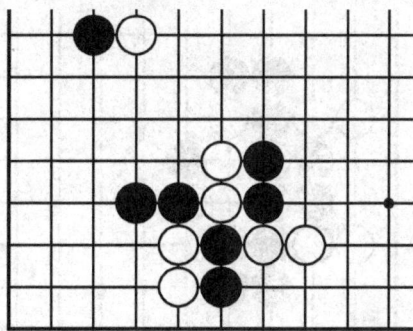

第 8 题

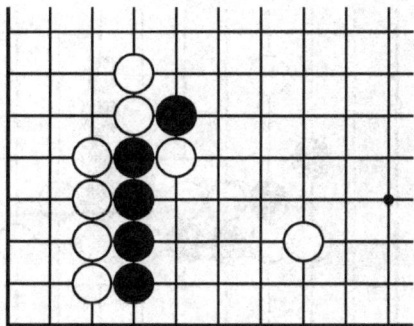

第 9 题

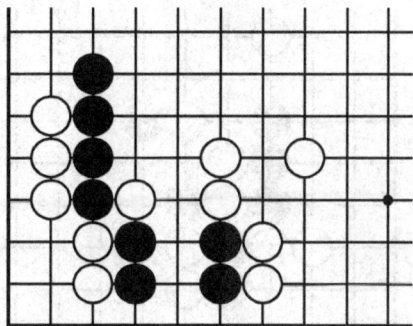

第 10 题

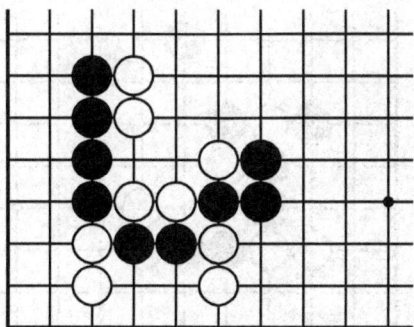

第 11 题

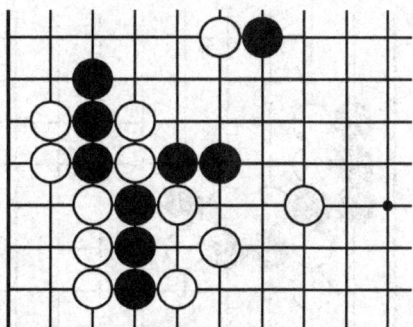

第 12 题

征子（三）

黑先，请利用征子技巧杀白，并写出必要的过程。

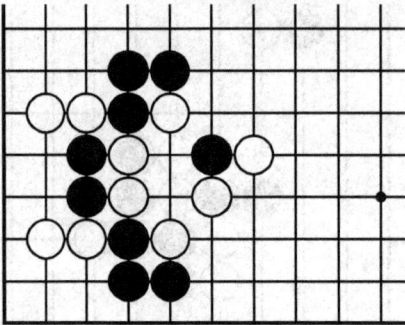

第 13 题

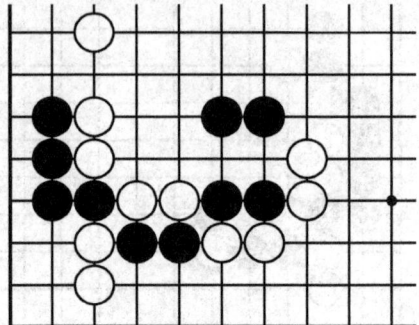

第 14 题

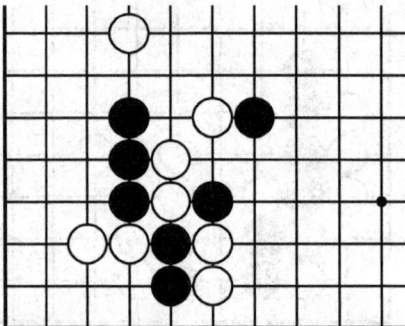

第 15 题

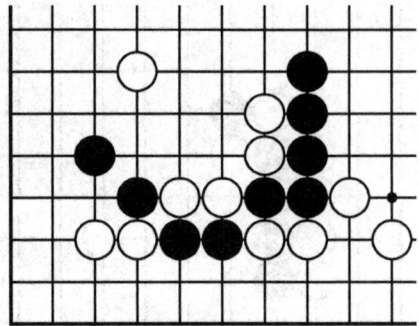

第 16 题

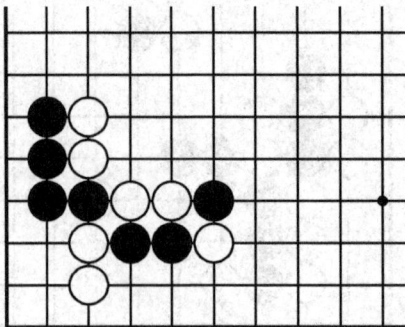

第 17 题

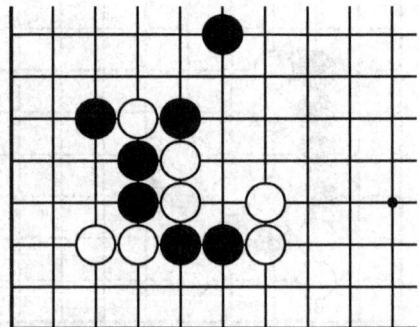

第 18 题

征子（四）

请判断⬤能否逃出，如果能逃出，请在棋盘下方的括号里画"√"，如果不能逃出，则画"×"。

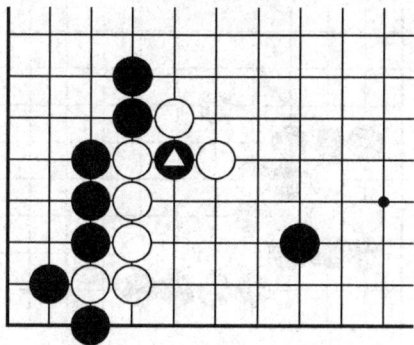

第 19 题 （　　）

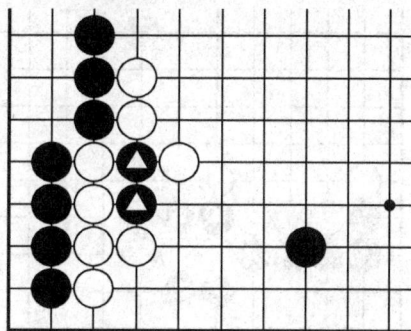

第 20 题 （　　）

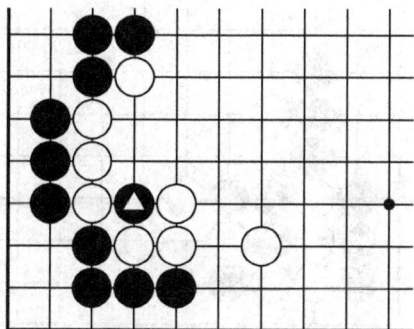

第 21 题 （　　）

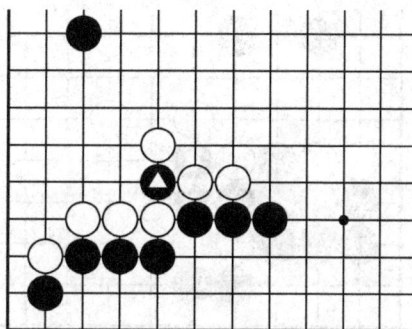

第 22 题 （　　）

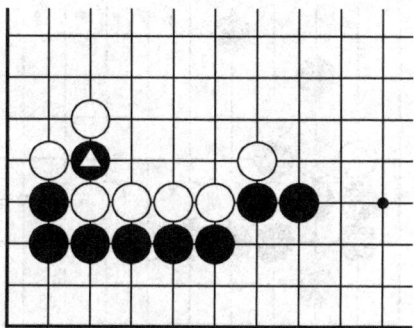

第 23 题 （　　）

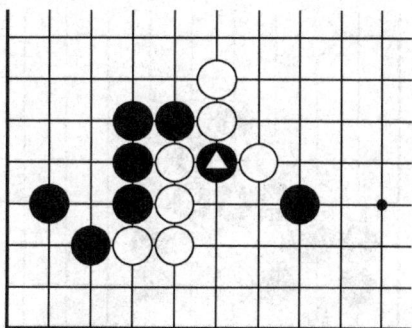

第 24 题 （　　）

征子（五）

请判断△能否逃出，如果能逃出，请在棋盘下方的括号里画"√"，如果不能逃出，则画"×"。

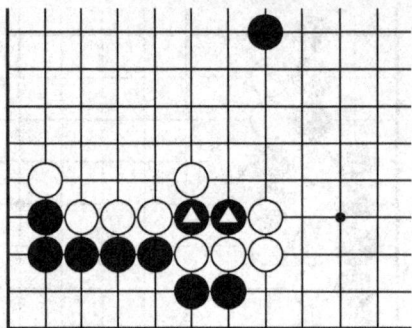

第25题　（　　）

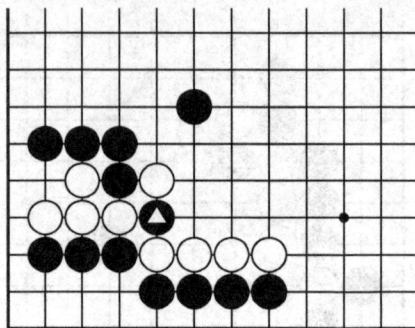

第26题　（　　）

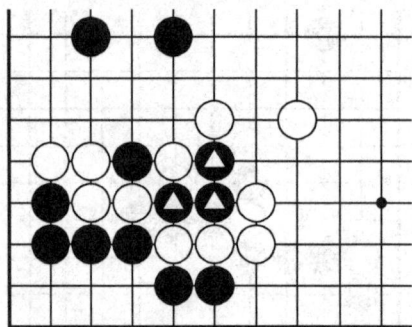

第27题　（　　）

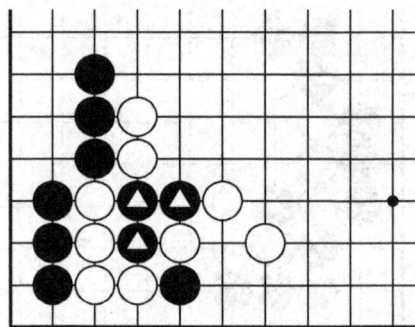

第28题　（　　）

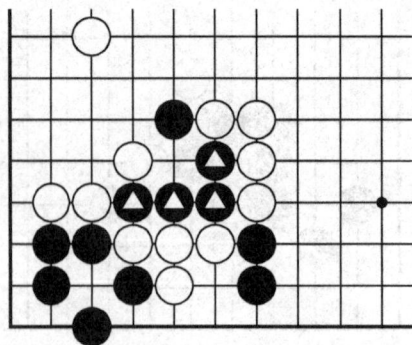

第29题　（　　）

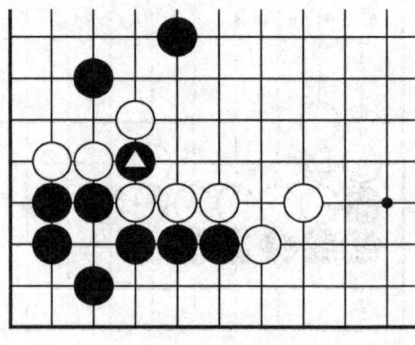

第30题　（　　）

征子（六）

请判断△能否逃出，如果能逃出，请在棋盘下方的括号里画"√"，如果不能逃出，则画"×"。

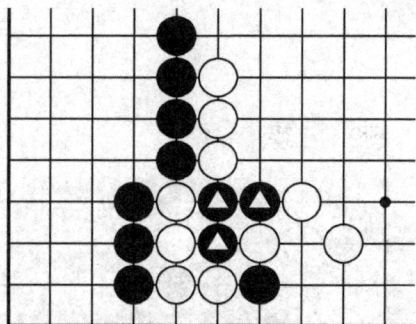

第 31 题 （　　）

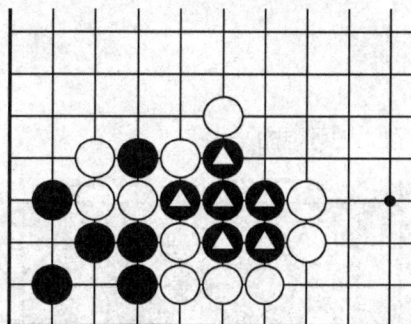

第 32 题 （　　）

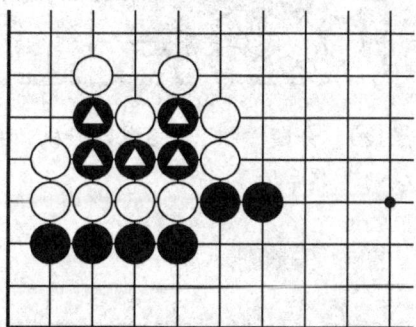

第 33 题 （　　）

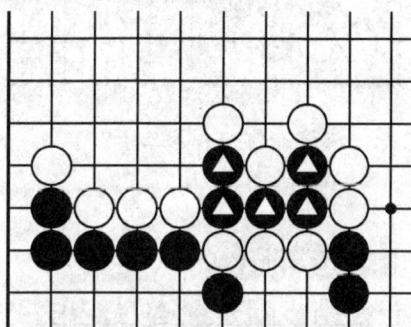

第 34 题 （　　）

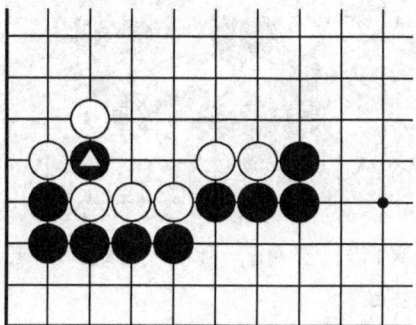

第 35 题 （　　）

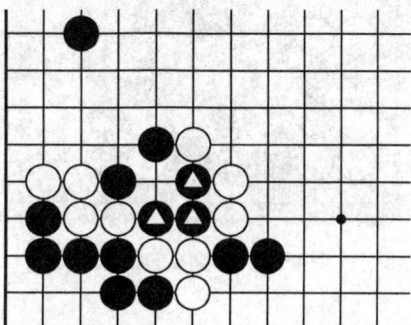

第 36 题 （　　）

1.2 宽征

宽征的招法和征子有相似之处，不同的是，征子的每一步都在打吃对方的棋，而宽征则是使对方松一口气的吃子方法。

例1

图1 问题图

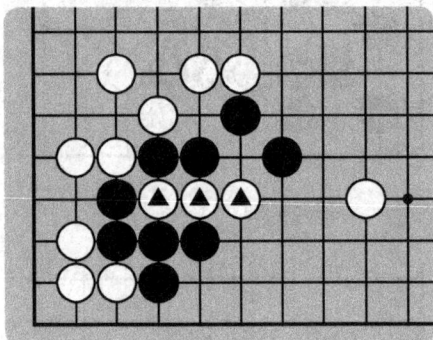

黑先，应该如何吃掉▲三子？

图2 正解图1-1

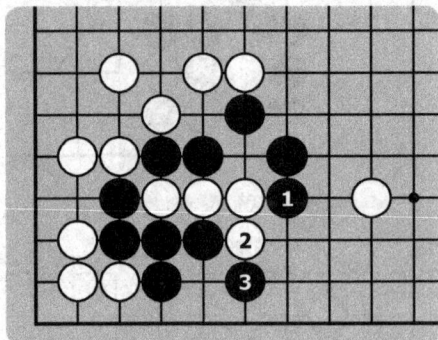

黑1挡，分断白棋，黑3虎是好棋，白棋的气非常紧。

图3 正解图1-2

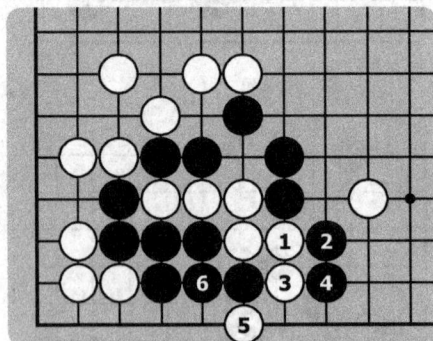

接图2，白1逃，至黑6，白棋被杀。

图4 失败图

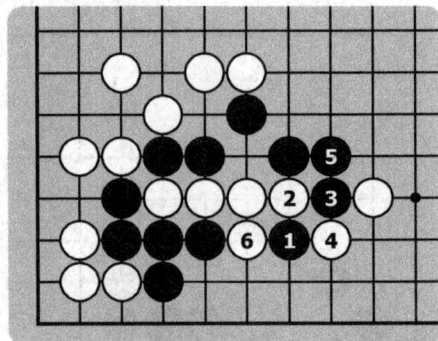

黑1枷，至白6，白棋成功逃脱，黑棋失败。

例2

图1　问题图

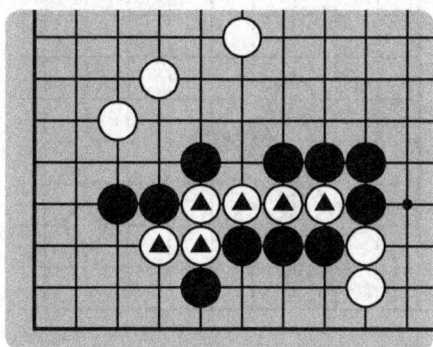

黑先，应该如何吃掉▲六子？

图2　正解图1-1

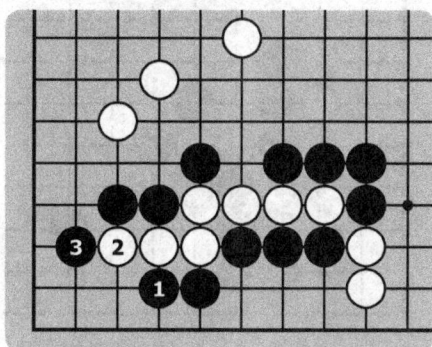

黑1长是好棋，白2只好长，黑3扳，白棋始终只有两口气。

图3　正解图1-2

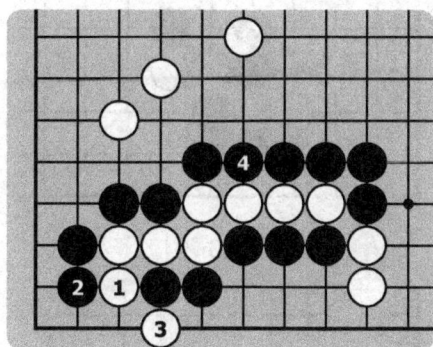

接图2，白1逃，至黑4，白棋被杀。

图4　失败图

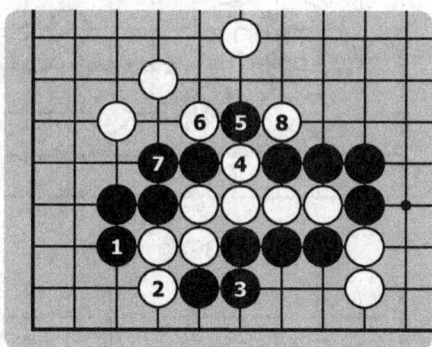

黑1拐不好，至白8，白棋成功逃脱，黑棋失败。

宽征（一）

黑先，请运用宽征技巧杀白，并写出必要的过程。

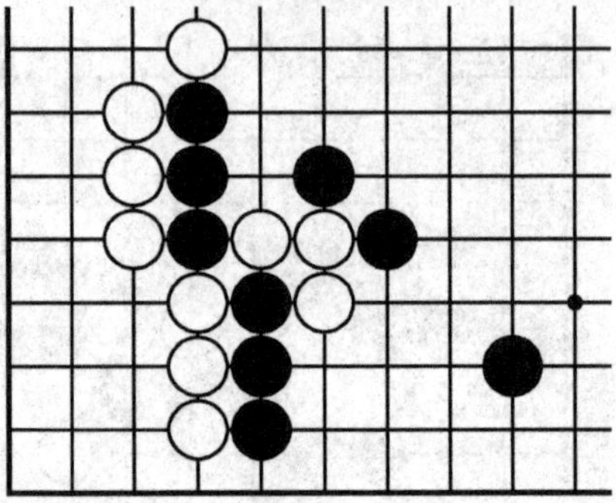

第 37 题

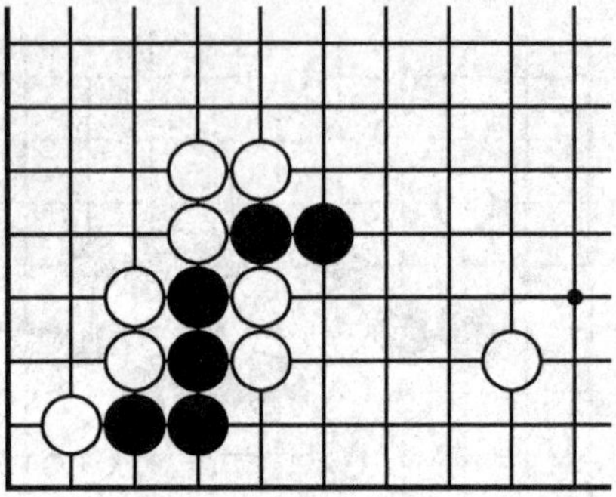

第 38 题

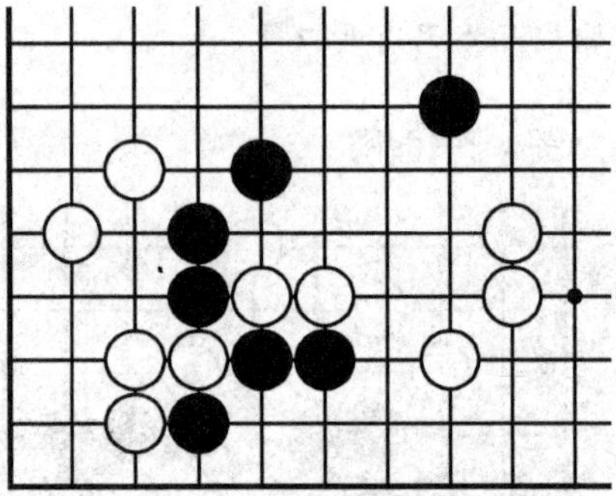

第 39 题

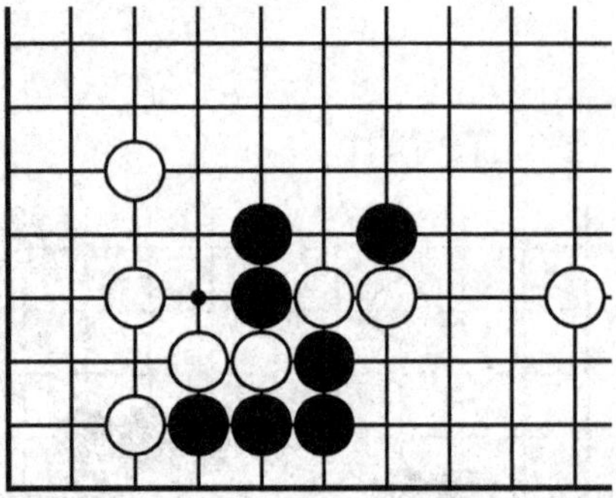

第 40 题

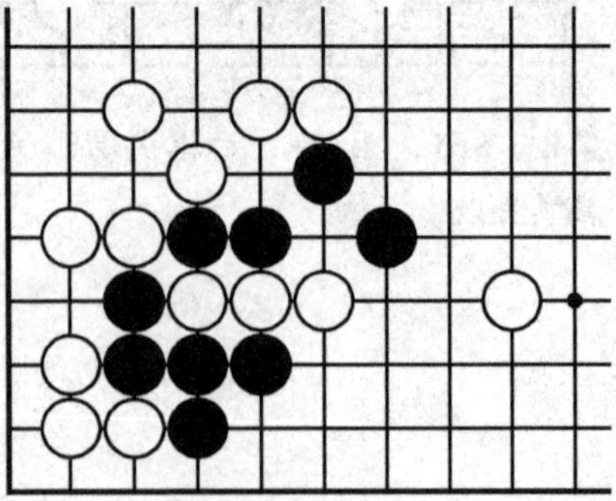

第 41 题

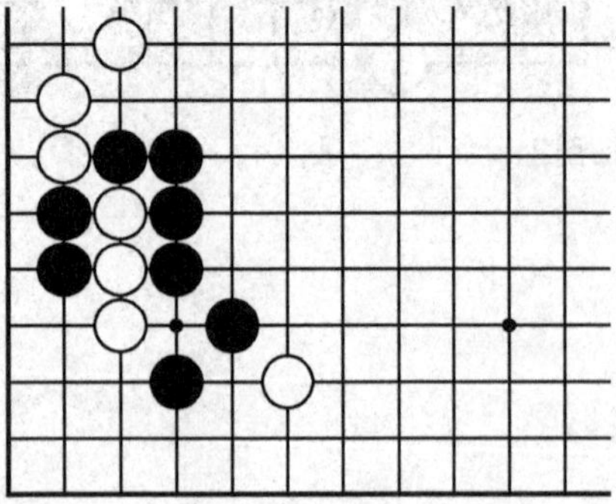

第 42 题

宽征（二）

黑先，请运用宽征技巧杀白，并写出必要的过程。

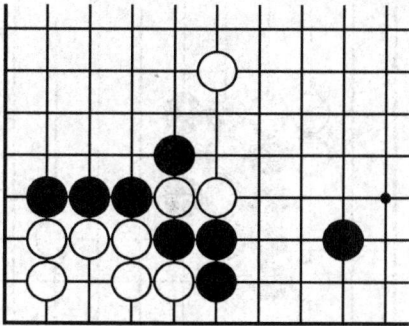

第 43 题

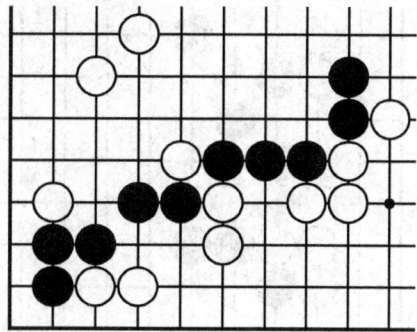

第 44 题

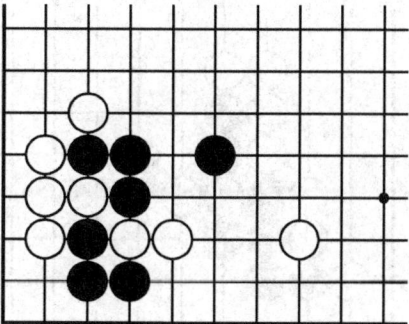

第 45 题

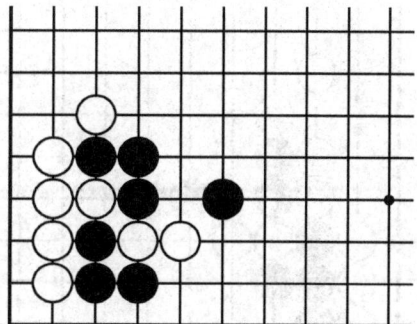

第 46 题

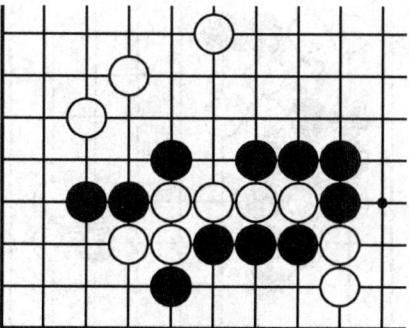

第 47 题

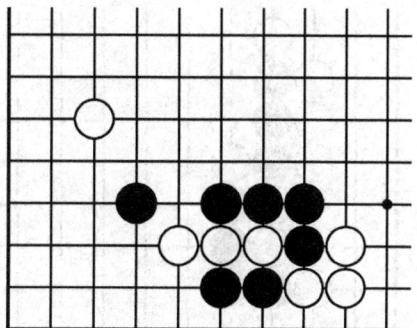

第 48 题

宽征（三）

黑先，请运用宽征技巧杀白，并写出必要的过程。

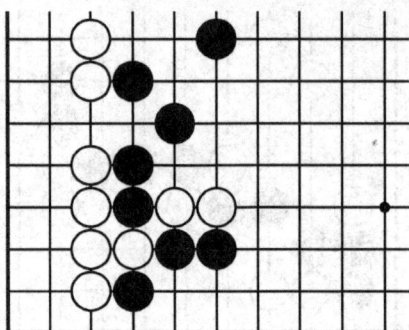

第 49 题

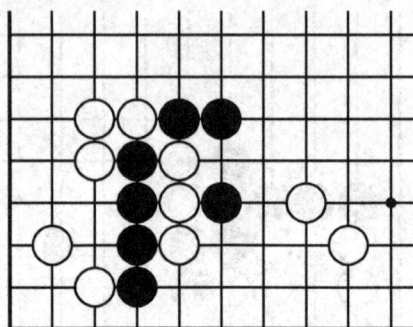

第 50 题

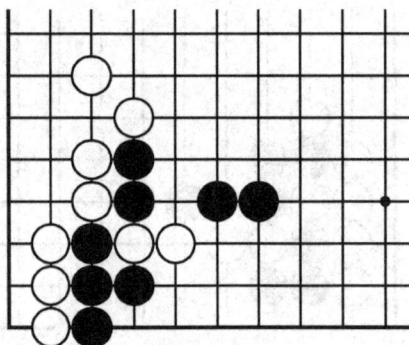

第 51 题

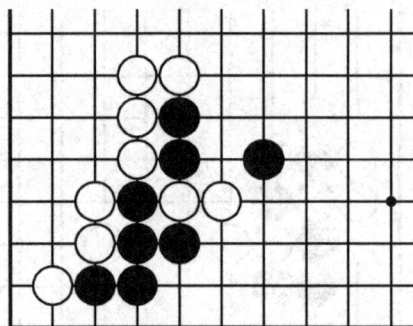

第 52 题

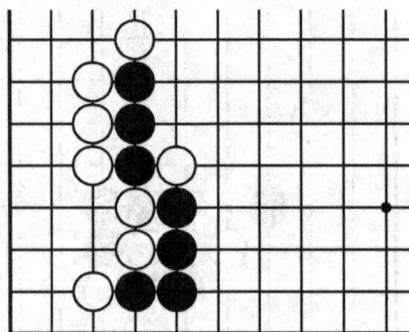

第 53 题

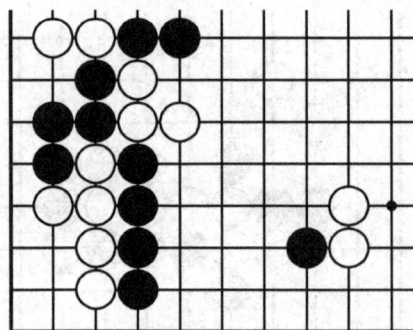

第 54 题

宽征（四）

黑先，请运用宽征技巧杀白，并写出必要的过程。

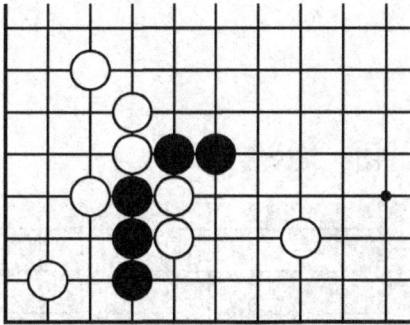

第 55 题

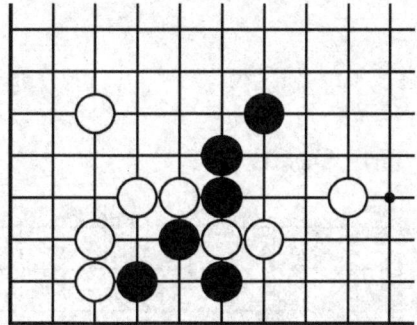

第 56 题

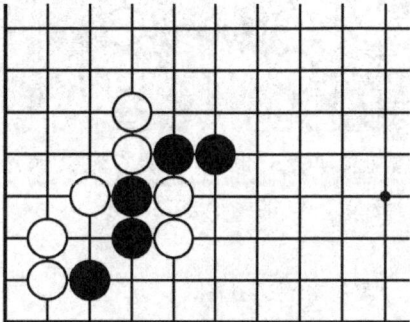

第 57 题

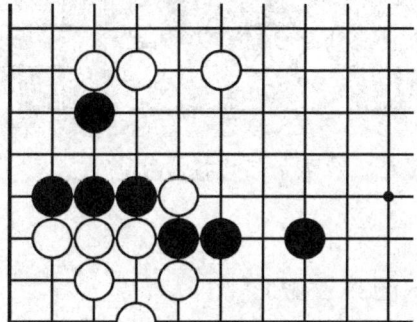

第 58 题

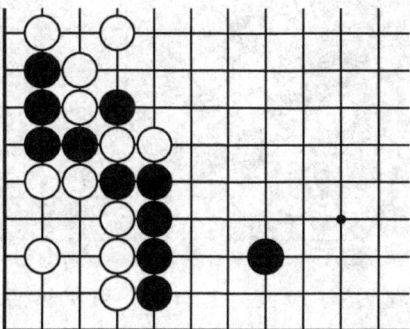

第 59 题

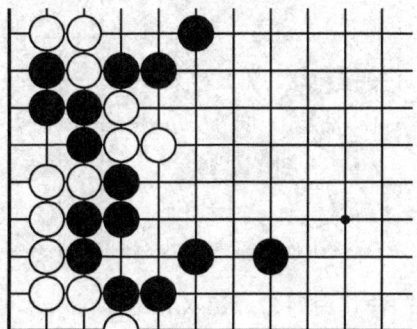

第 60 题

1.3 综合吃子手筋

吃子是实战中的重要技巧之一，常见的吃子手筋包括靠单、挖、夹和小尖等手段。

例1 靠单

图1 问题图

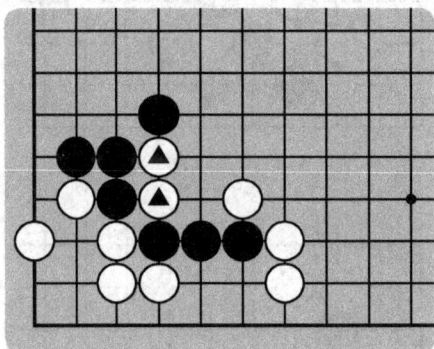

黑先，应该如何吃掉▲两子？

图2 正解图

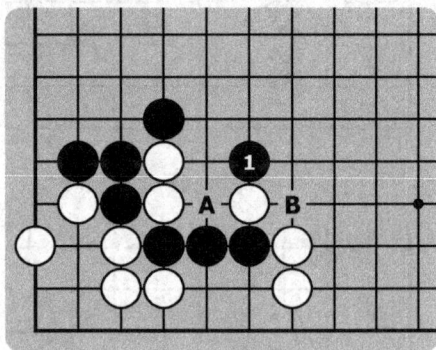

黑1靠单是好棋！白棋不能兼顾A点和B点，白棋两子棋筋被杀。

图3 失败图1-1

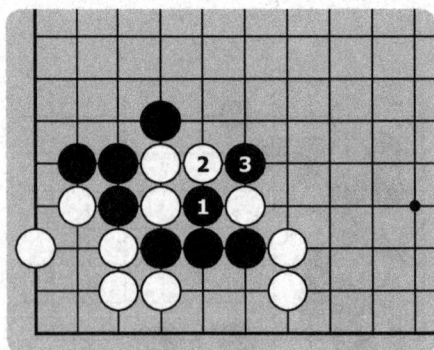

黑1冲，白2挡，黑3双打吃。

图4 失败图1-2

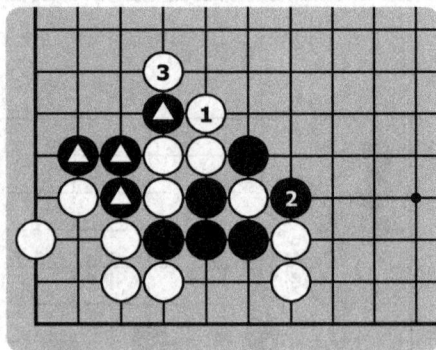

接图3，白1拐，至白3，白棋棋筋逃脱并吃住左边▲四子。

例2 挖

图1 问题图

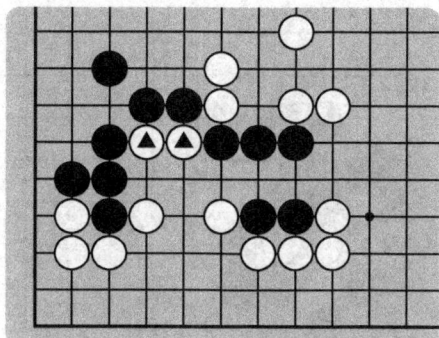

黑先，应该如何吃掉▲两子？

图2 正解图

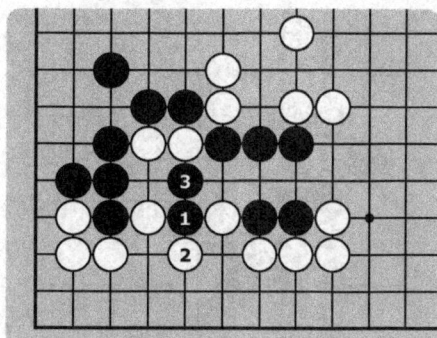

黑1挖是好棋！至黑3，白棋两子棋筋被杀。

图3 变化图

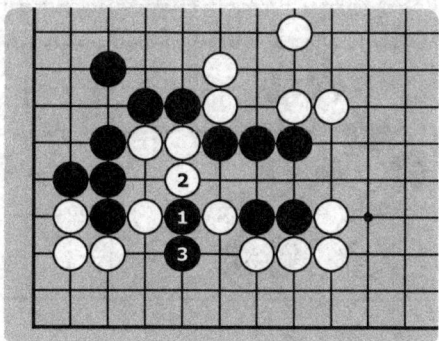

黑1挖，白2打吃，白棋两子棋筋被杀。

图4 失败图

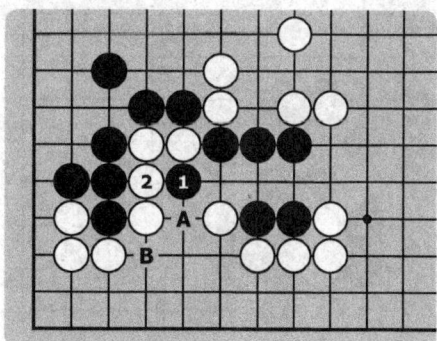

黑1打吃，白2粘，黑棋无法杀白，白棋在A点和B点中必得其一。

例3 夹

图1 问题图

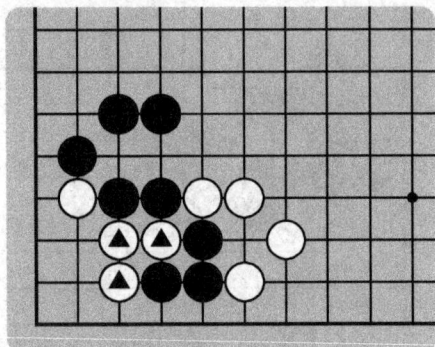

黑先，应该如何吃掉▲三子？

图2 正解图

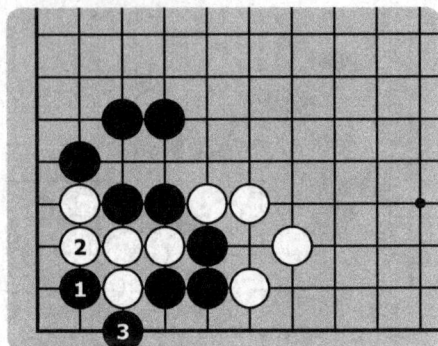

黑1夹是好棋！至黑3，白棋被杀。

图3 变化图

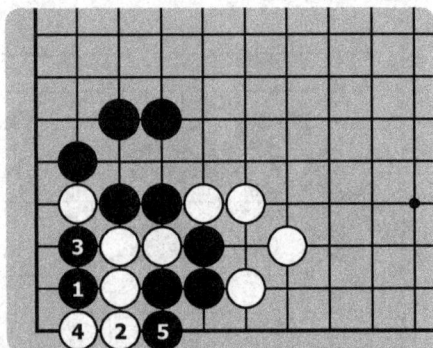

黑1夹，白2立，至黑5，白棋被杀。

图4 失败图

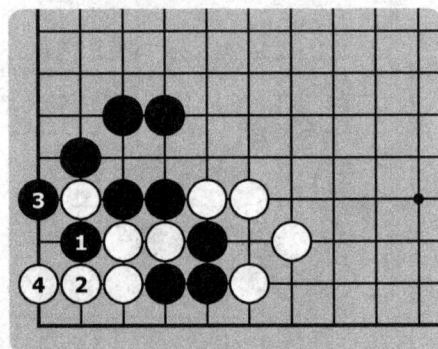

黑1打吃，白2拐，至白4，黑棋三子气不够，黑棋失败。

例4 小尖

图1 问题图

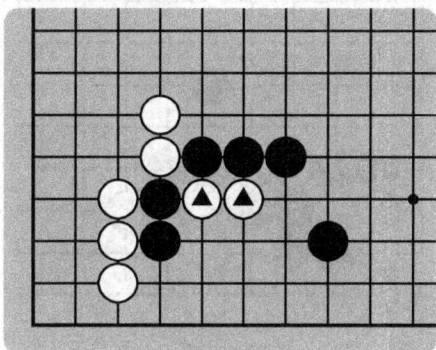

黑先，应该如何吃掉▲两子？

图2 正解图

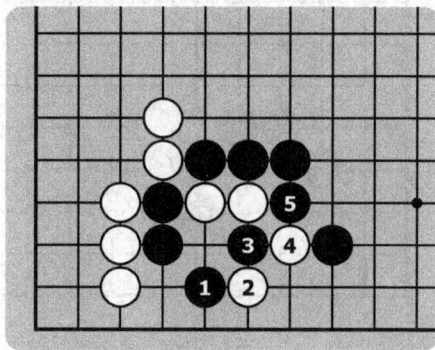

黑1小尖是好棋！至黑5，白棋两子棋筋被杀。

图3 变化图

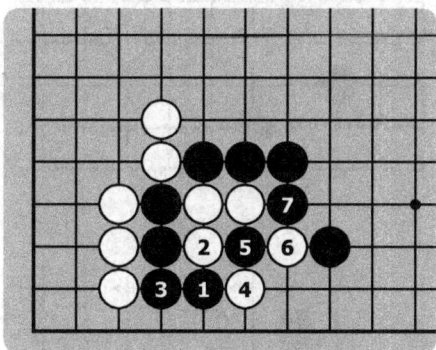

白2打吃，黑5扑是好棋，至黑7，白棋被杀。

图4 失败图

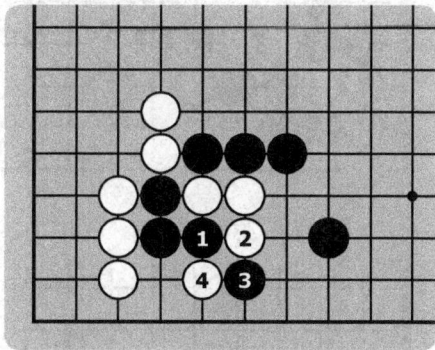

黑1拐，白2挡，至白4，黑棋三子被杀，黑棋失败。

综合吃子手筋（一）

黑先，请杀白，并写出必要的过程。

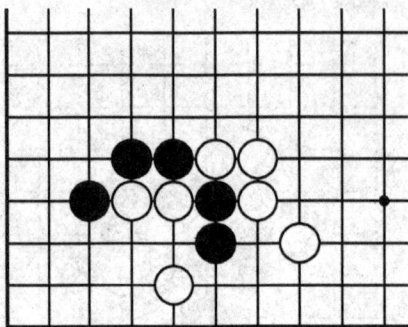

第 61 题

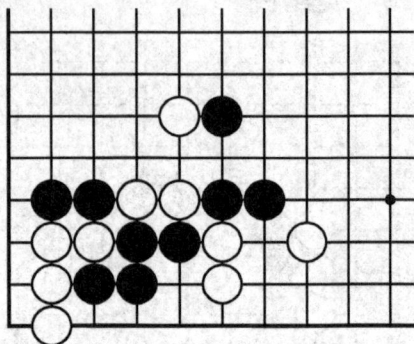

第 62 题

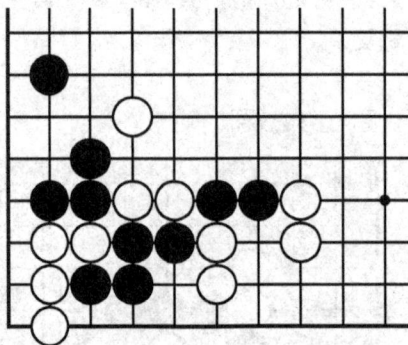

第 63 题

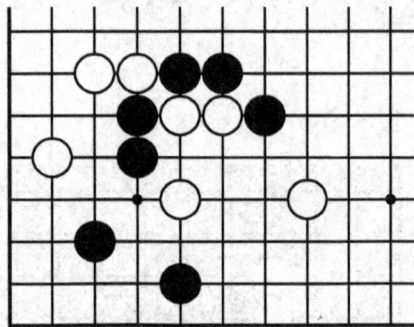

第 64 题

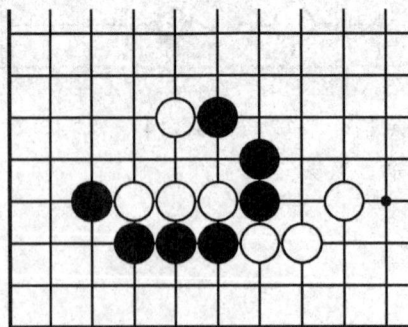

第 65 题

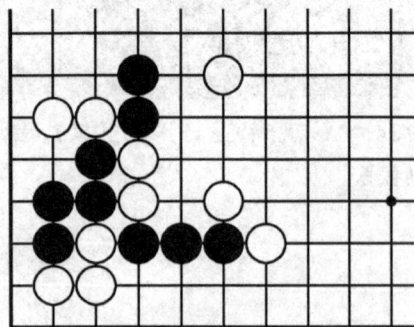

第 66 题

综合吃子手筋（二）

黑先，请杀白，并写出必要的过程。

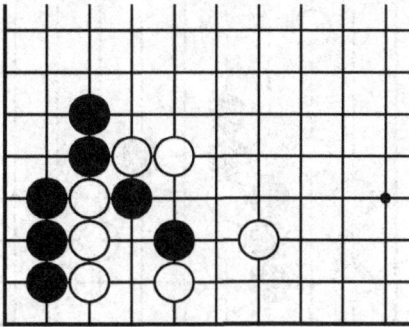

第 67 题

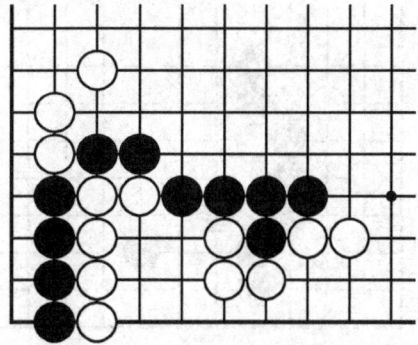

第 68 题

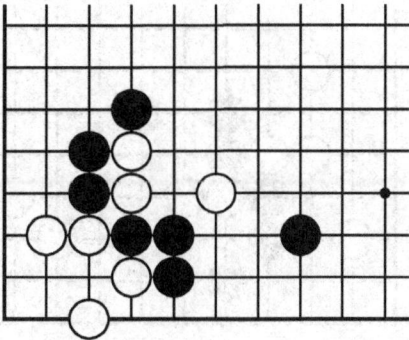

第 69 题

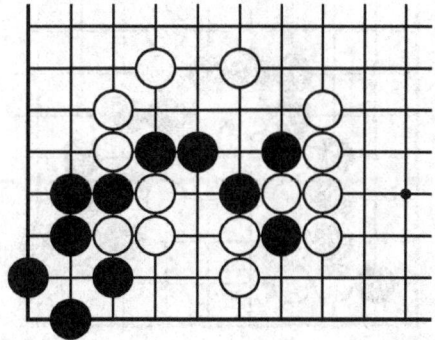

第 70 题

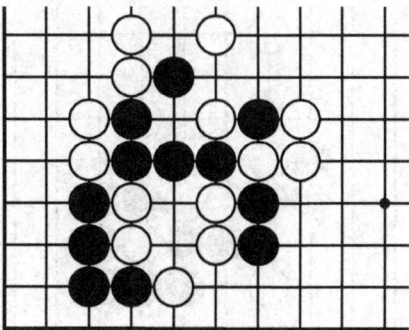

第 71 题

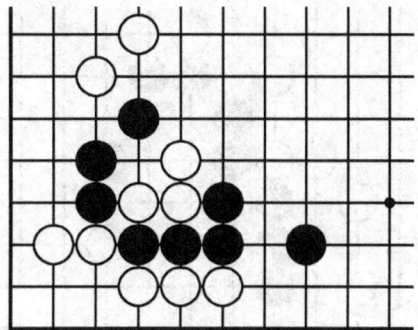

第 72 题

综合吃子手筋（三）

黑先，请杀白，并写出必要的过程。

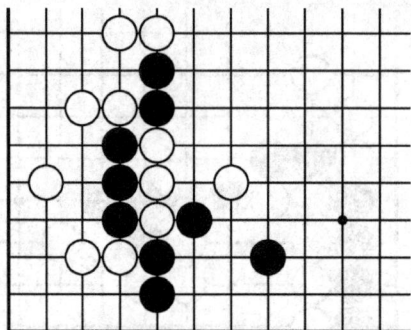

第 73 题

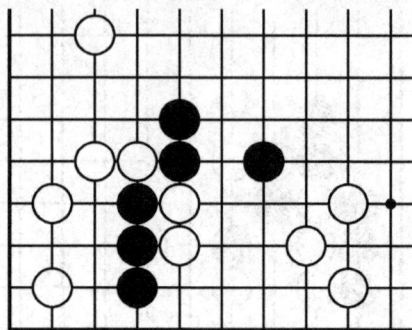

第 74 题

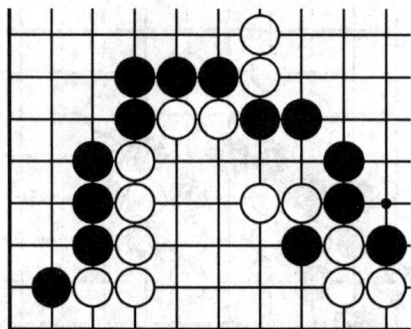

第 75 题

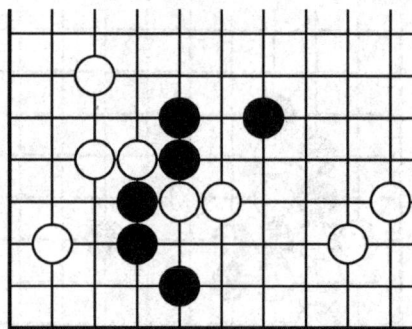

第 76 题

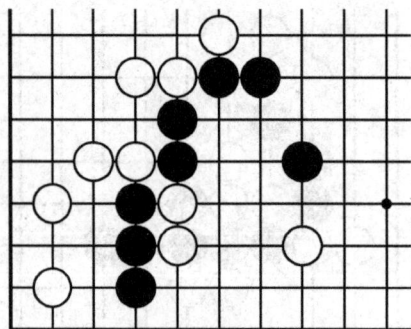

第 77 题

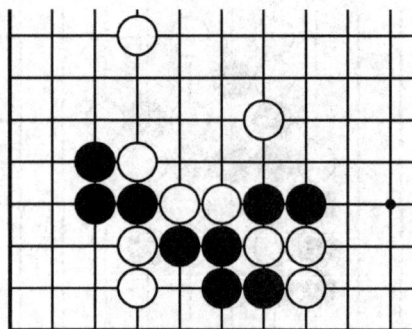

第 78 题

综合吃子手筋（四）

黑先，请杀白，并写出必要的过程。

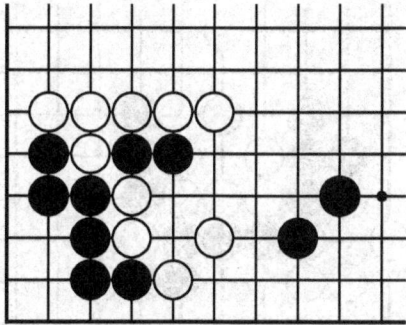

第 79 题

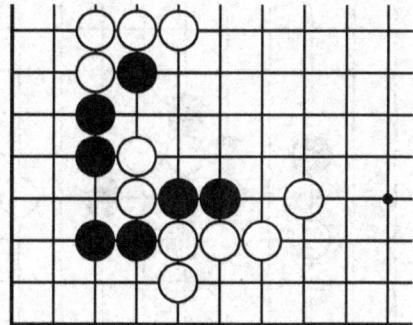

第 80 题

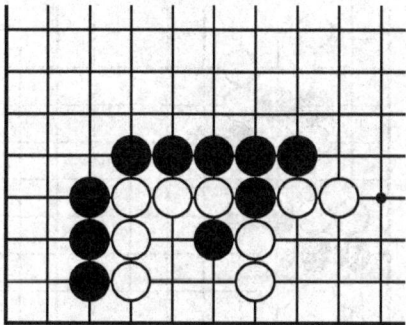

第 81 题

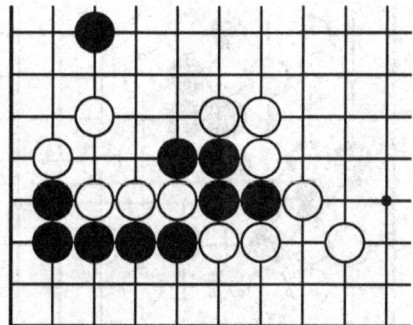

第 82 题

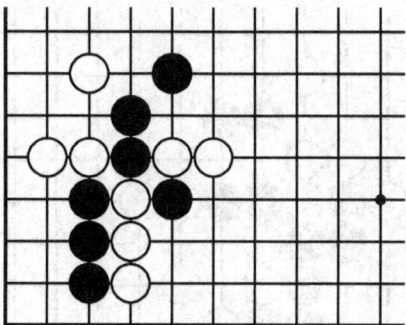

第 83 题

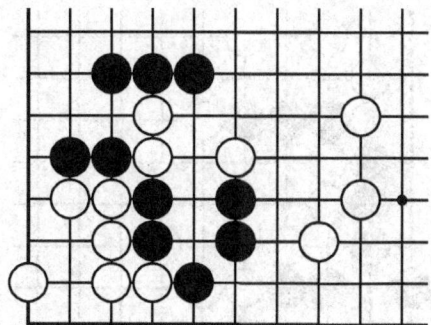

第 84 题

综合吃子手筋（五）

黑先，请杀白，并写出必要的过程。

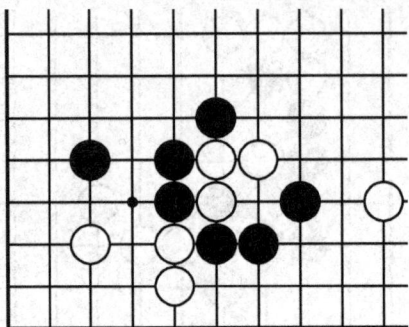

第85题

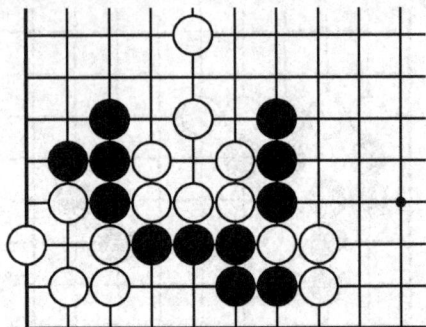

第86题

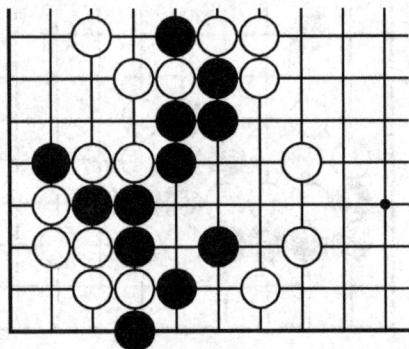

第87题

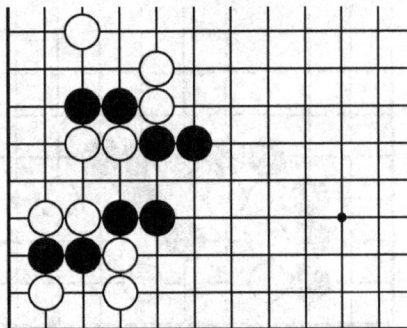

第88题

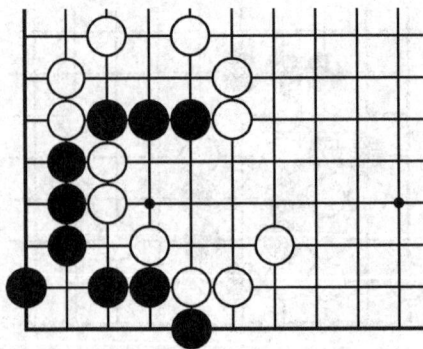

第89题

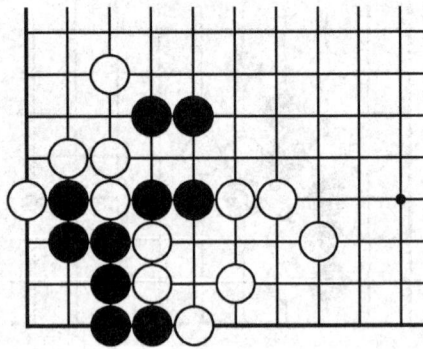

第90题

综合吃子手筋（六）

黑先，请杀白，并写出必要的过程。

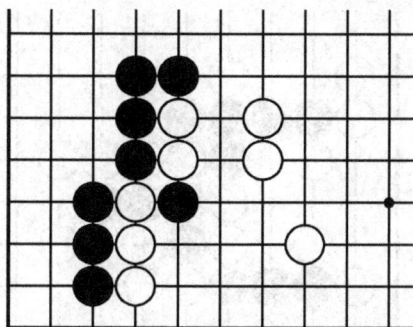

第 91 题

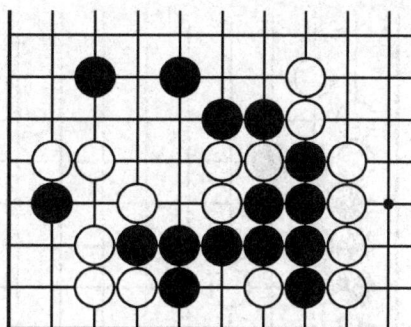

第 92 题

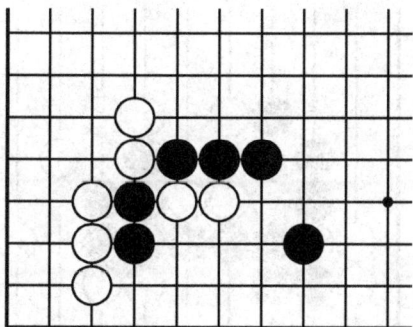

第 93 题

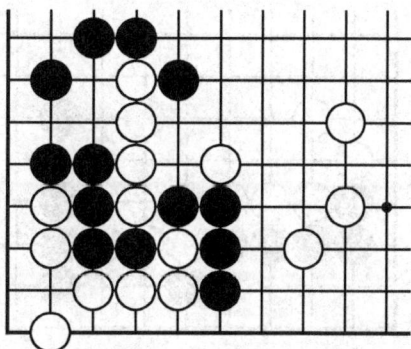

第 94 题

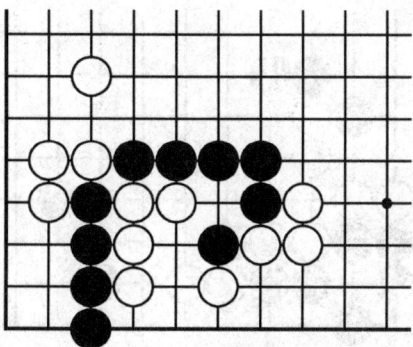

第 95 题

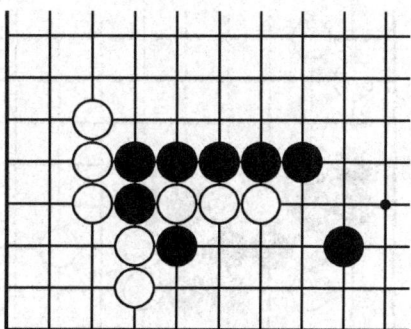

第 96 题

综合吃子手筋（七）

黑先，请杀白，并写出必要的过程。

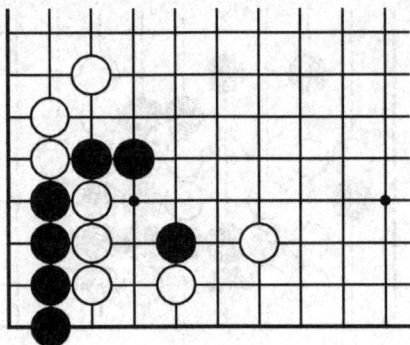

第 97 题

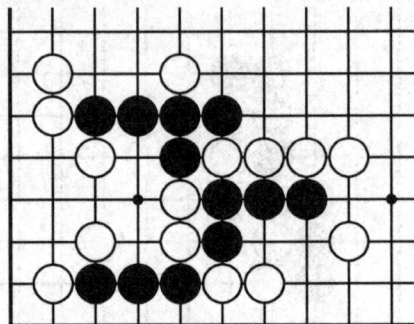

第 98 题

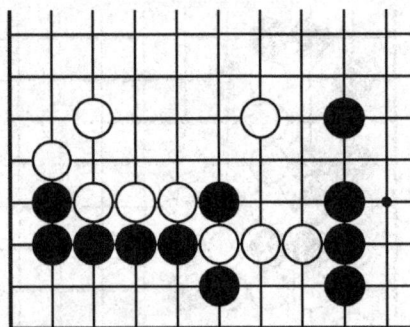

第 99 题

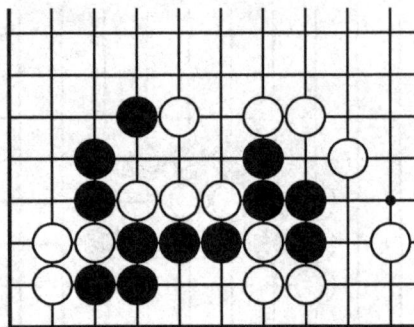

第 100 题

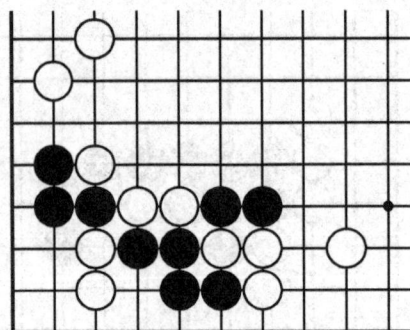

第 101 题

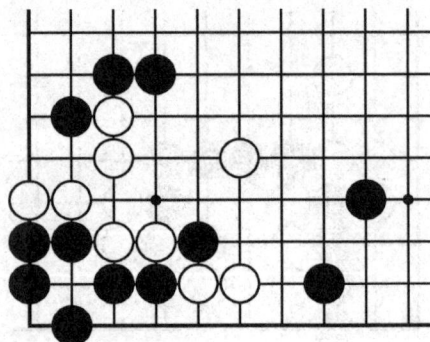

第 102 题

1.4 滚打包收

滚打包收是围棋的一种紧气手筋，通常会用到扑、打吃和枷等手段，使对方的棋形变坏，甚至吃掉对方。

例1

图1 问题图

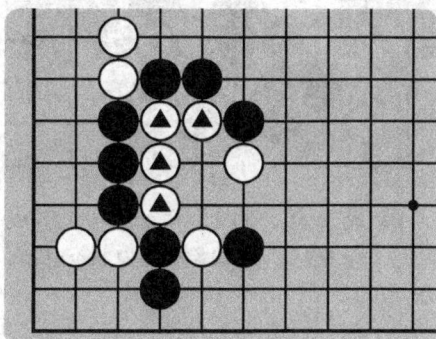

黑先，应该如何吃掉▲四子？

图2 正解图

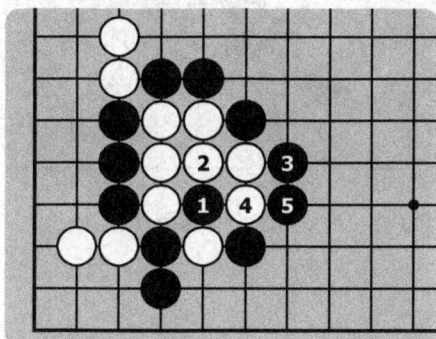

黑1打吃是好棋，至黑5，白棋被杀。

图3 失败图1

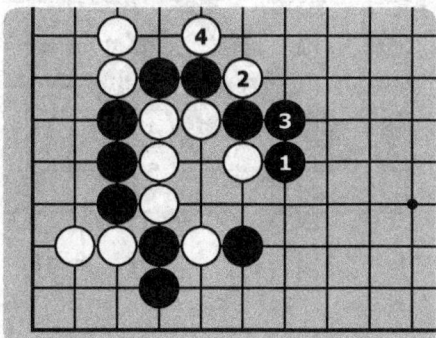

黑1连扳，至白4，黑棋被杀，黑棋失败。

图4 失败图2

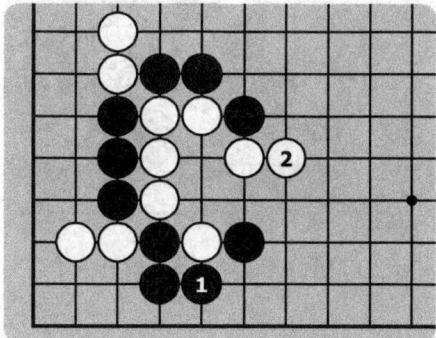

黑1打吃不是好棋，没有打吃白棋棋筋。白2长，白棋逃脱，黑棋失败。

例2

图1 问题图

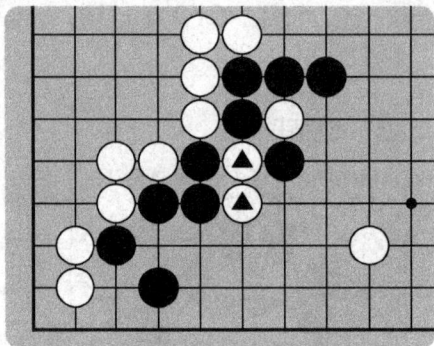

黑先，应该如何吃掉▲两子？

图2 正解图1-1

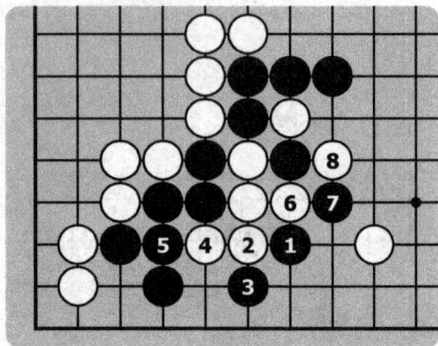

黑1枷是好棋，白2、白4逃跑均不成功，白6打吃，至白8提，白棋仍然无法逃脱。

图3 正解图1-2

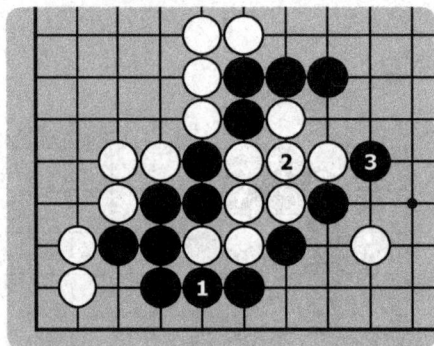

接图2，黑1打吃，至黑3，白棋被杀。

图4 失败图

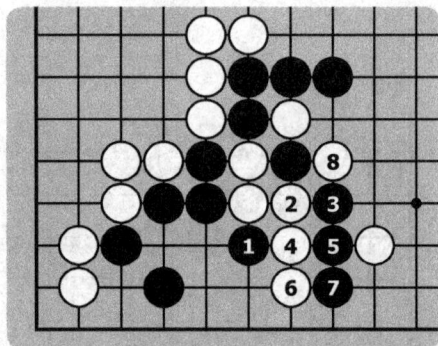

黑1打吃不是好棋，白2打吃，至白8，白棋逃脱，黑棋失败。

滚打包收（一）

黑先，请杀白，并写出必要的过程。

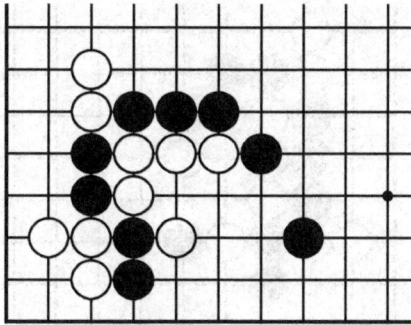

第 103 题

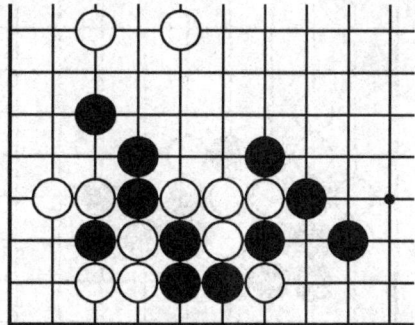

第 104 题

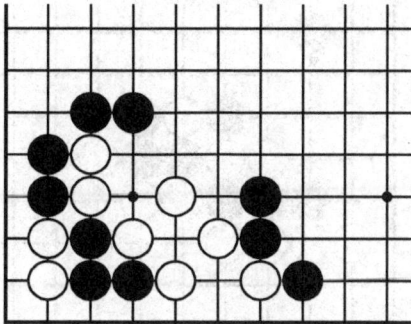

第 105 题

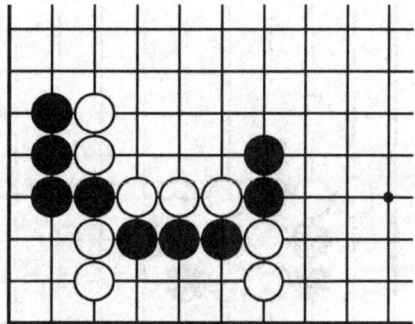

第 106 题

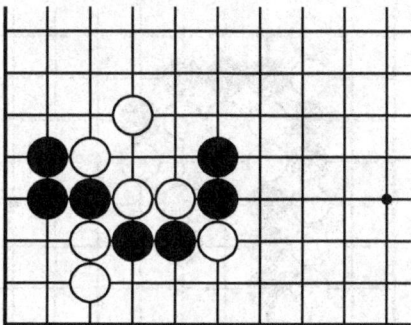

第 107 题

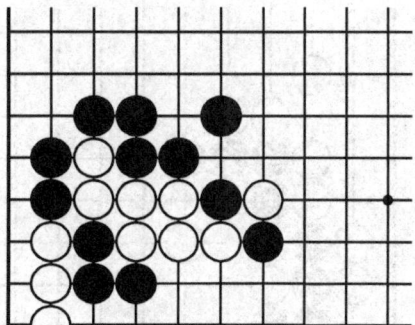

第 108 题

滚打包收（二）

黑先，请杀白，并写出必要的过程。

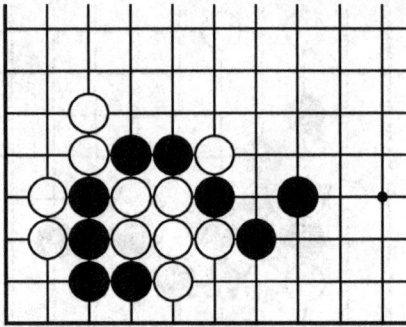

第 109 题

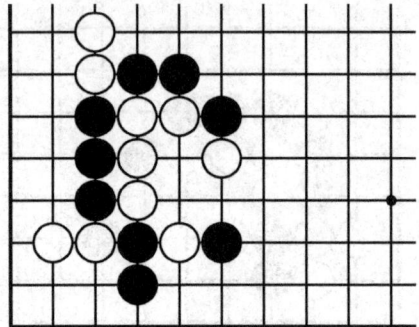

第 110 题

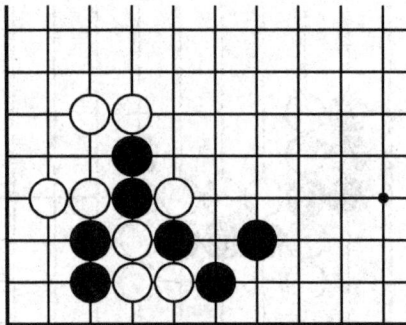

第 111 题

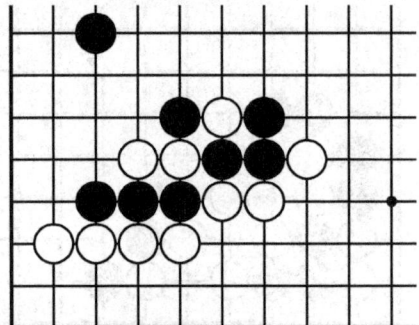

第 112 题

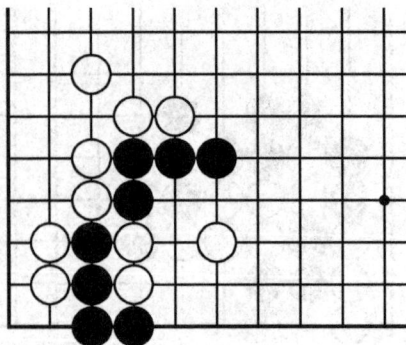

第 113 题

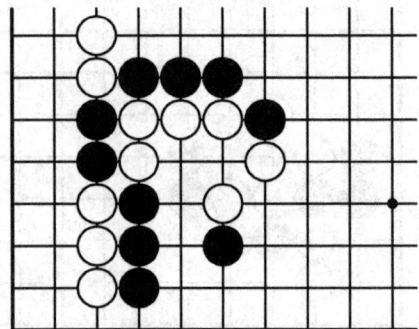

第 114 题

滚打包收（三）

黑先，请杀白，并写出必要的过程。

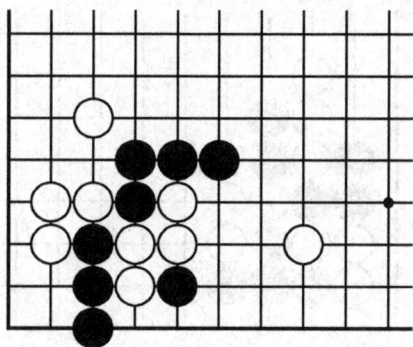

第 115 题

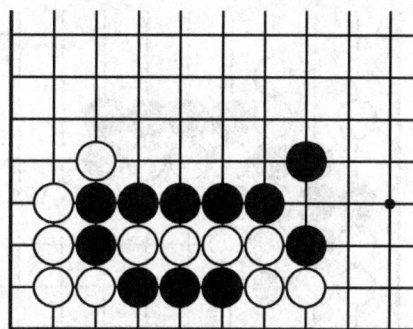

第 116 题

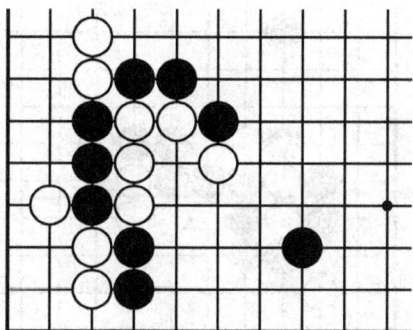

第 117 题

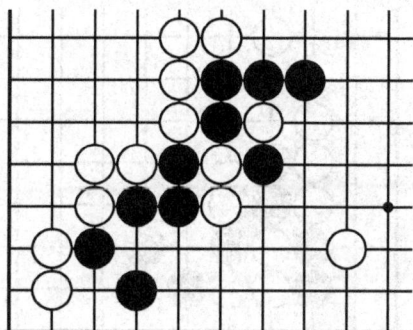

第 118 题

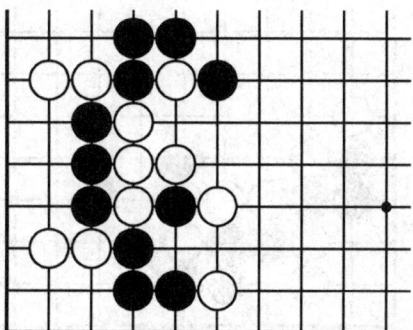

第 119 题

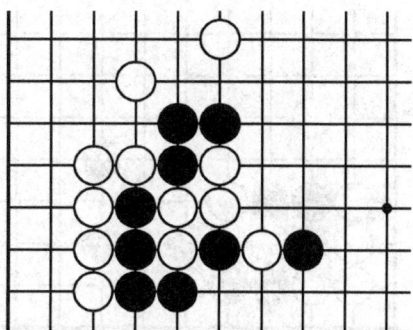

第 120 题

滚打包收（四）

黑先，请杀白，并写出必要的过程。

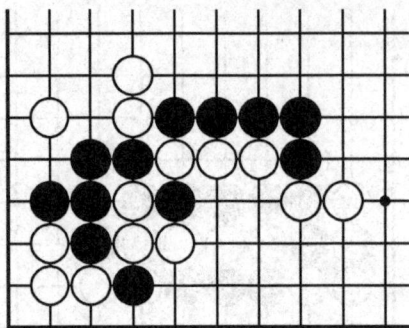

第 121 题

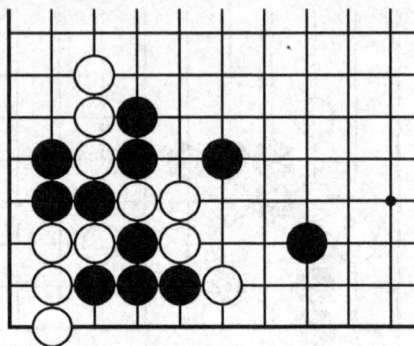

第 122 题

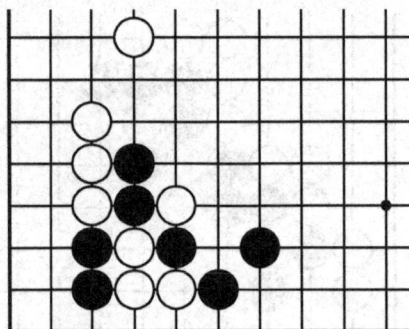

第 123 题

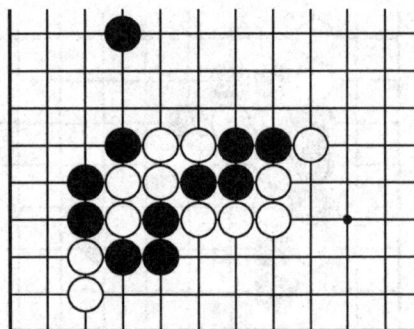

第 124 题

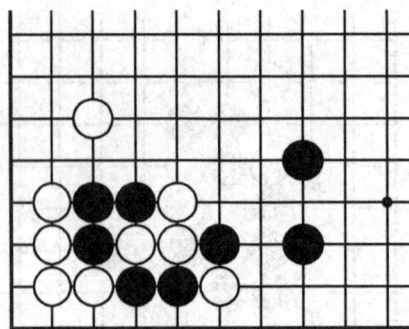

第 125 题

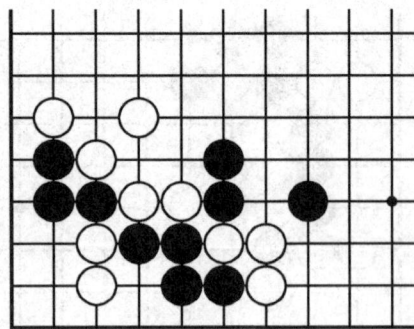

第 126 题

1.5 接不归

接不归是利用对方棋形的缺陷，使对方气紧，从而吃掉对方的手段。

例1

图1 问题图

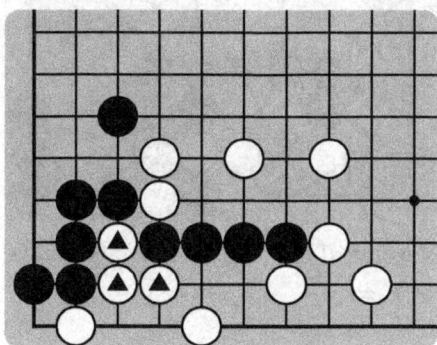

黑先，应该如何吃掉▲三子？

图2 正解图

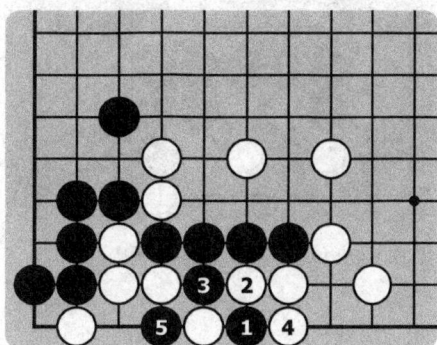

黑1跨断是好棋，至黑5扑，形成接不归，白棋被杀。

图3 失败图1

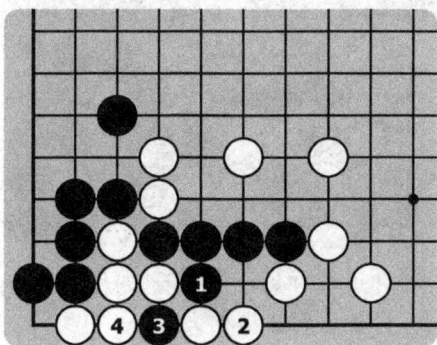

黑1挤，没有收紧白棋的气，至白4，黑棋被杀。

图4 失败图2

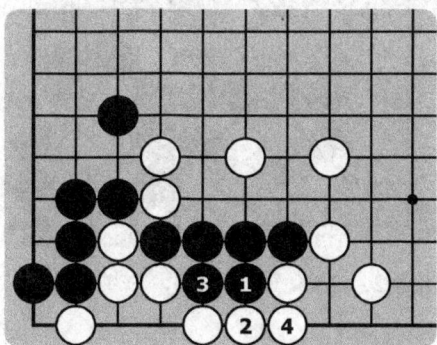

黑1冲不是好棋，至白4粘，白棋逃脱，黑棋失败。

例2

图1　问题图

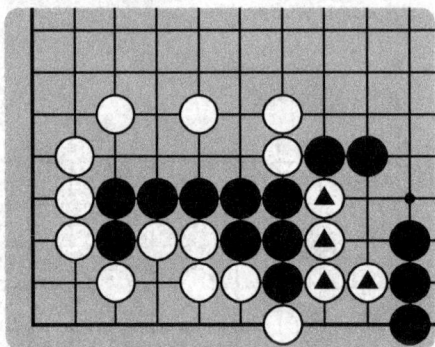

黑先，应该如何吃掉▲四子？

图2　正解图1-1

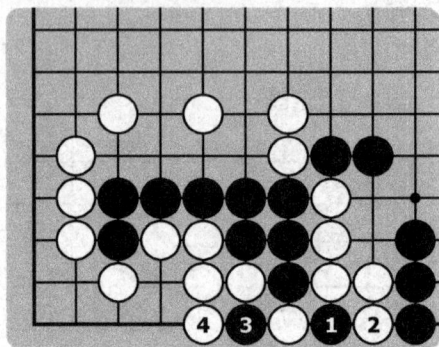

黑1扑是好棋，至白4提，是双方的最佳下法。

图3　正解图1-2

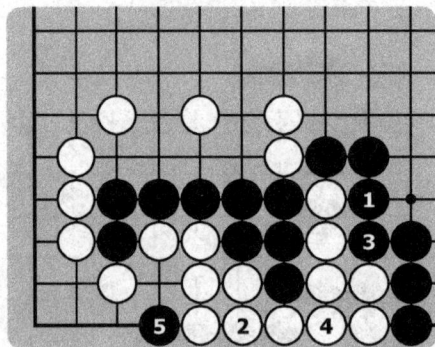

接图2，黑1紧气，至黑5，白棋被杀。

图4　失败图

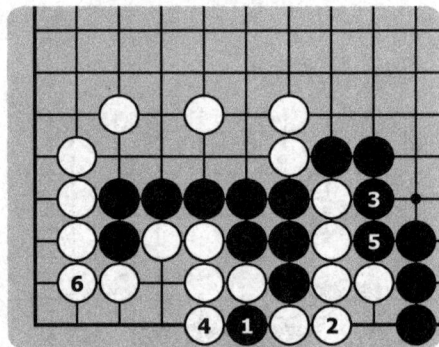

黑1扑不是好棋，白2粘可长气，至白6，白棋逃脱，黑棋失败。

接不归（一）

黑先，请利用接不归的技巧杀白，并写出必要的过程。

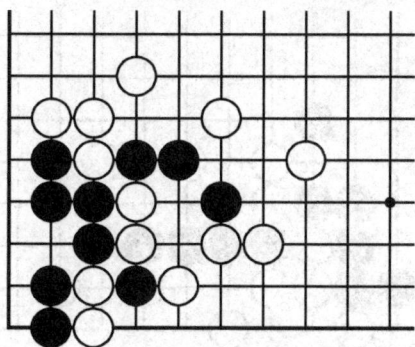

第 127 题

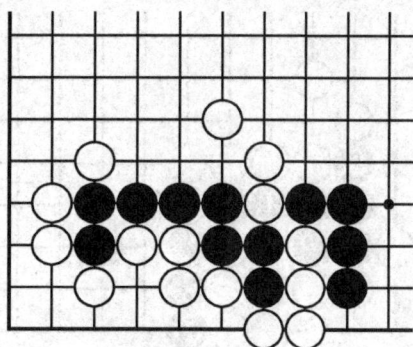

第 128 题

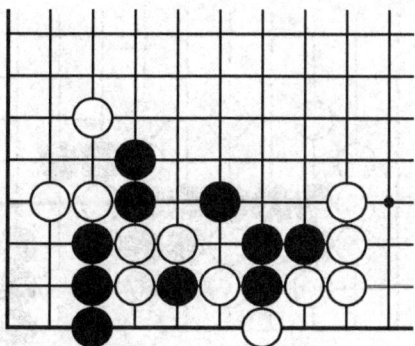

第 129 题

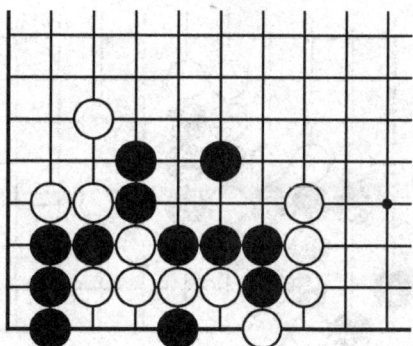

第 130 题

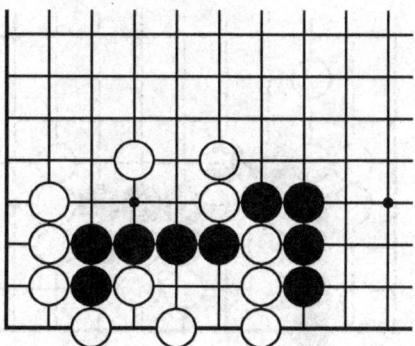

第 131 题

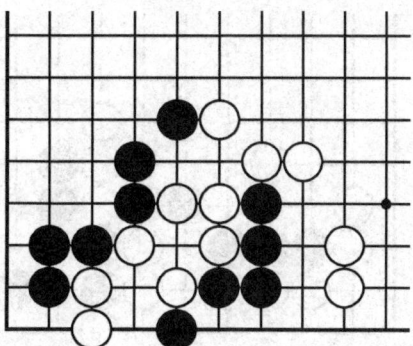

第 132 题

接不归（二）

黑先，请利用接不归的技巧杀白，并写出必要的过程。

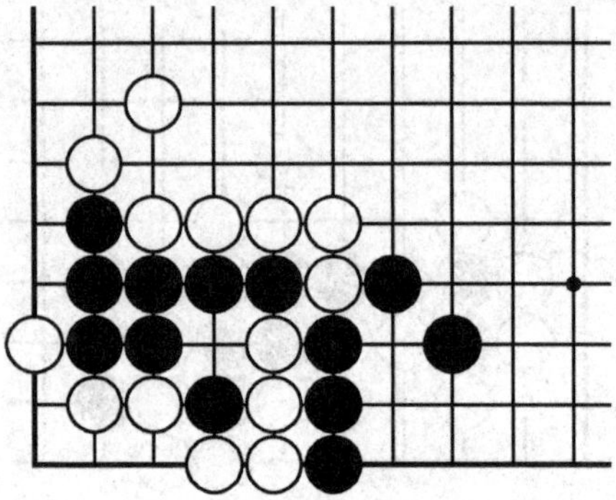

第 133 题

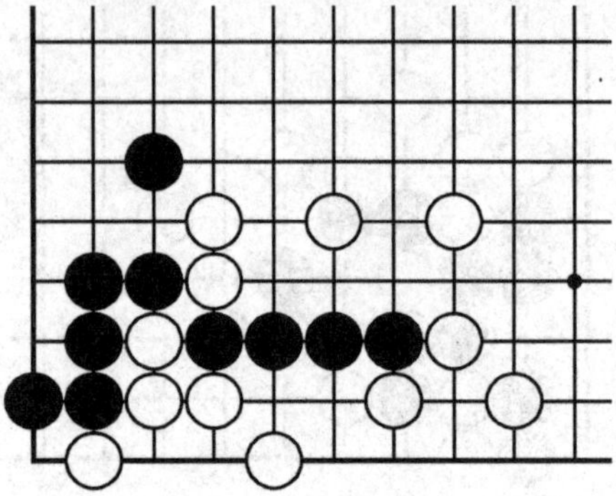

第 134 题

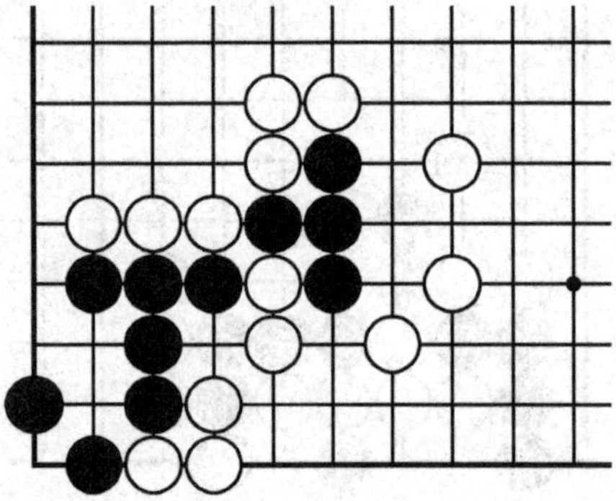

第 135 题

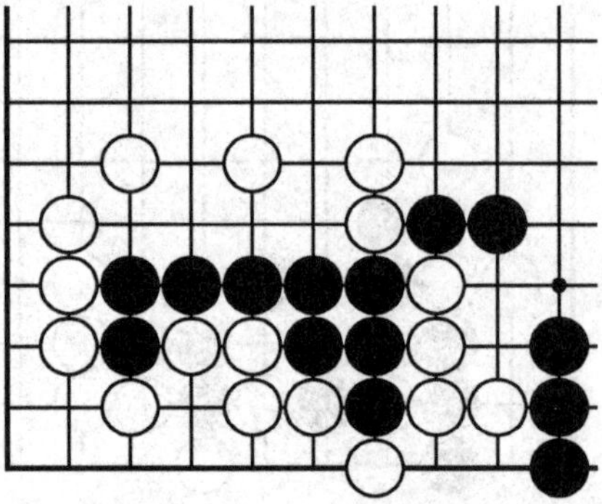

第 136 题

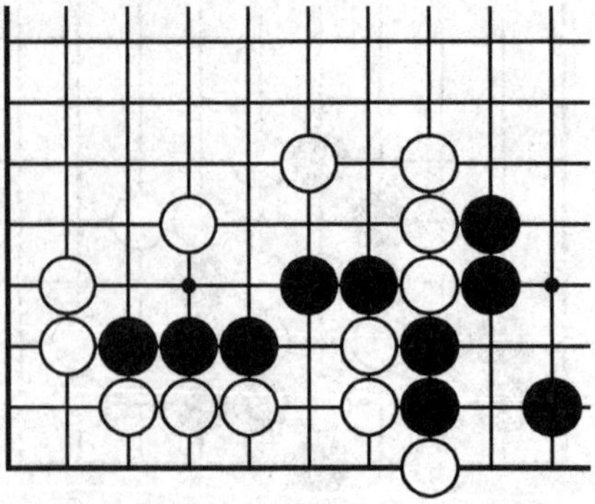

第 137 题

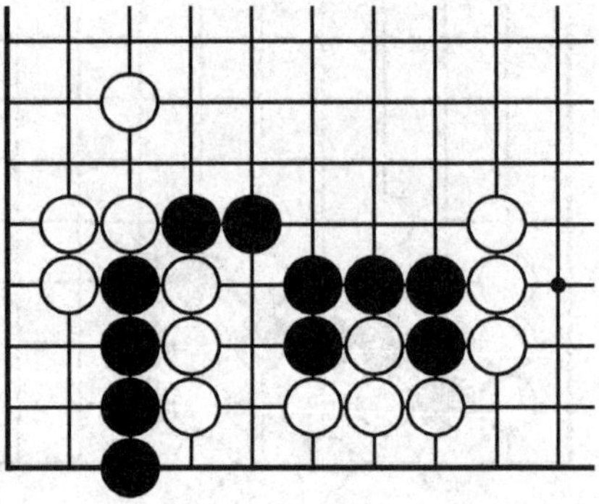

第 138 题

接不归（三）

黑先，请利用接不归的技巧杀白，并写出必要的过程。

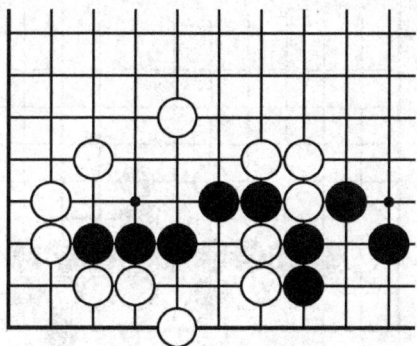

第 139 题

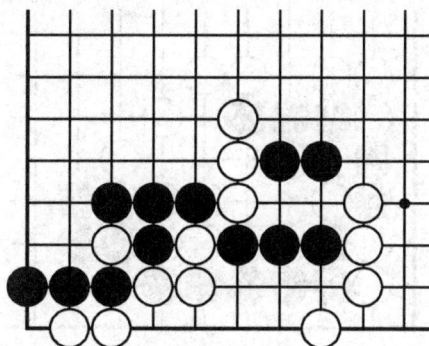

第 140 题

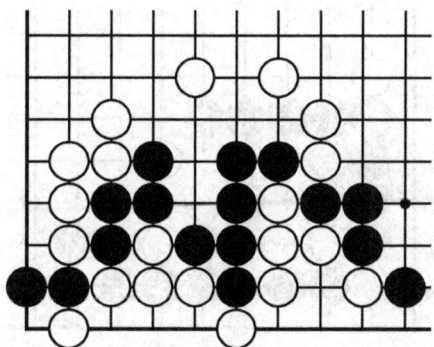

第 141 题

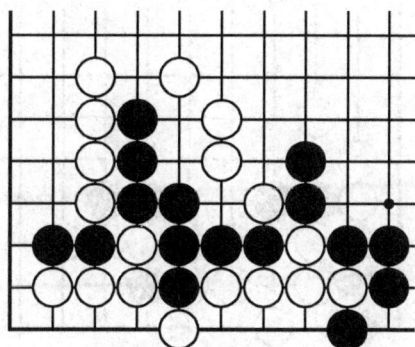

第 142 题

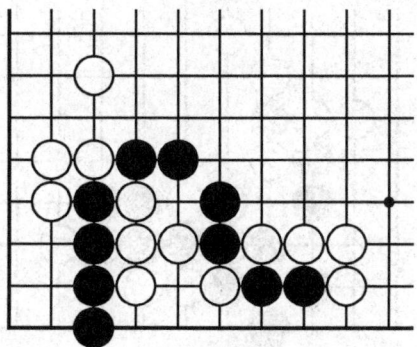

第 143 题

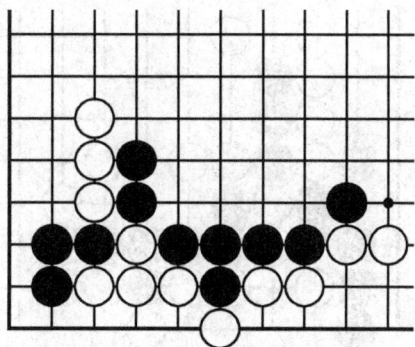

第 144 题

接不归（四）

黑先，请利用接不归的技巧杀白，并写出必要的过程。

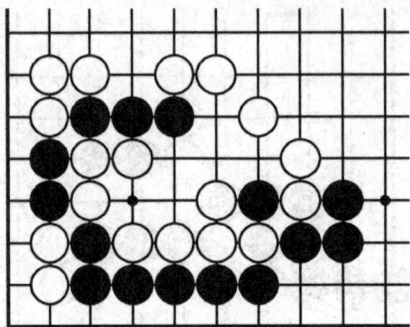

第 145 题

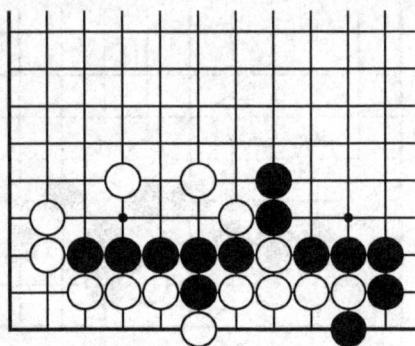

第 146 题

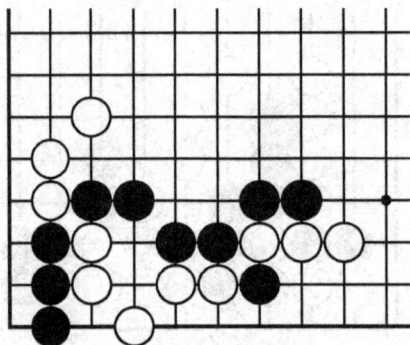

第 147 题

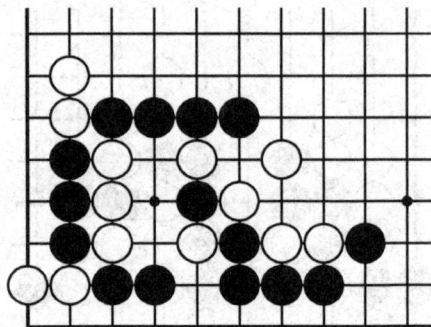

第 148 题

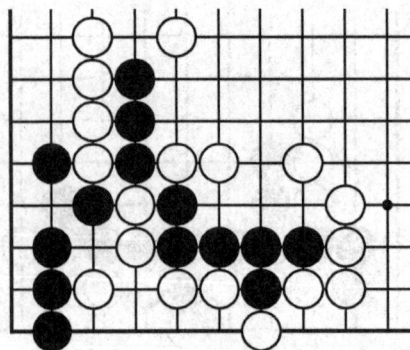

第 149 题

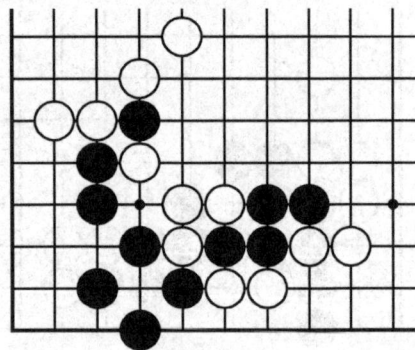

第 150 题

1.6 利用气紧

利用气紧旨在利用对方棋形的缺陷，特别是利用对方气少的弱点。金鸡独立和老鼠偷油就是典型的利用气紧的手筋。

例1

图1 问题图

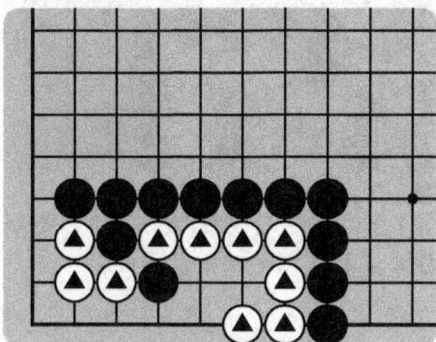

黑先，应该如何杀白？

图2 正解图

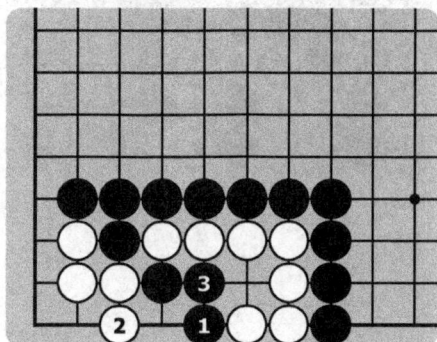

黑1小尖是好棋，白2立，黑3打吃，白棋左边无法做出两只眼，白棋被杀。

图3 失败图1

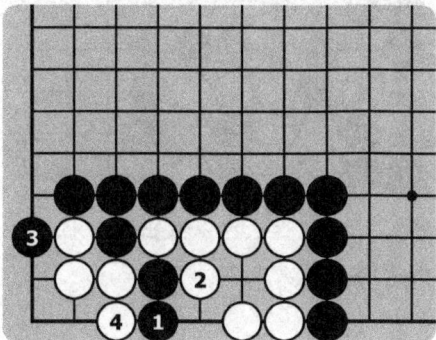

黑1立，白2做眼长气，至白4，黑棋无法杀白，黑棋失败。

图4 失败图2

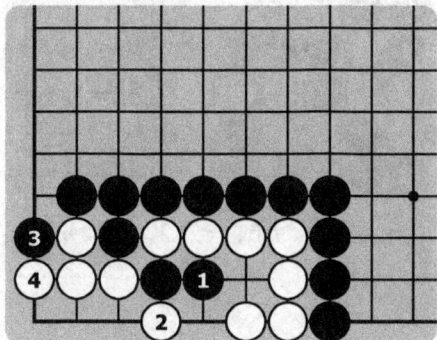

黑1长不是好棋，至白4，白棋形成活棋，黑棋失败。

例2

图1　问题图

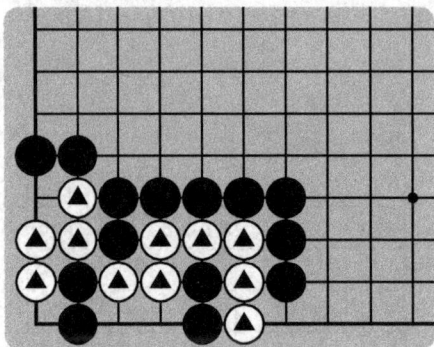

黑先，应该如何杀白？

图2　正解图

❸＝△

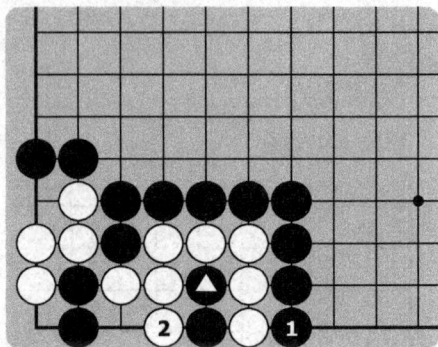

黑1紧白棋外气，白2提，黑3扑是好棋，黑棋利用金鸡独立杀白。

图3　失败图1-1

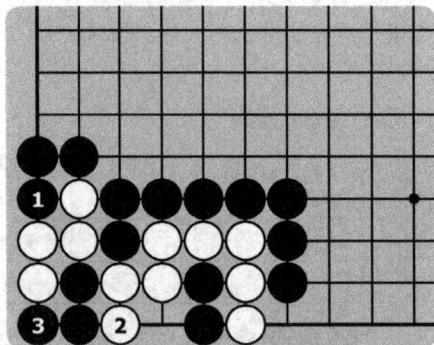

黑1打吃白棋四子，至黑3，黑棋并没有杀掉白棋。

图4　失败图1-2

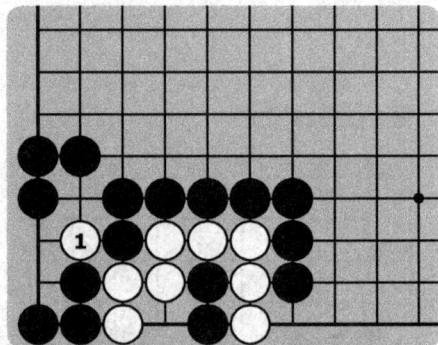

接图3，白1打吃可以做出一只眼，白棋活棋，黑棋失败。

利用气紧（一）

黑先，请杀白，并写出必要的过程。

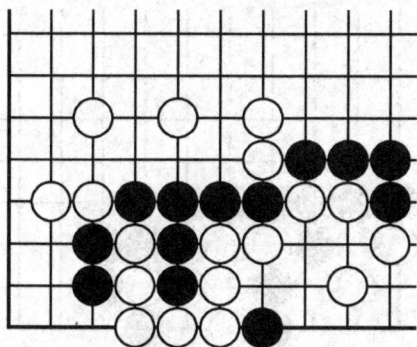

第 151 题

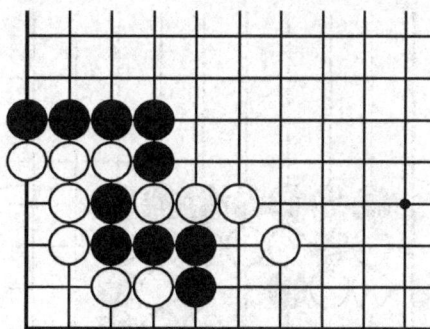

第 152 题

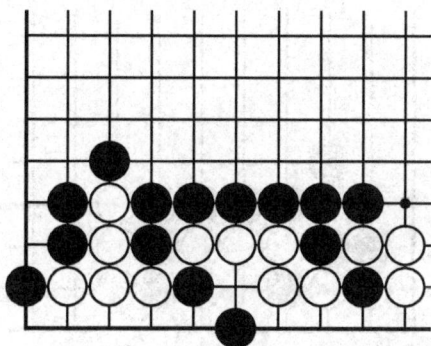

第 153 题

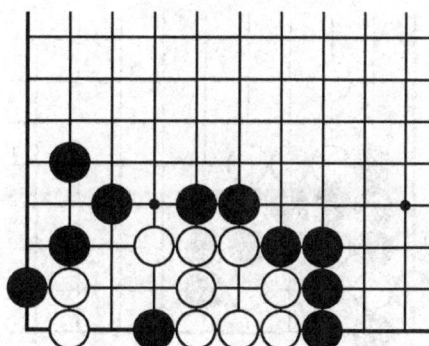

第 154 题

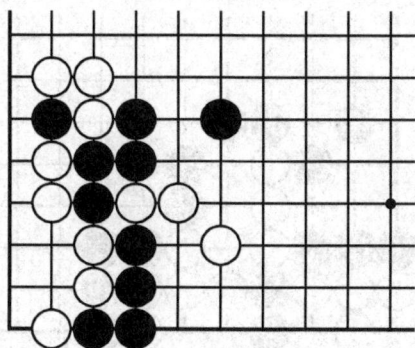

第 155 题

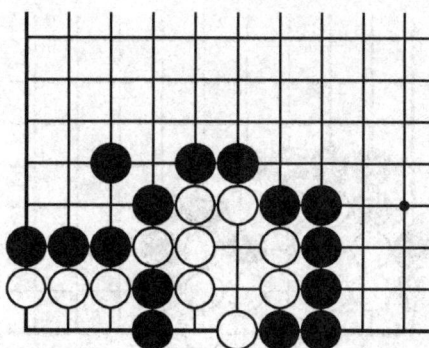

第 156 题

利用气紧（二）

黑先，请杀白，并写出必要的过程。

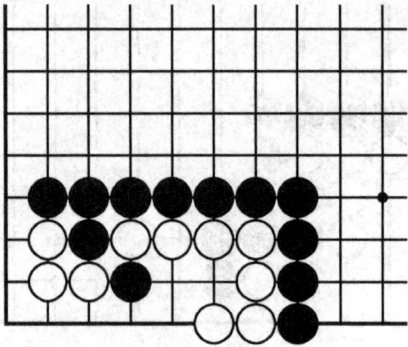

第 157 题

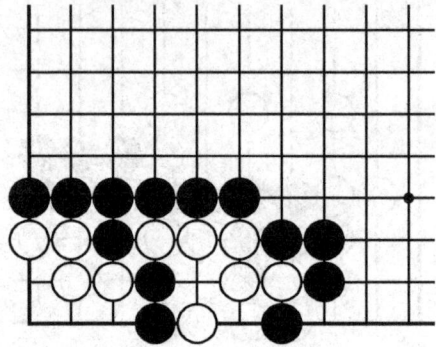

第 158 题

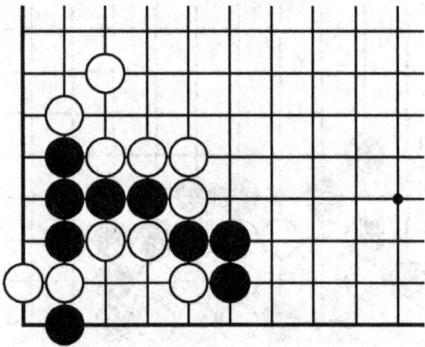

第 159 题

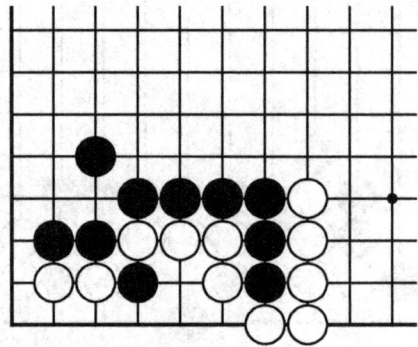

第 160 题

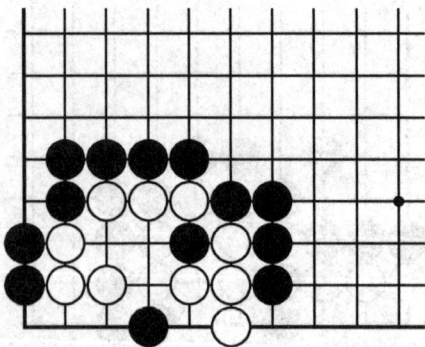

第 161 题

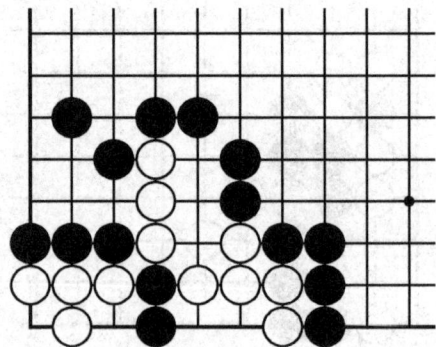

第 162 题

利用气紧（三）

黑先，请杀白，并写出必要的过程。

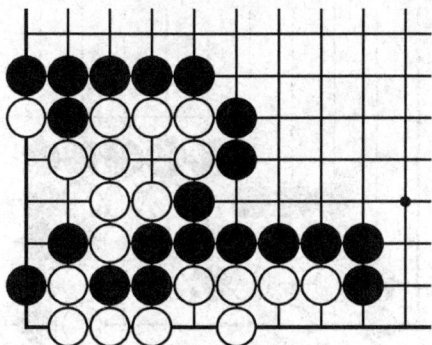

第 163 题

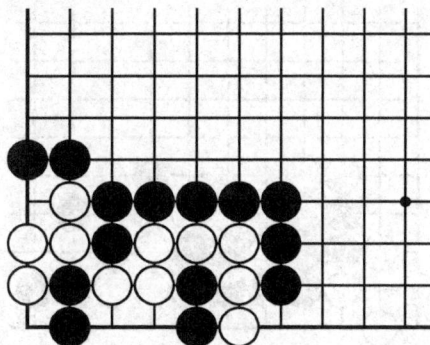

第 164 题

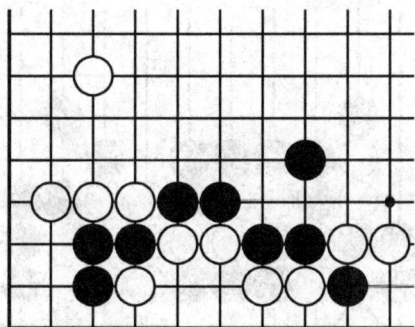

第 165 题

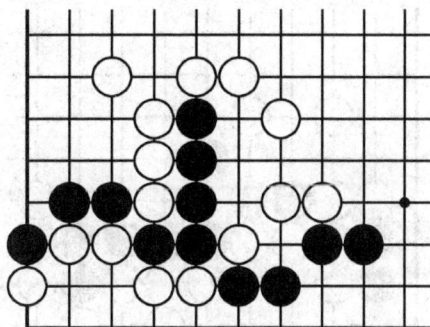

第 166 题

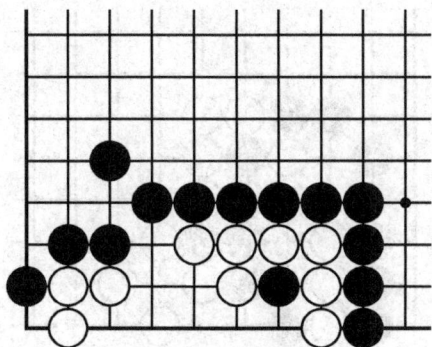

第 167 题

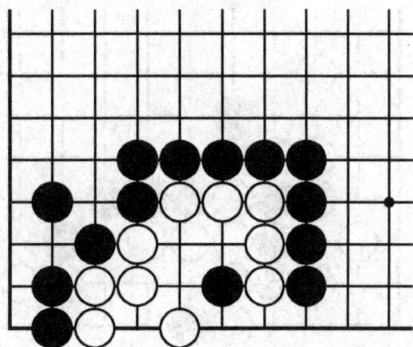

第 168 题

利用气紧（四）

黑先，请杀白，并写出必要的过程。

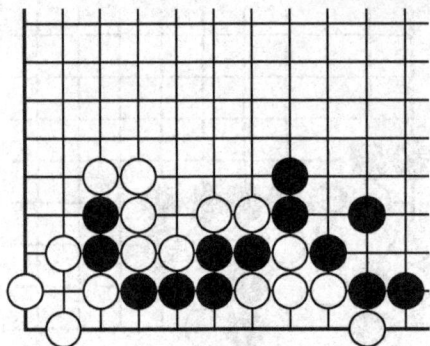

第 169 题

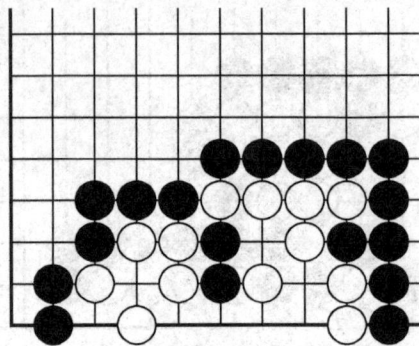

第 170 题

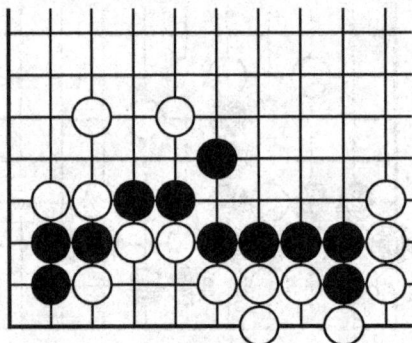

第 171 题

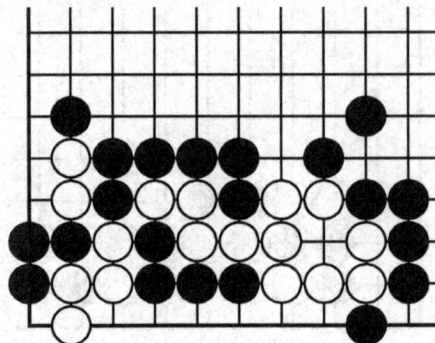

第 172 题

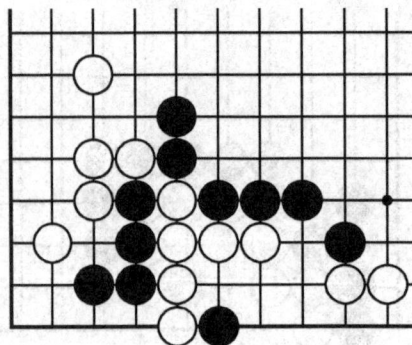

第 173 题

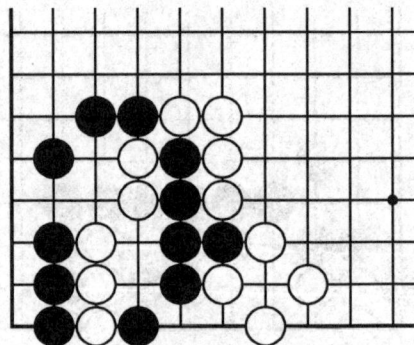

第 174 题

利用气紧（五）

黑先，请杀白，并写出必要的过程。

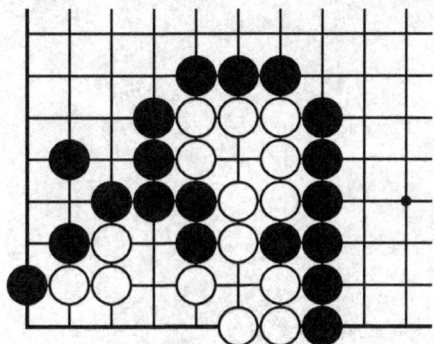

第 175 题

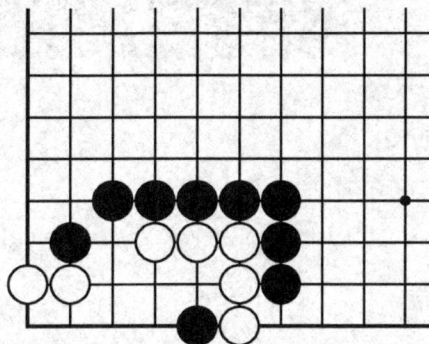

第 176 题

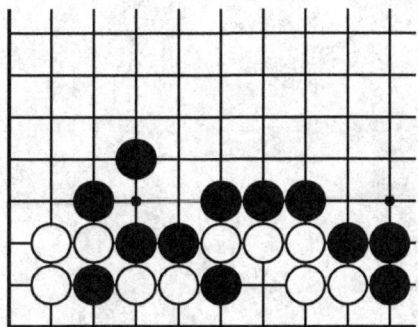

第 177 题

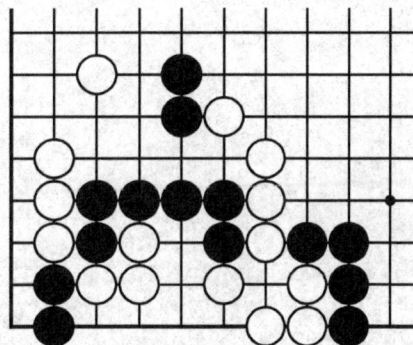

第 178 题

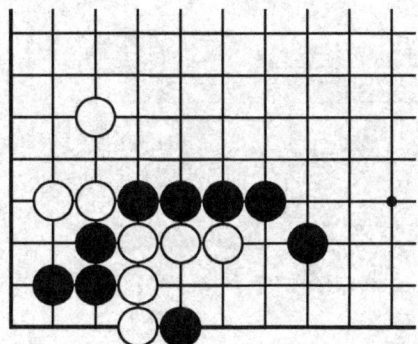

第 179 题

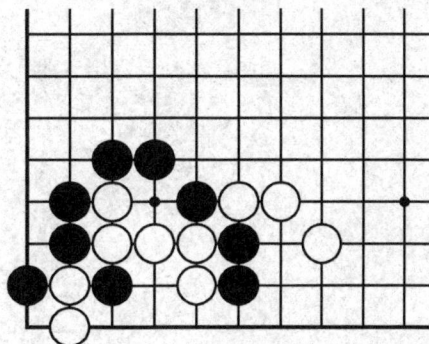

第 180 题

综合测试

综合测试（一）

请判断⚫能否逃出，如果能逃出，请在棋盘下方的括号里画"√"，如果不能逃出，则画"×"。

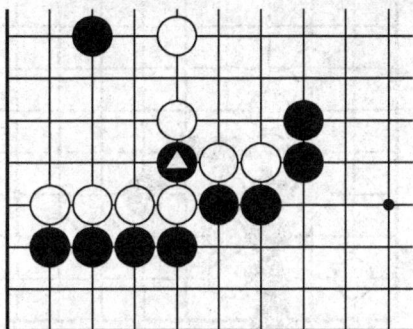

第 181 题 （　　）

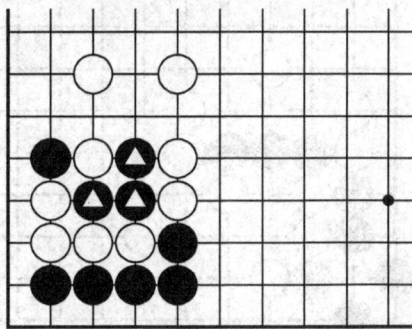

第 182 题 （　　）

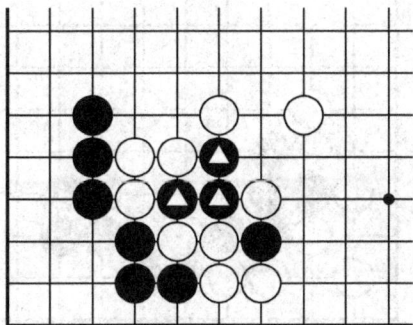

第 183 题 （　　）

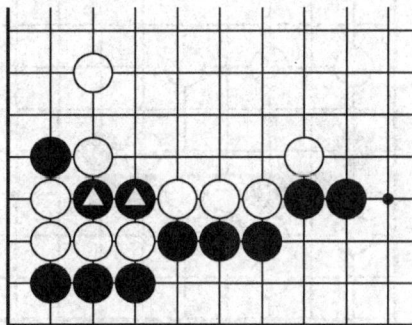

第 184 题 （　　）

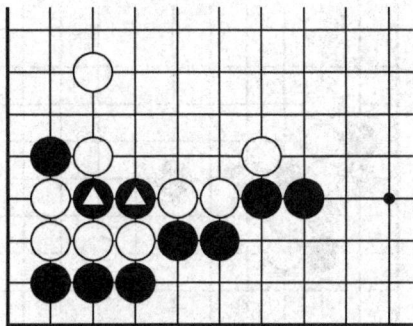

第 185 题 （　　）

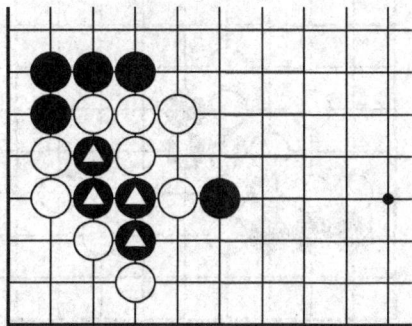

第 186 题 （　　）

综合测试（二）

黑先，请杀白，并写出必要的过程。

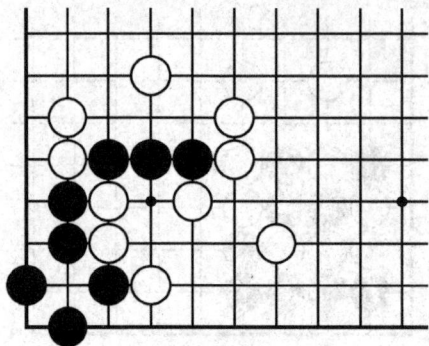

第 187 题

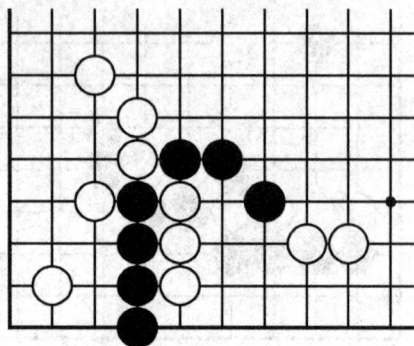

第 188 题

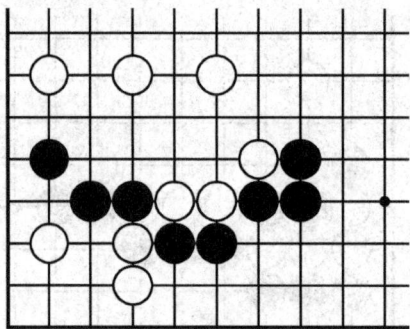

第 189 题

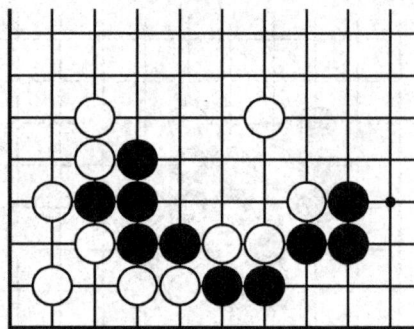

第 190 题

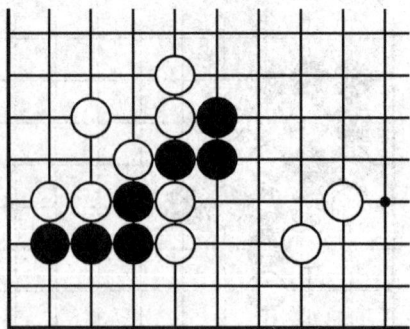

第 191 题

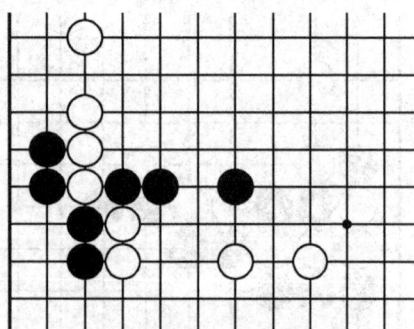

第 192 题

综合测试（三）

黑先，请杀白，并写出必要的过程。

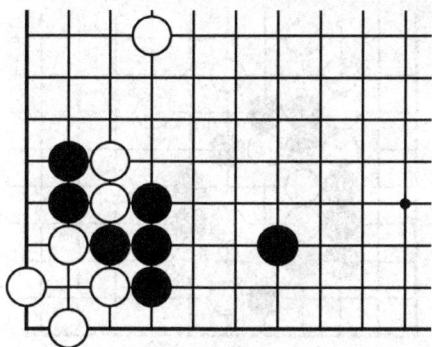

第 193 题

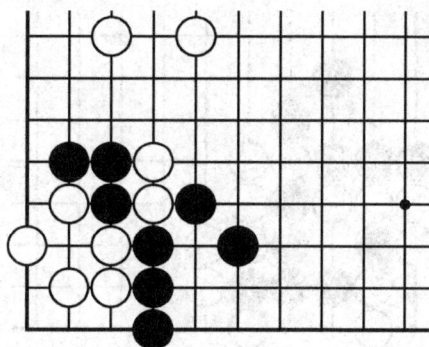

第 194 题

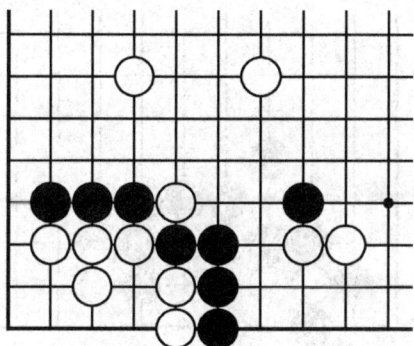

第 195 题

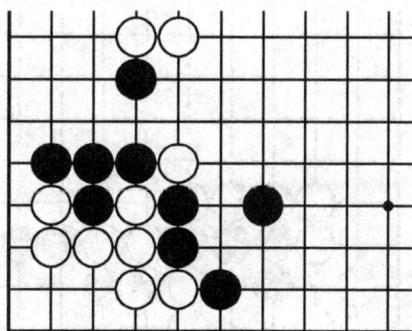

第 196 题

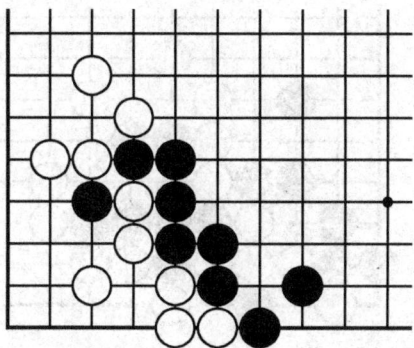

第 197 题

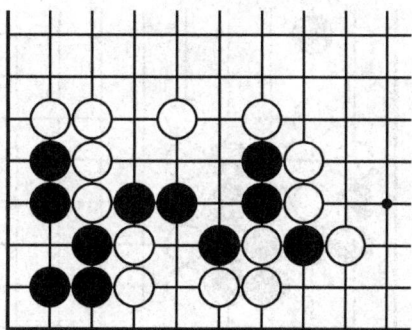

第 198 题

综合测试（四）

黑先，请杀白，并写出必要的过程。

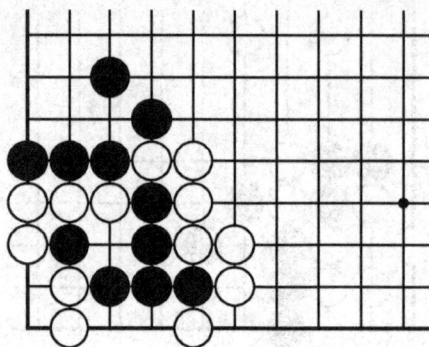

第 199 题

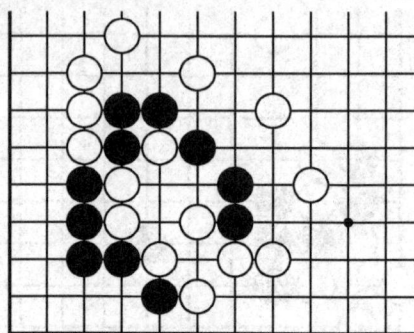

第 200 题

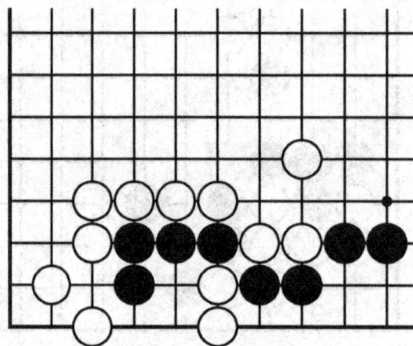

第 201 题

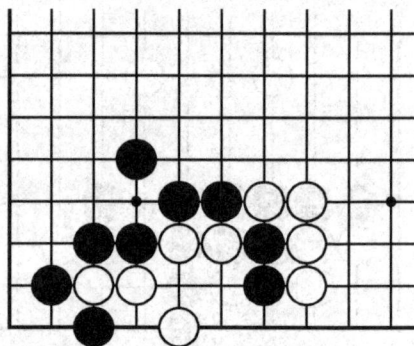

第 202 题

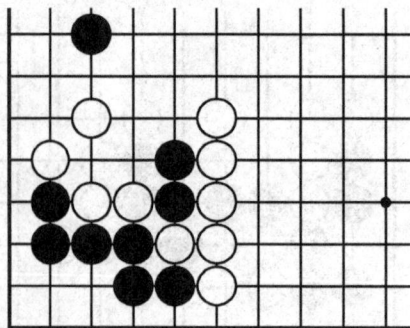

第 203 题

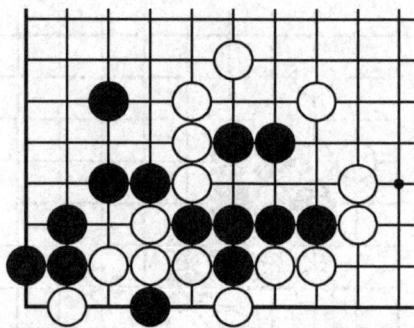

第 204 题

综合测试（五）

黑先，请杀白，并写出必要的过程。

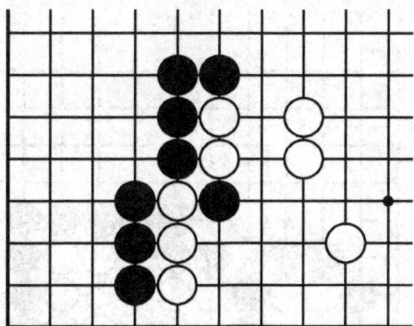

第205题

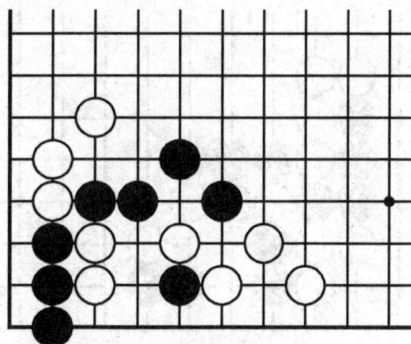

第206题

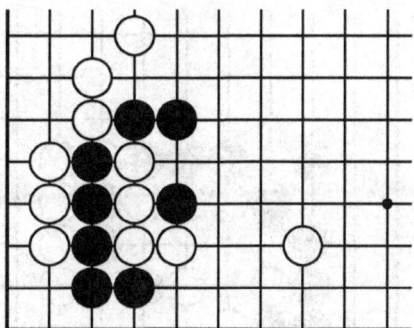

第207题

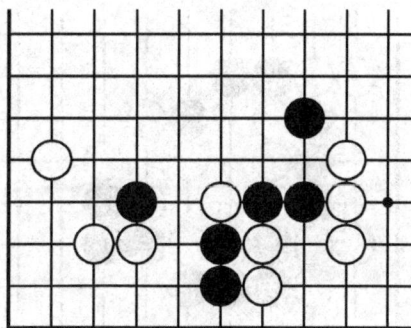

第208题

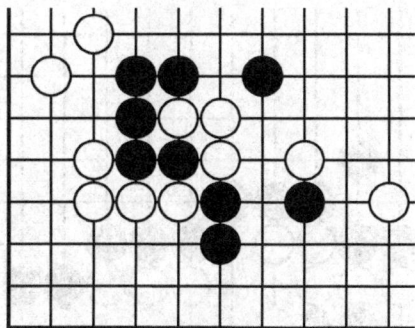

第209题

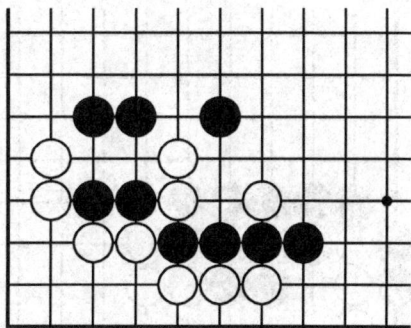

第210题

综合测试（六）

黑先，请杀白，并写出必要的过程。

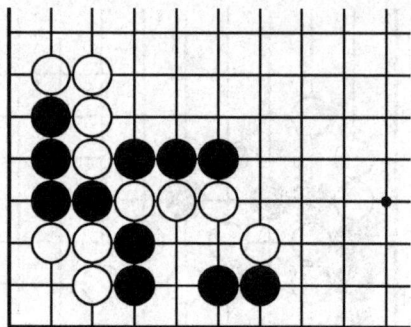

第211题

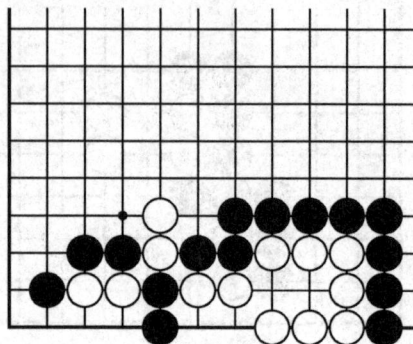

第212题

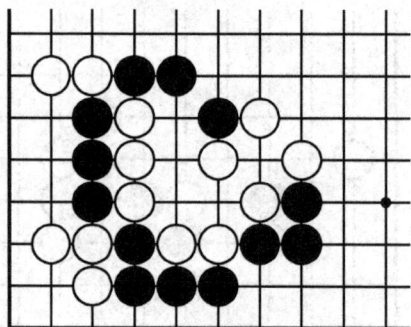

第213题

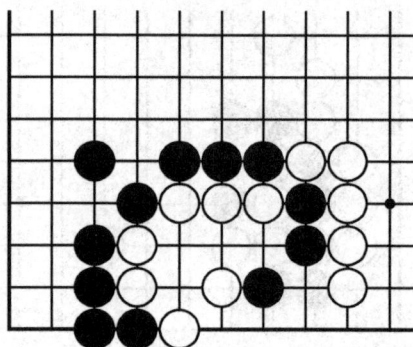

第214题

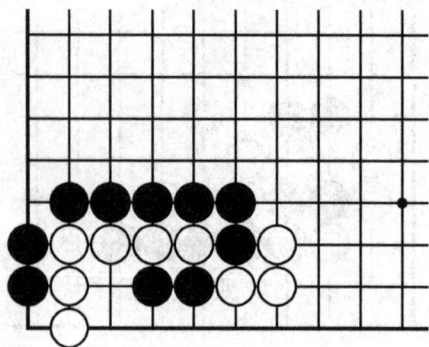

第215题

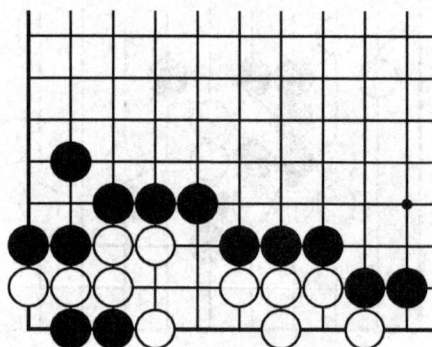

第216题

综合测试（七）

黑先，请杀白，并写出必要的过程。

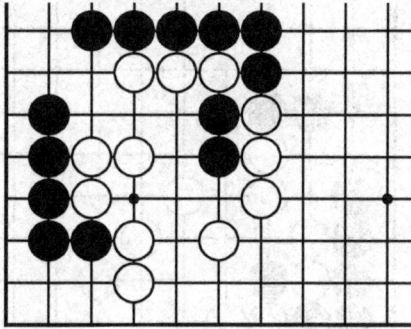

第 217 题

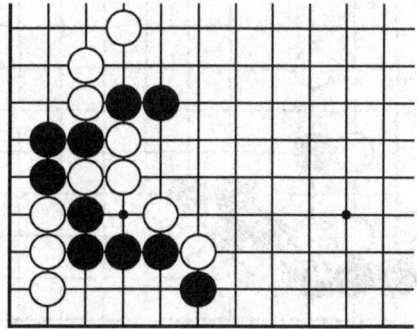

第 218 题

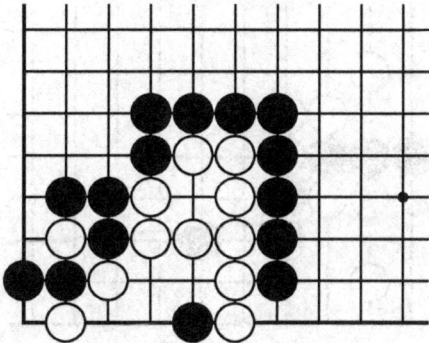

第 219 题

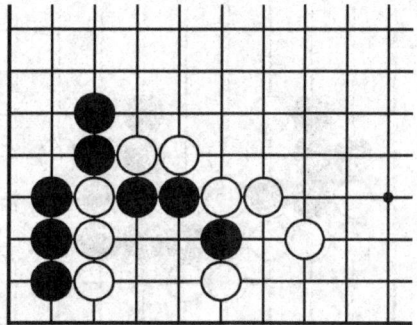

第 220 题

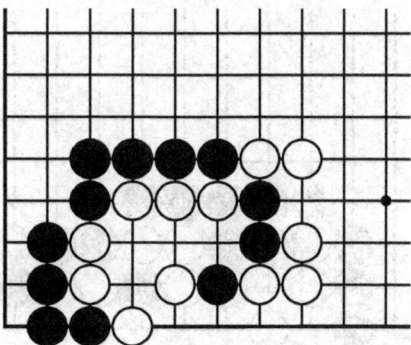

第 221 题

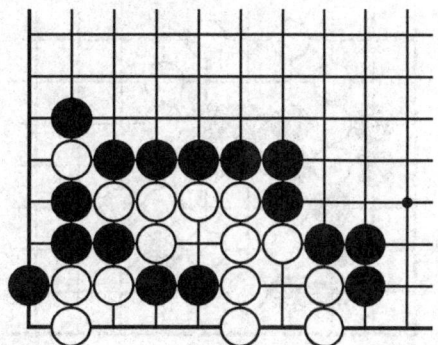

第 222 题

综合测试（八）

黑先，请杀白，并写出必要的过程。

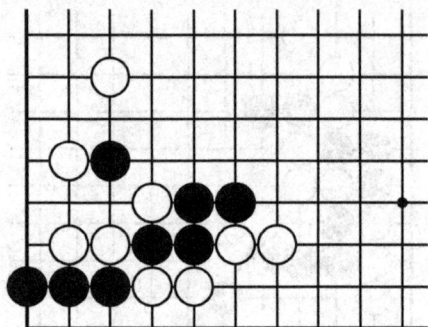

第 223 题

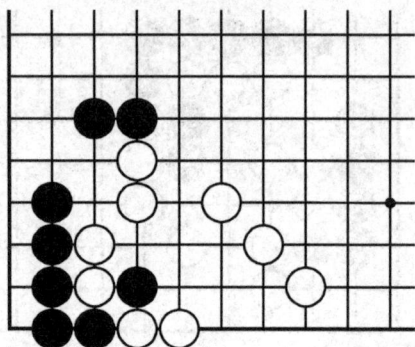

第 224 题

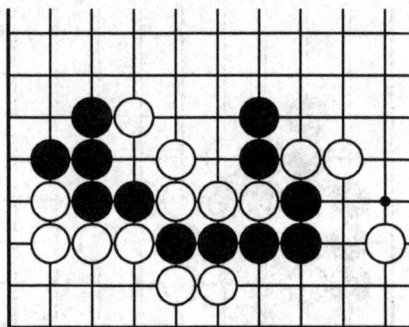

第 225 题

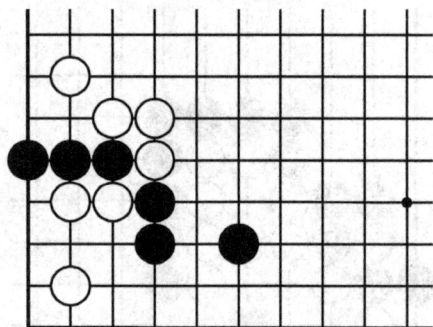

第 226 题

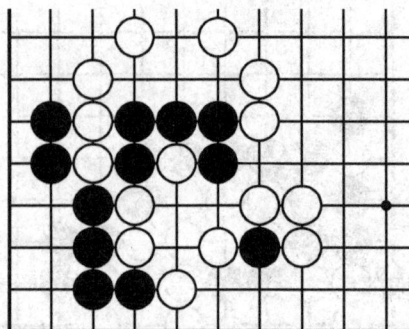

第 227 题

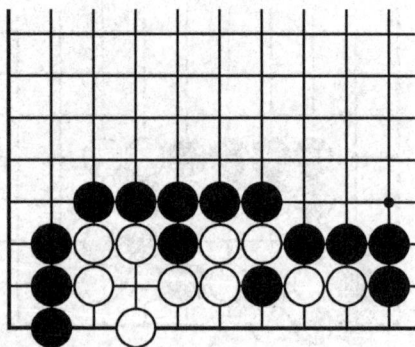

第 228 题

综合测试（九）

黑先，请杀白，并写出必要的过程。

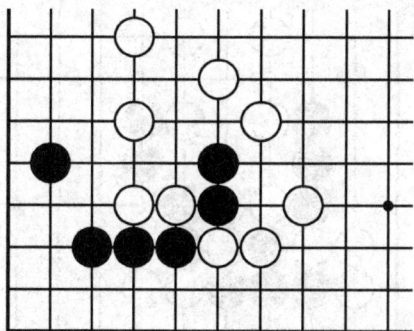

第 229 题

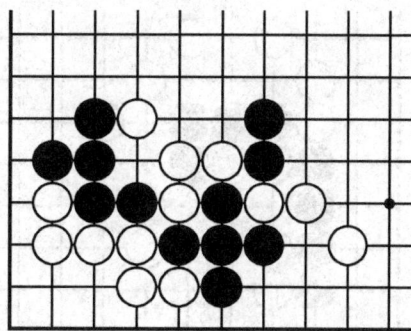

第 230 题

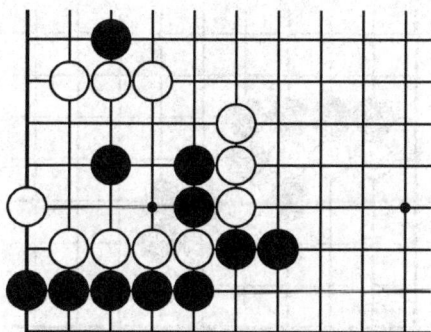

第 231 题

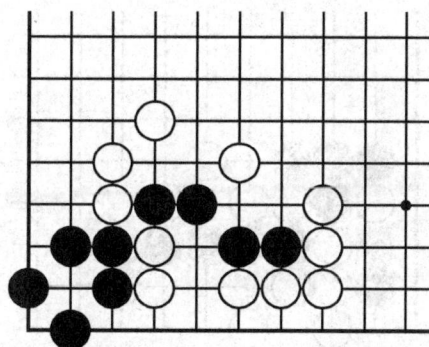

第 232 题

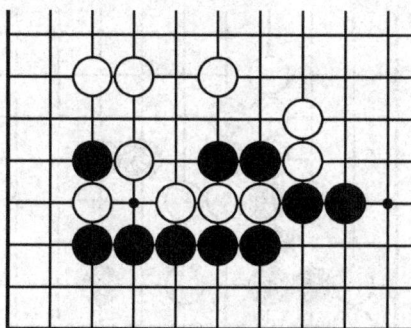

第 233 题

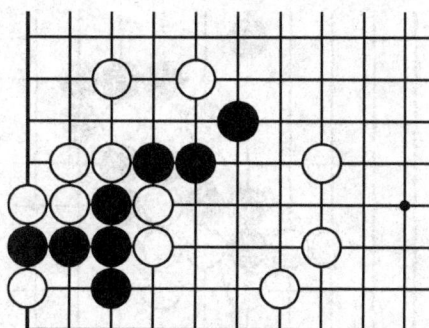

第 234 题

综合测试（十）

黑先，请杀白，并写出必要的过程。

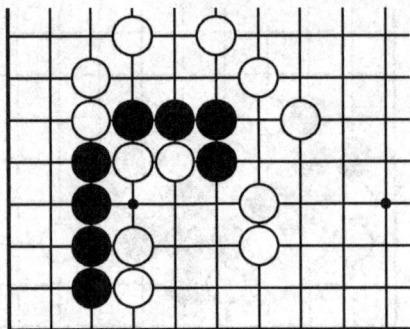

第 235 题

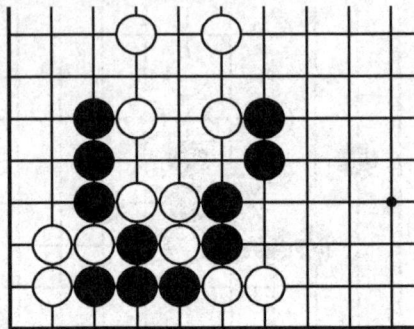

第 236 题

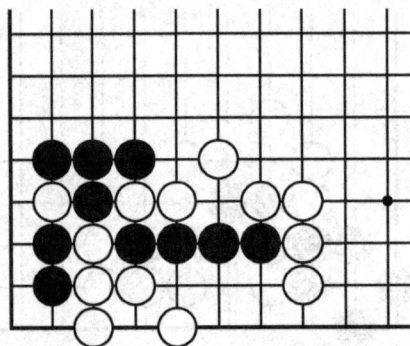

第 237 题

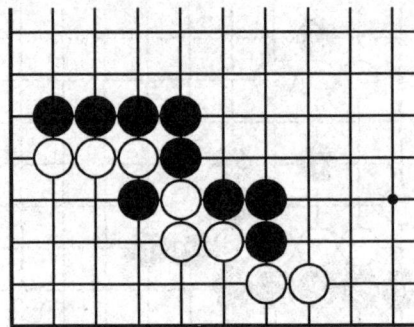

第 238 题

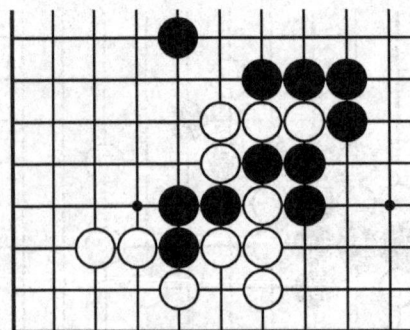

第 239 题

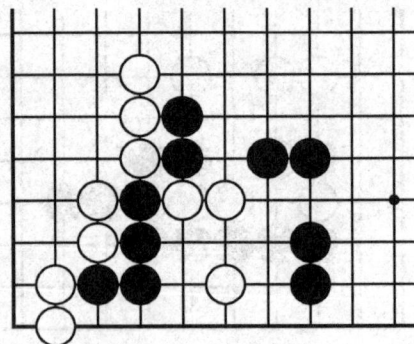

第 240 题

第二章
攻击与防守的手筋

  在每一次对弈中，攻击与防守贯穿始终，且常见的情况是在攻击中有防守，在防守中有攻击。连接与分断、出头与封锁是围棋攻防中的非常重要的战术手段，它们往往关系着棋的厚薄和死活，甚至直接影响到棋局的进程。棋友们必须反复练习，认真思考，进行精确的计算，才能熟练地运用这些手段，并帮助自己攻无不克，战无不胜。

2.1 联络

联络指两块棋之间的连接，通常会运用到小尖、跳、飞和挖等技巧。

例1

图1 问题图

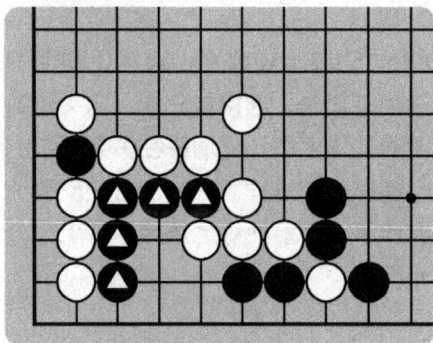

黑先，应该如何救出▲五子？

图2 正解图

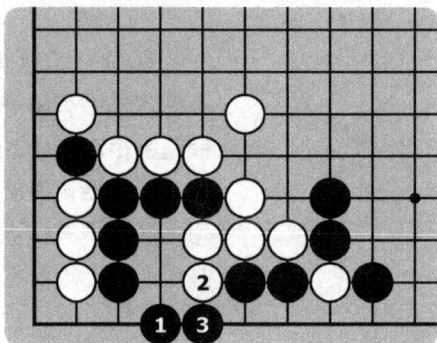

黑1小尖的方向正确，是好棋。至黑3连，黑棋成功联络。

图3 失败图1

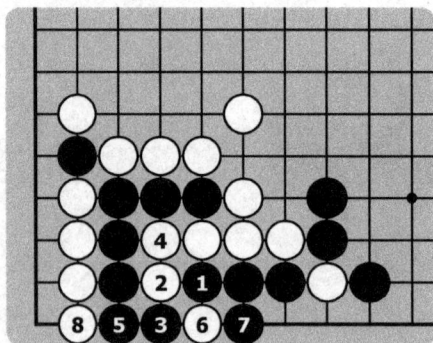

黑1长，白2挖，至白8，黑棋形成接不归，无法联络。

图4 失败图2

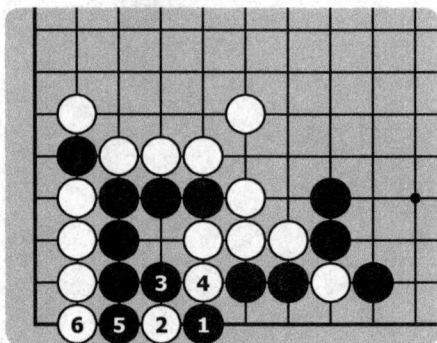

黑1小尖不是好棋，白2跨是好棋，至白6，黑棋被杀。

例2

图1 问题图

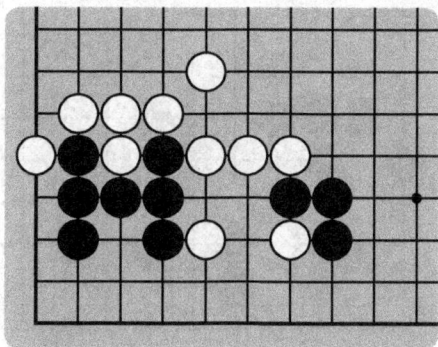

黑先，如何让黑棋的左边七子与右边三子获得联络？

图2 正解图

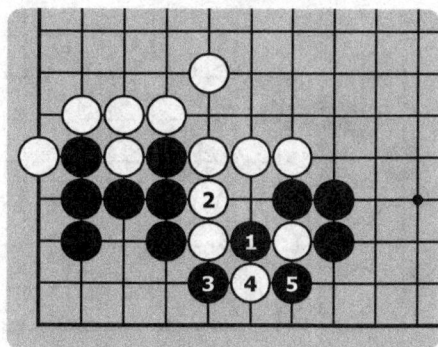

黑1打吃是好棋，白2粘，至黑5提子，黑棋成功联络。

图3 失败图1

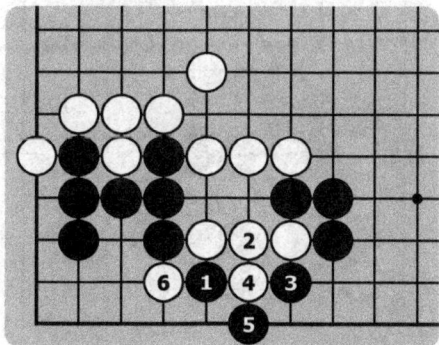

黑1扳不是好棋，至白6打吃，黑棋无法联络。

图4 失败图2

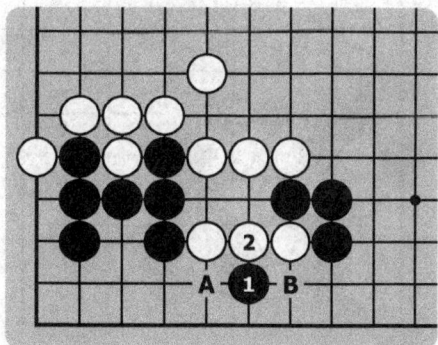

黑1点，白2粘，黑棋无法同时兼顾A点和B点，黑棋联络失败。

例3

图1 问题图

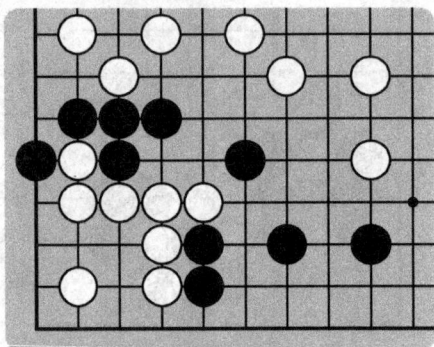

黑先，黑棋应该如何获得联络？

图2 正解图

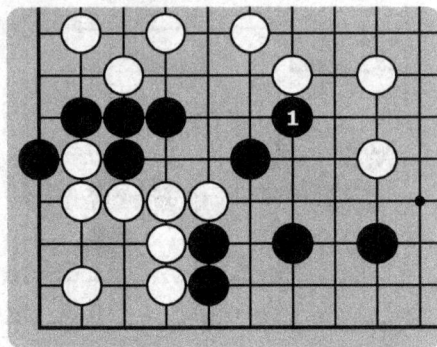

黑1小尖是好棋，可以兼顾两个断点，黑棋成功联络。

图3 失败图1

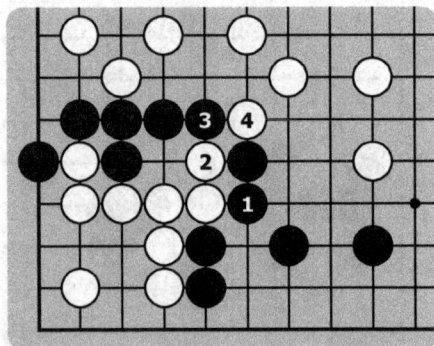

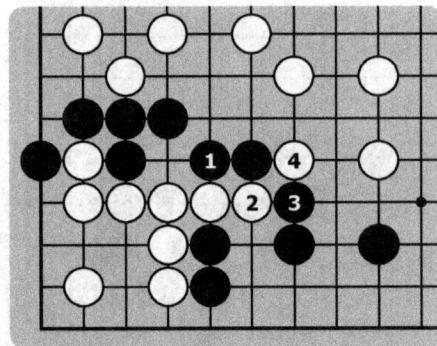

黑1不是好棋，至白4断，黑棋联络失败。

图4 失败图2

黑1不是好棋，至白4断，黑棋联络失败。

联络（一）

黑先，请联络黑棋，并写出必要的过程。

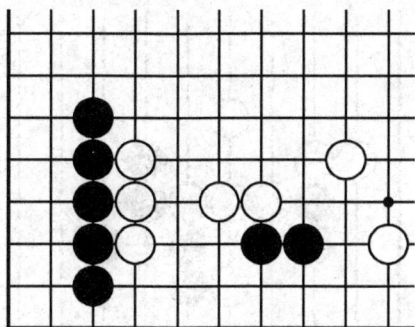

第 241 题

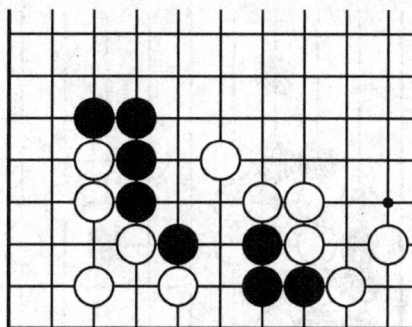

第 242 题

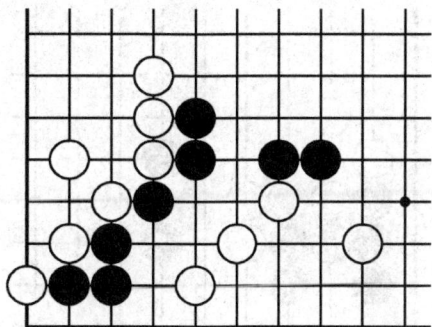

第 243 题

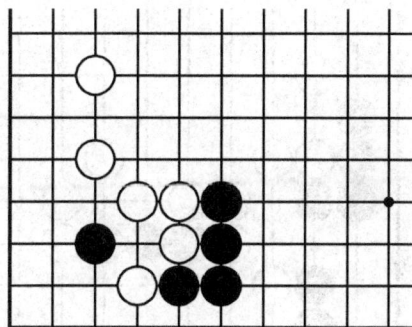

第 244 题

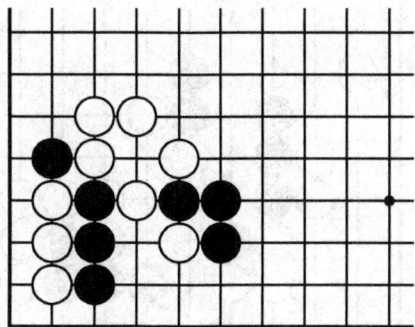

第 245 题

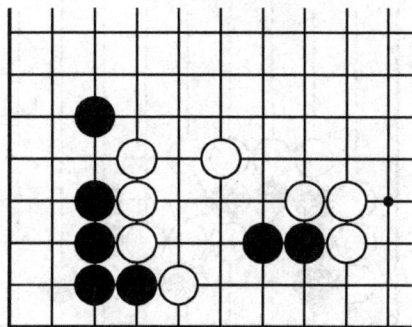

第 246 题

联络（二）

黑先，请联络黑棋，并写出必要的过程。

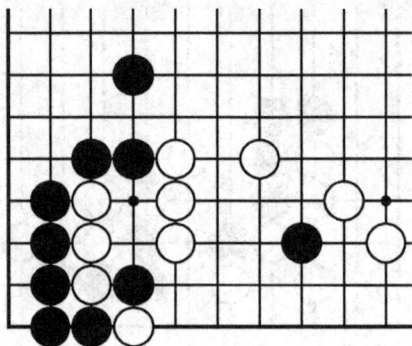

第 247 题

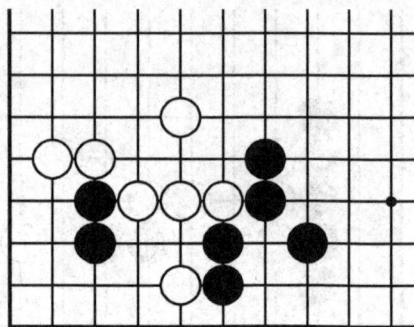

第 248 题

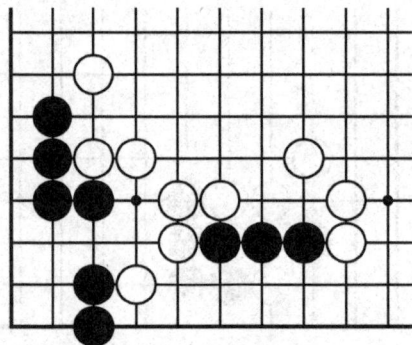

第 249 题

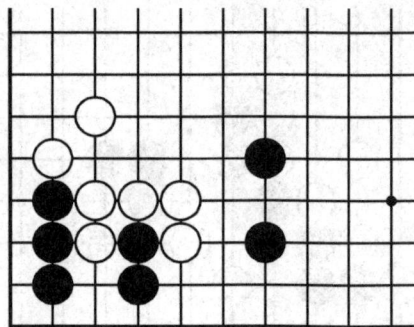

第 250 题

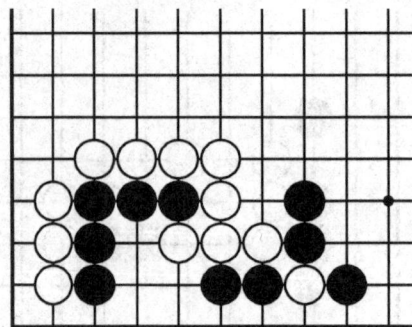

第 251 题

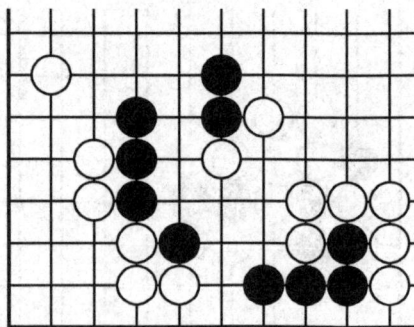

第 252 题

联络（三）

黑先，请联络黑棋，并写出必要的过程。

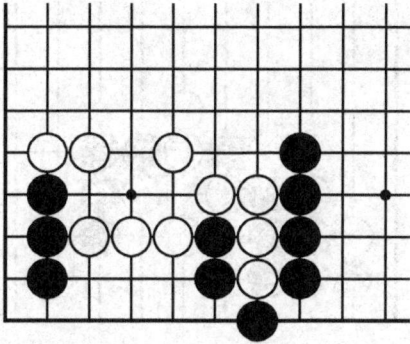

第 253 题

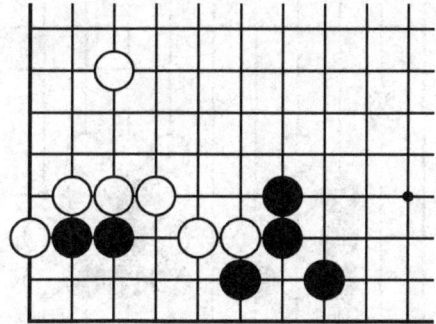

第 254 题

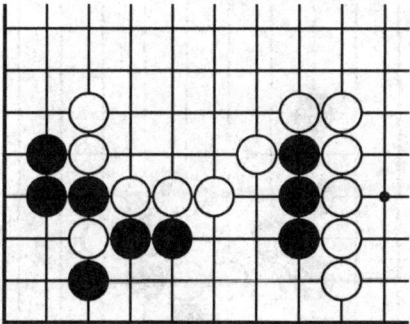

第 255 题

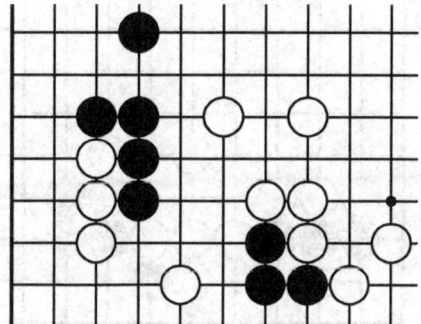

第 256 题

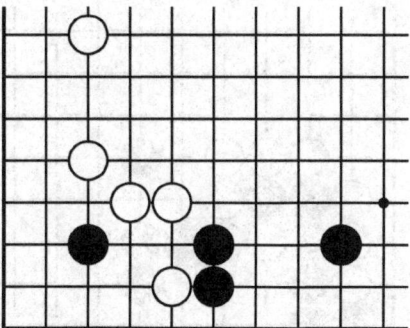

第 257 题

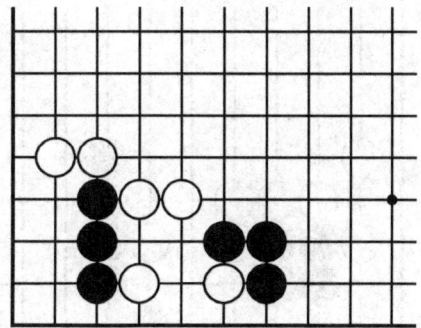

第 258 题

联络（四）

黑先，请联络黑棋，并写出必要的过程。

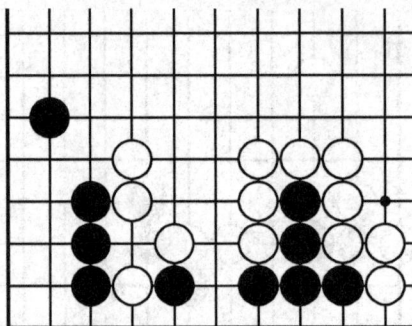

第 259 题

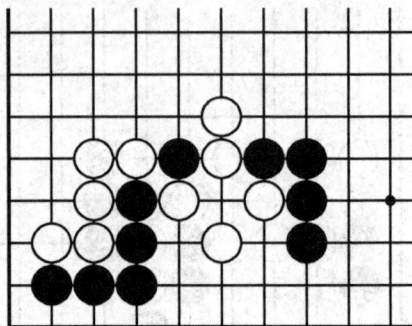

第 260 题

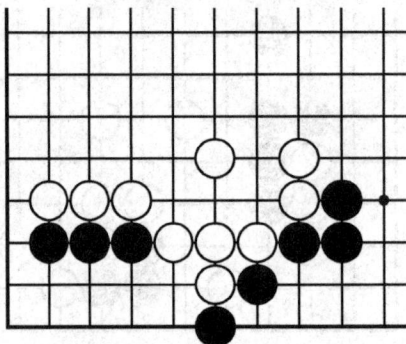

第 261 题

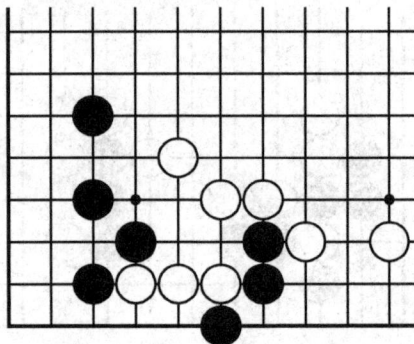

第 262 题

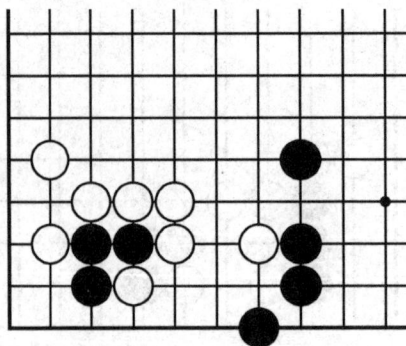

第 263 题

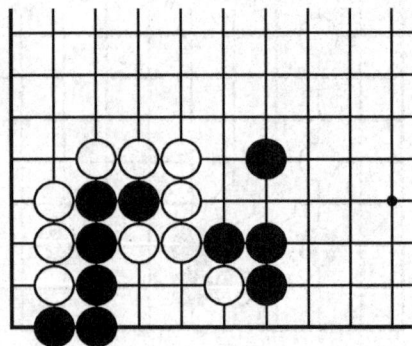

第 264 题

联络（五）

黑先，请联络黑棋，并写出必要的过程。

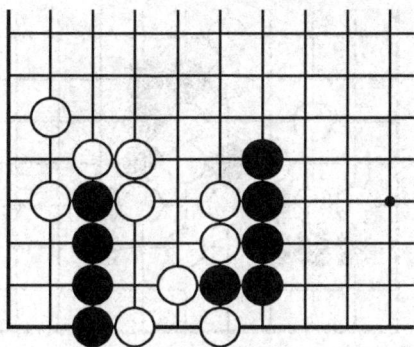

第 265 题

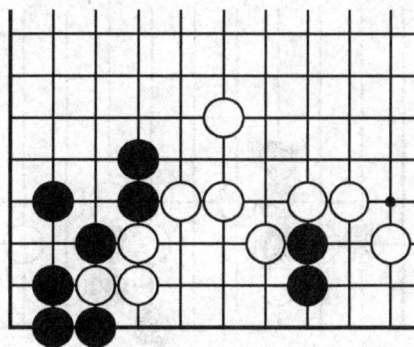

第 266 题

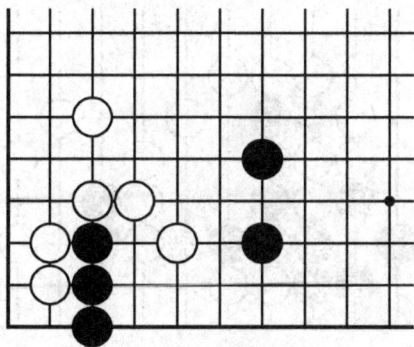

第 267 题

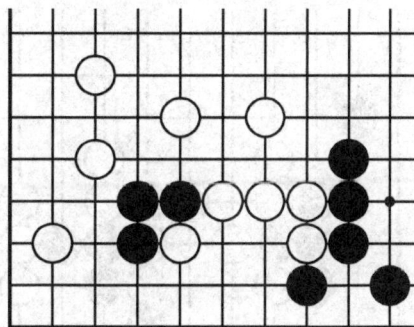

第 268 题

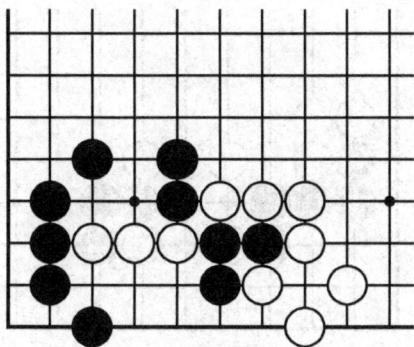

第 269 题

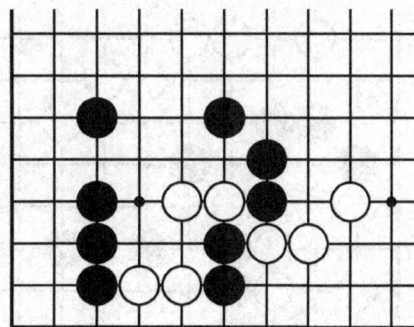

第 270 题

联络（六）

黑先，请联络黑棋，并写出必要的过程。

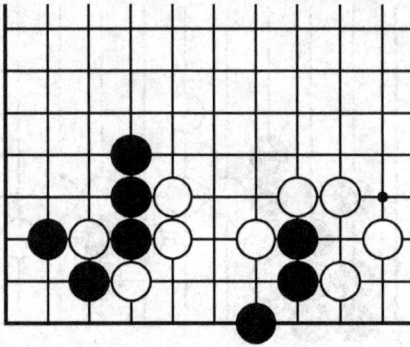

第 271 题

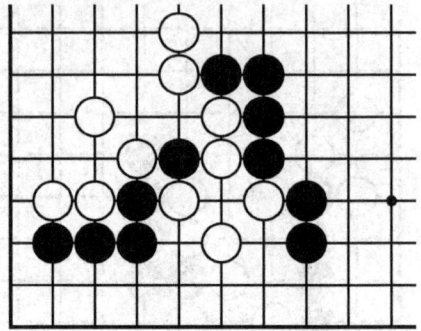

第 272 题

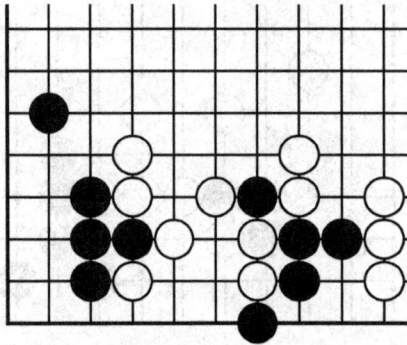

第 273 题

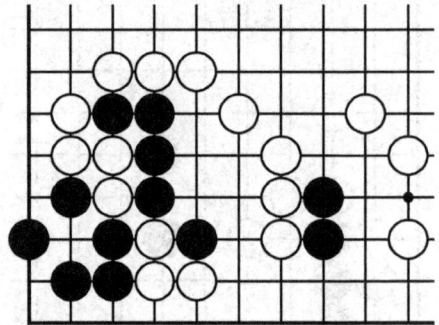

第 274 题

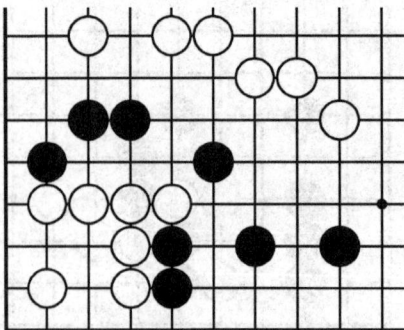

第 275 题

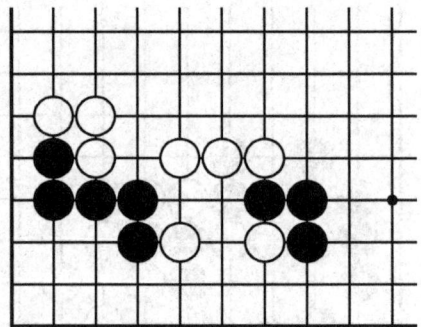

第 276 题

2.2 出头

出头是防守的重要手筋之一，通常会运用到跳、飞和小尖等技巧。出头可以提高行棋的效率。

例1

图1 问题图

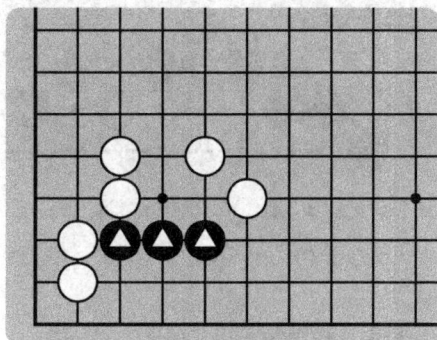

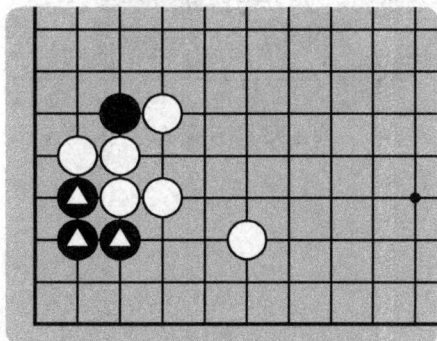

黑先，▲三子应该如何出头？

图2 正解图

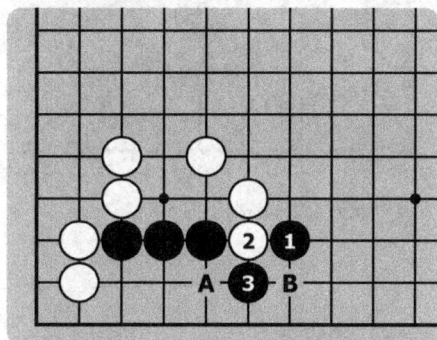

黑1跳是好棋，至黑3，黑棋虽有A点和B点两个断点，但成功出头。

例2

图1 问题图

黑先，▲三子应该如何出头？

图2 正解图

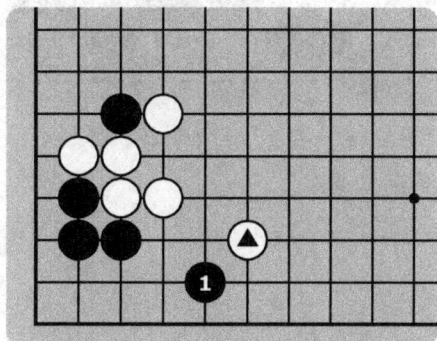

由于▲在三路线封锁，黑1小飞是最佳的下法。

例3

图1 问题图

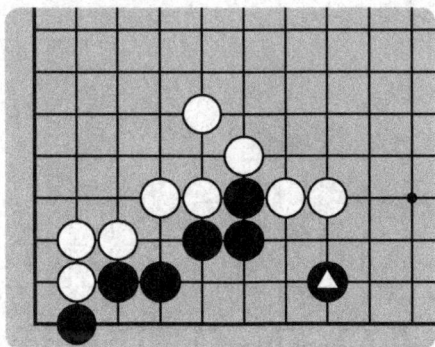

黑先，▲应该如何出头？

图2 正解图

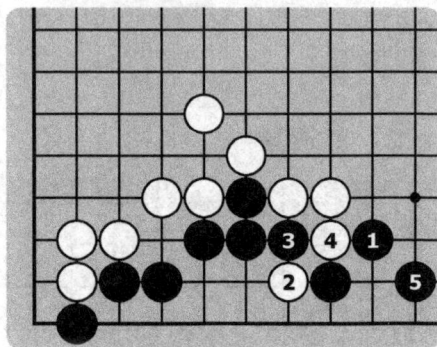

黑1小尖是好棋，白2跨断不成立，至黑5，黑棋成功出头。

图3 失败图1

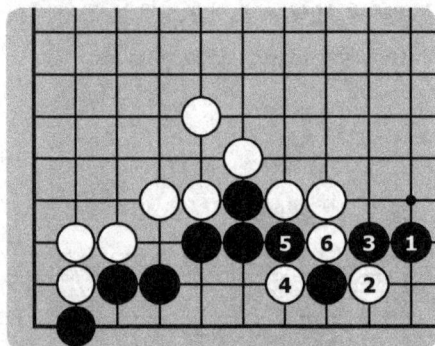

黑1小飞，白2、白4跨断，至白6，黑棋被杀。

图4 失败图2

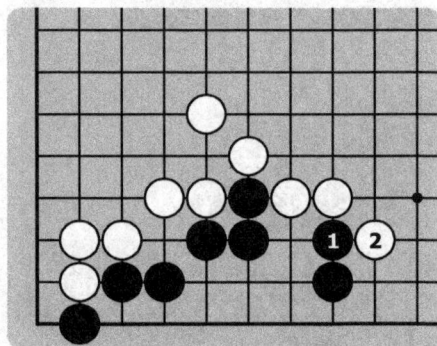

黑1顶，白2扳，不是令黑棋满意的下法。

出头（一）

黑先，请帮助黑棋出头，并写出必要的过程。

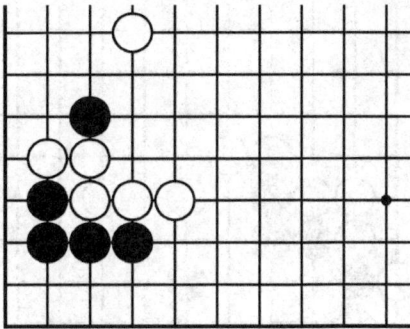

第 277 题

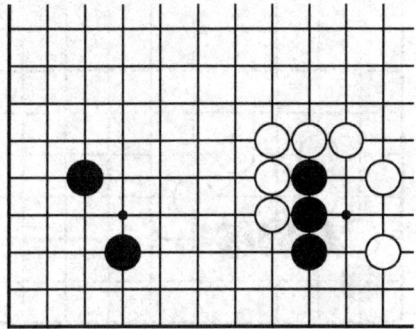

第 278 题

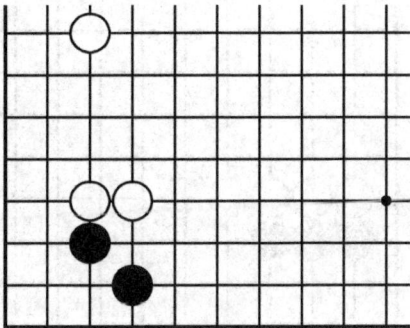

第 279 题

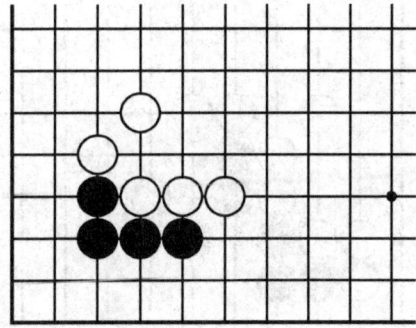

第 280 题

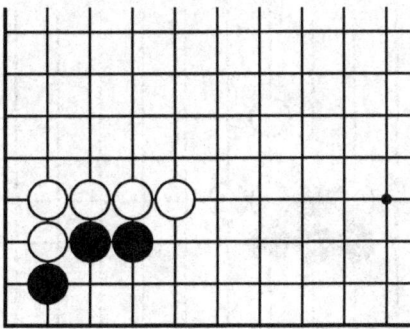

第 281 题

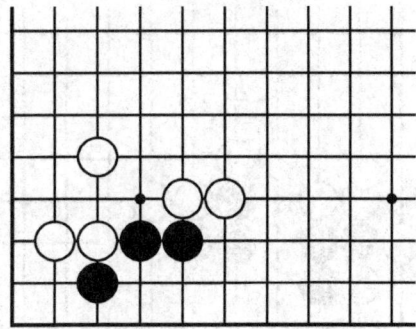

第 282 题

出头（二）

黑先，请帮助黑棋出头，并写出必要的过程。

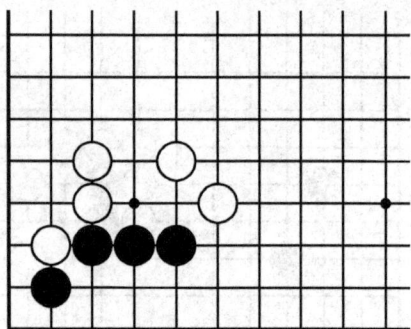

第 283 题

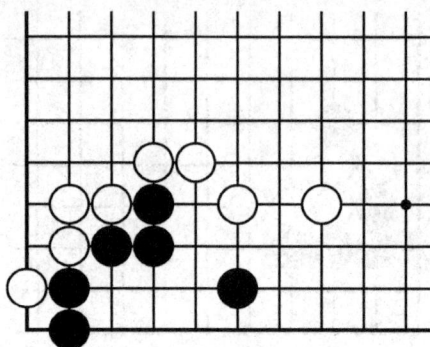

第 284 题

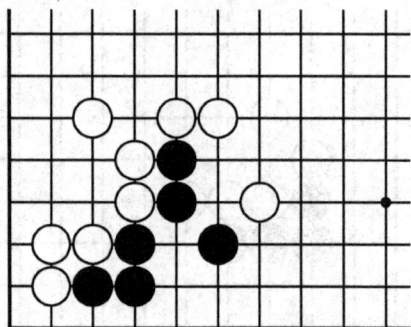

第 285 题

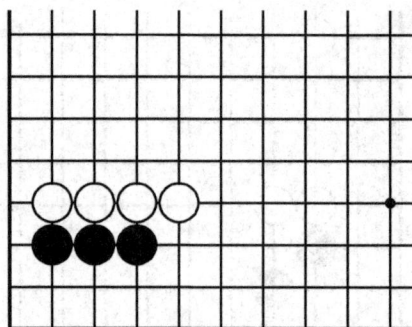

第 286 题

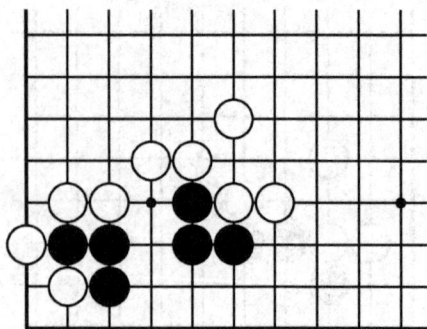

第 287 题

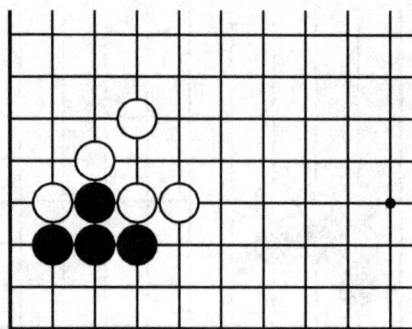

第 288 题

出头（三）

黑先，请帮助黑棋出头，并写出必要的过程。

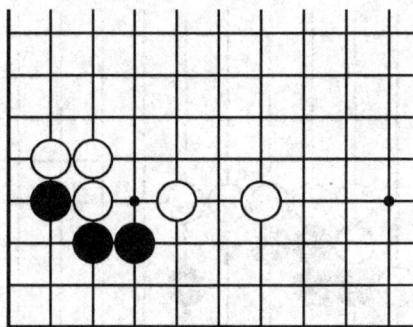

第 289 题

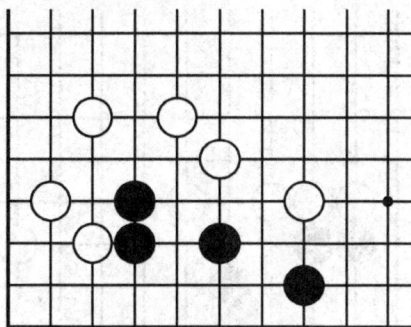

第 290 题

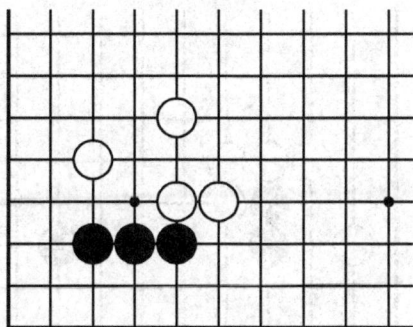

第 291 题

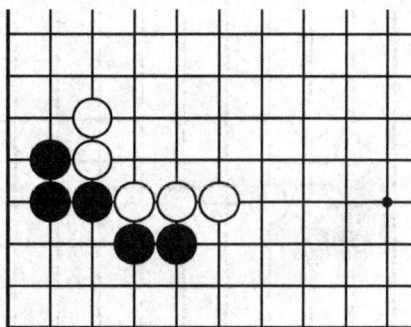

第 292 题

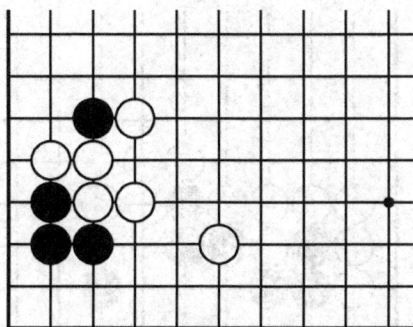

第 293 题

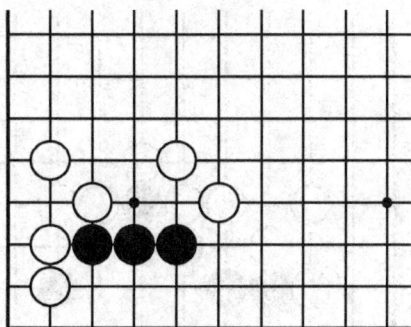

第 294 题

出头（四）

黑先，请帮助黑棋出头，并写出必要的过程。

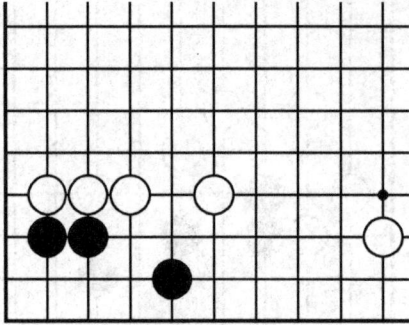

第 295 题

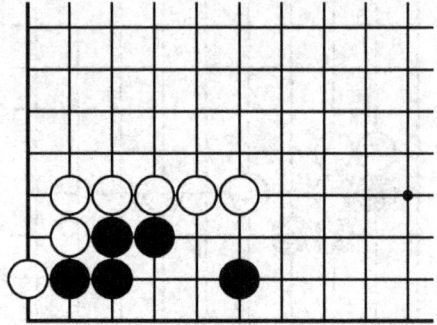

第 296 题

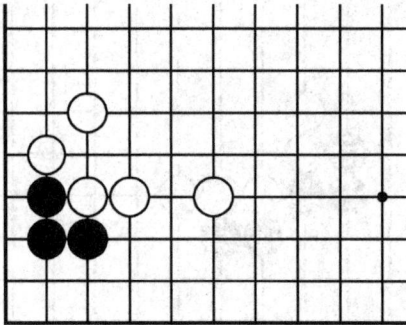

第 297 题

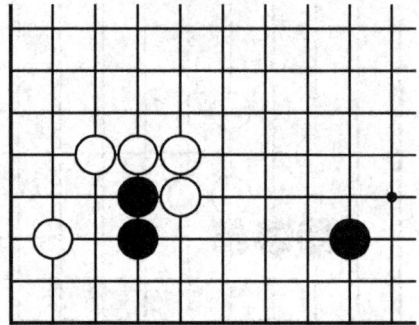

第 298 题

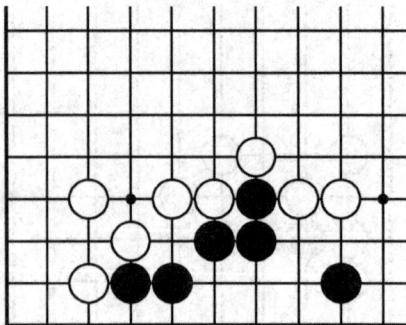

第 299 题

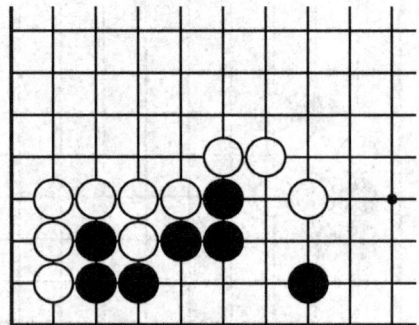

第 300 题

2.3　分断

分断是攻击的重要技巧之一，本节重点介绍利用气紧分断、跨断、挖断、顶断等分断技巧。

例1

图1　问题图

图2　正解图

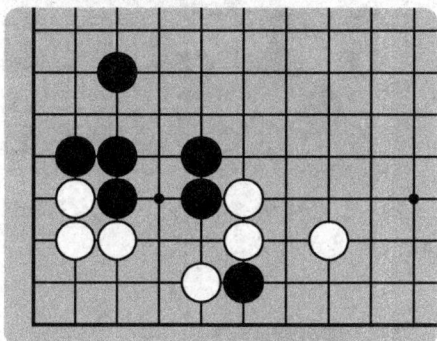

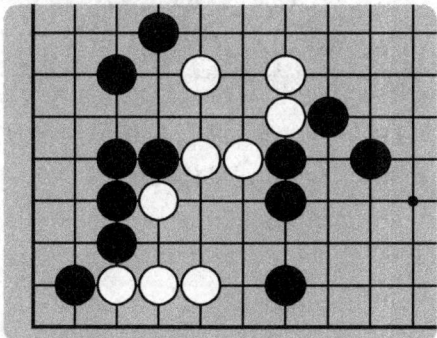

黑先，应该如何分断白棋？

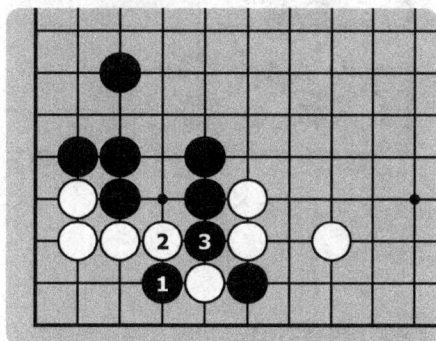

黑1夹是分断的手筋，至黑3，白棋被分断。

例2

图1　问题图

图2　正解图

黑先，应该如何分断白棋？

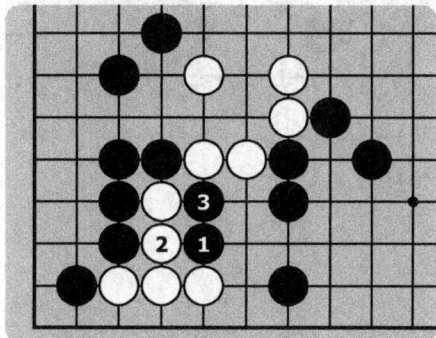

黑1靠是好棋，白2接，黑3断，白棋被分断。

例3

图1　问题图

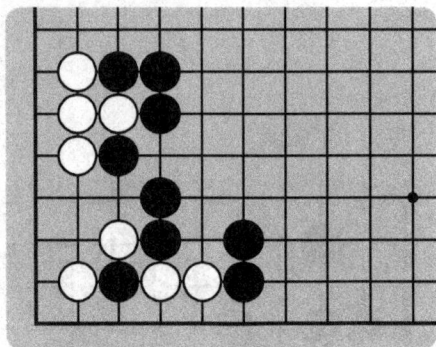

黑先，应该如何分断白棋？

图2　正解图

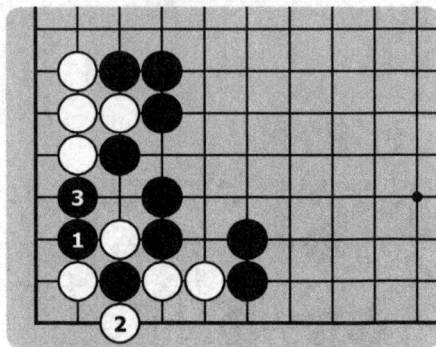

黑1断吃是好棋，白2提，至黑3顶连回，黑棋成功分断白棋。

图3　失败图1

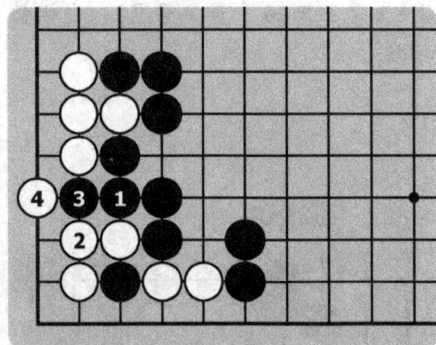

黑1团不是好棋，至白4，白棋成功连接。

图4　失败图2

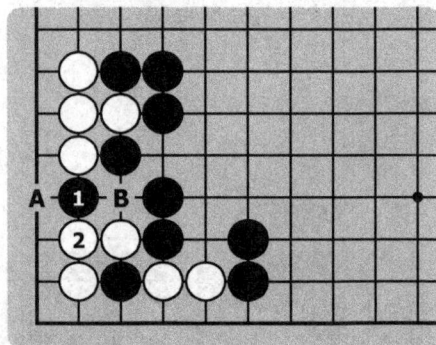

黑1扳不好，白2粘，黑棋无法同时兼顾A点和B点，黑棋失败。

分断（一）

黑先，请分断白棋，并写出必要的过程。

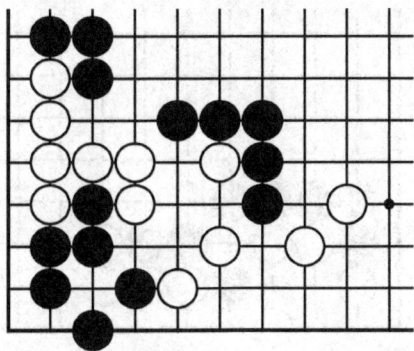

第 301 题

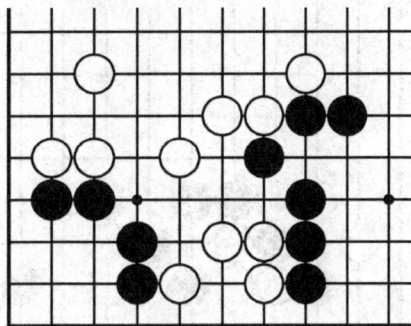

第 302 题

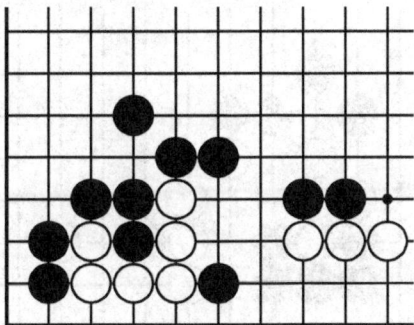

第 303 题

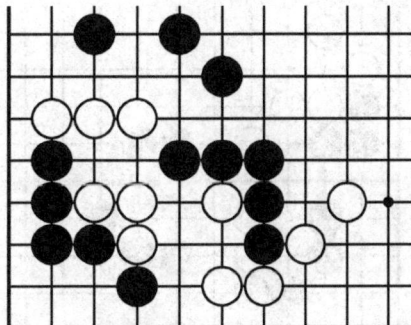

第 304 题

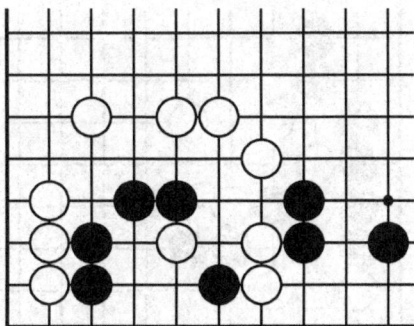

第 305 题

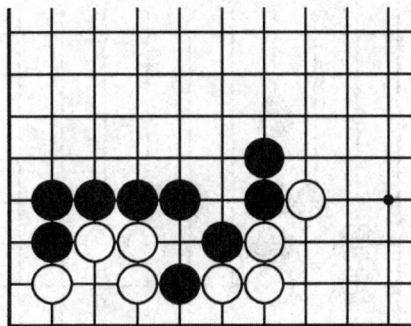

第 306 题

分断（二）

黑先，请分断白棋，并写出必要的过程。

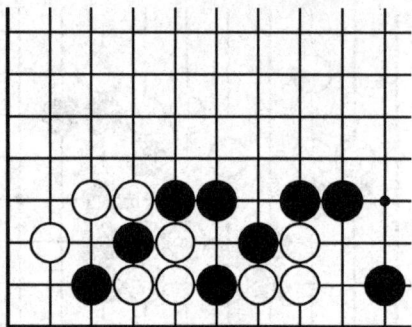

第307题

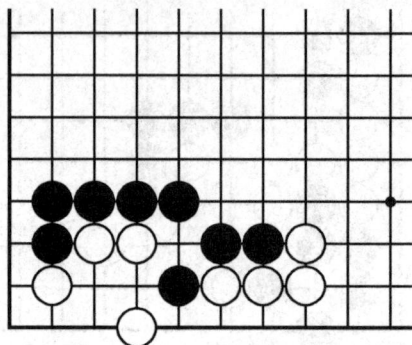

第308题

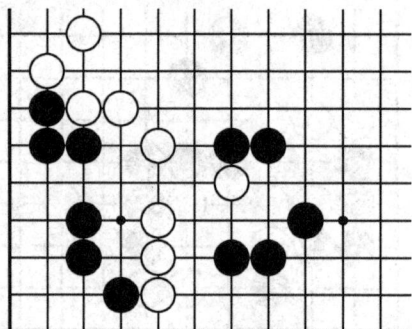

第309题

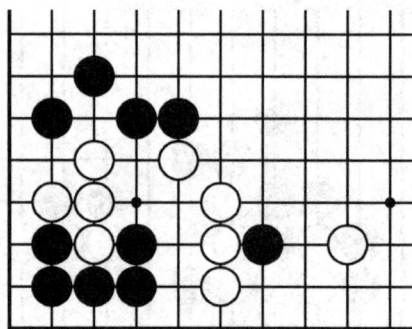

第310题

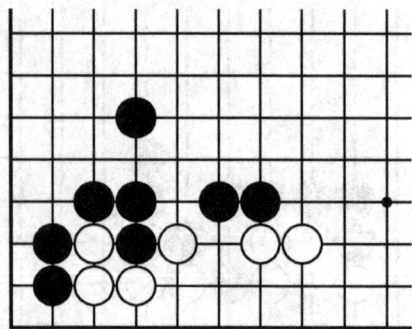

第311题

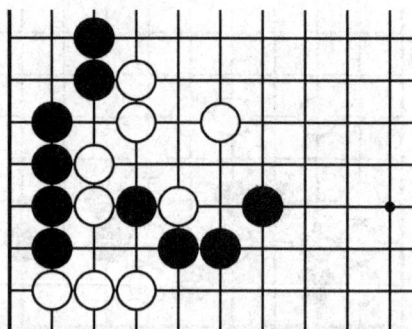

第312题

分断（三）

黑先，请分断白棋，并写出必要的过程。

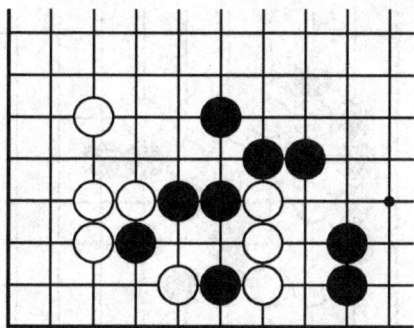

第 313 题

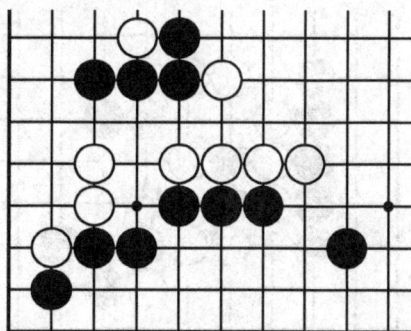

第 314 题

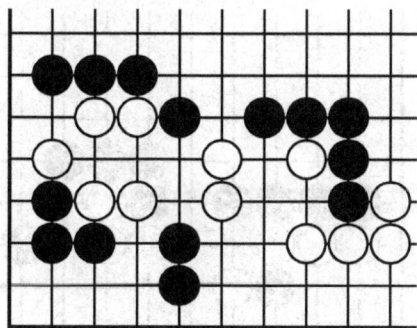

第 315 题

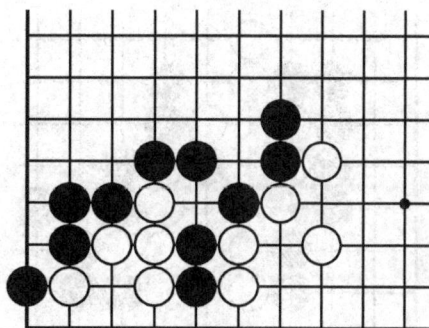

第 316 题

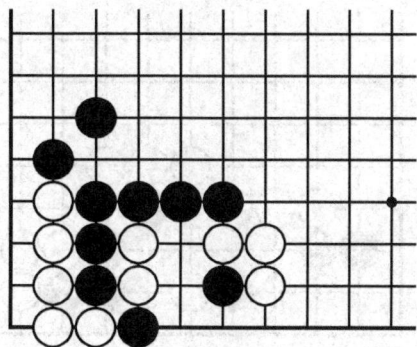

第 317 题

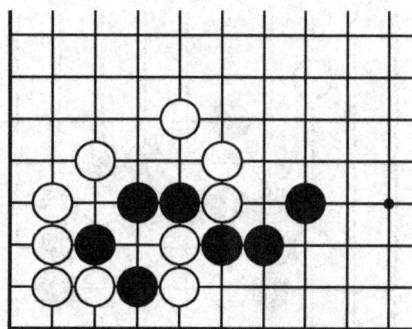

第 318 题

分断（四）

黑先，请分断白棋，并写出必要的过程。

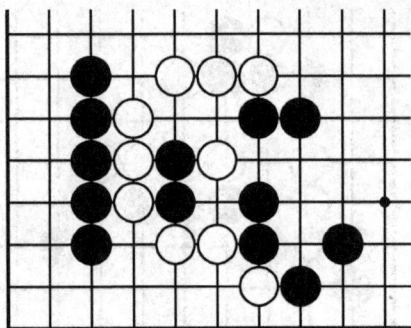

第 319 题

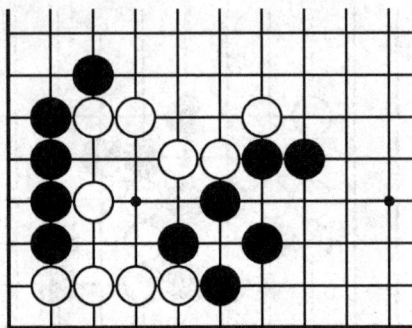

第 320 题

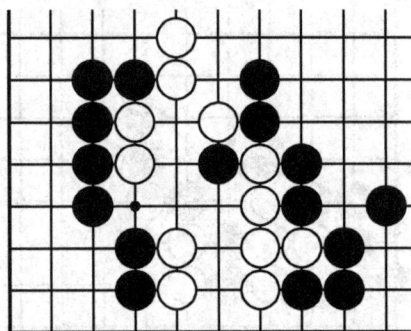

第 321 题

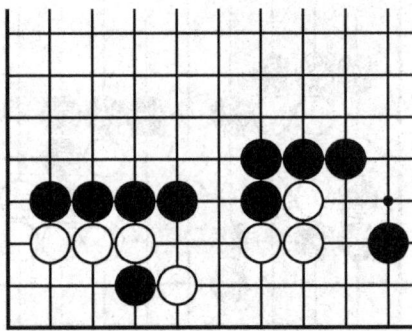

第 322 题

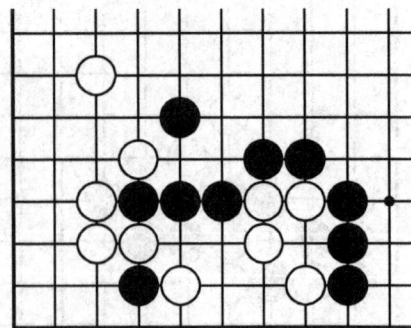

第 323 题

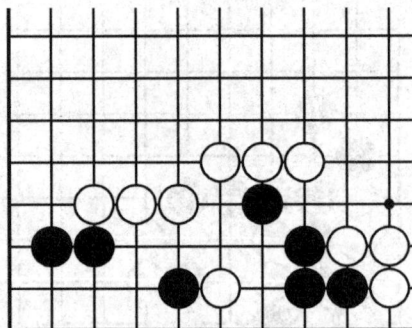

第 324 题

分断（五）

黑先，请分断白棋，并写出必要的过程。

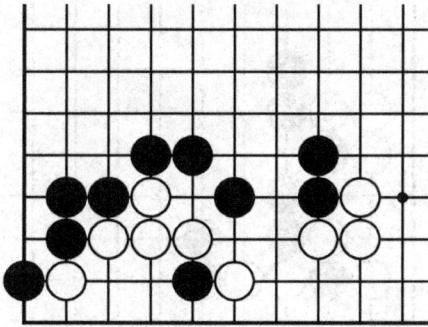

第 325 题

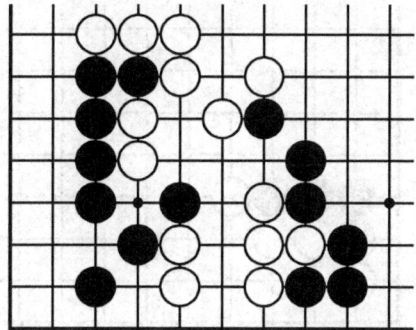

第 326 题

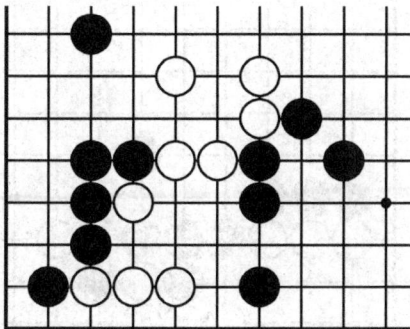

第 327 题

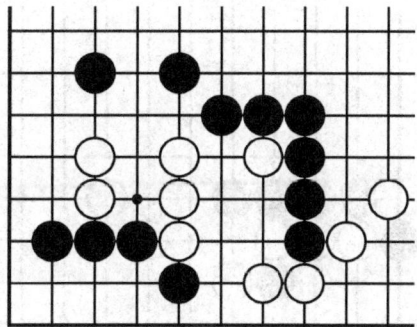

第 328 题

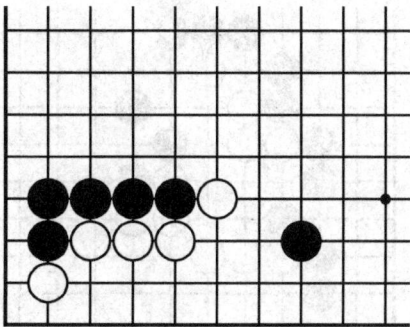

第 329 题

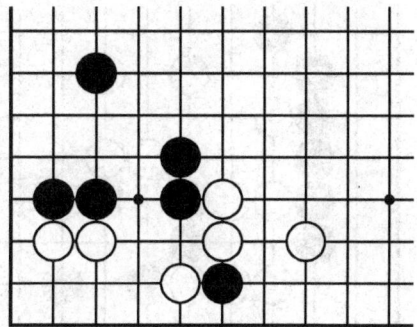

第 330 题

分断（六）

黑先，请分断白棋，并写出必要的过程。

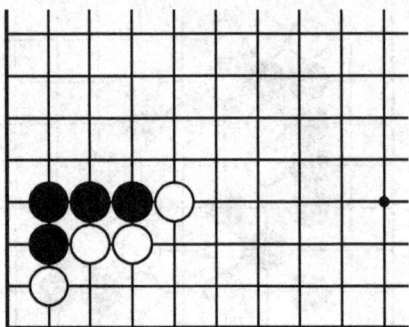

第 331 题

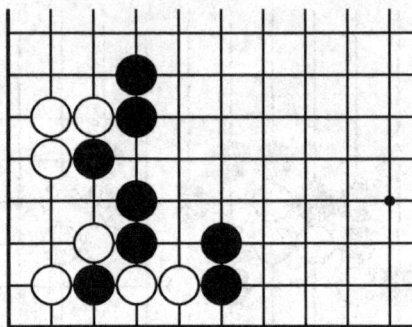

第 332 题

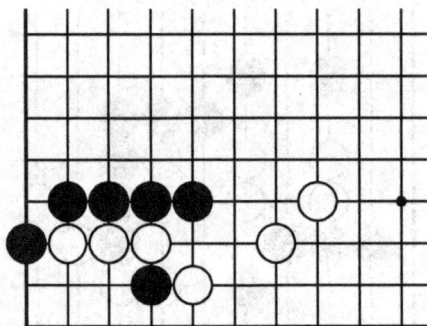

第 333 题

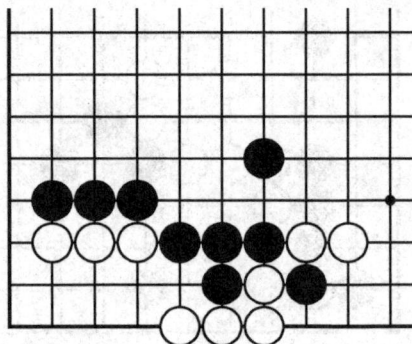

第 334 题

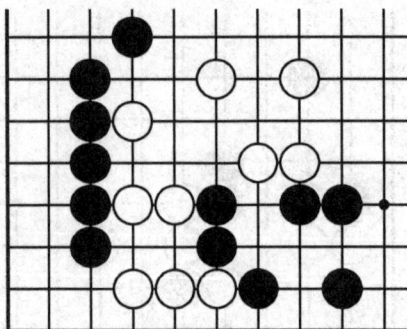

第 335 题

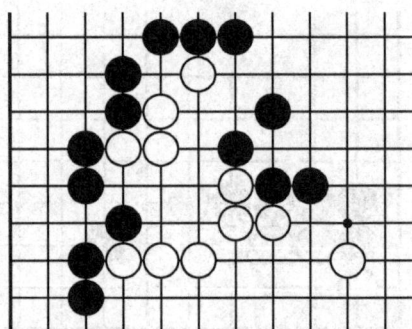

第 336 题

2.4 封锁

封锁是阻止对方出头的攻击手筋，被封锁的棋往往被控制在二路线。同时，封锁可以使自身棋形变厚，因而也是重要的防守技巧。

例1

图1 问题图

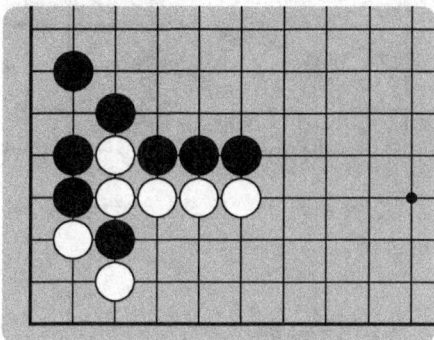

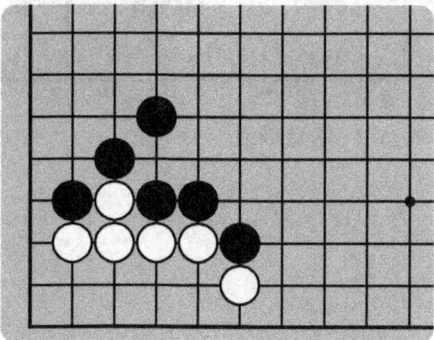

黑先，黑棋应该如何封锁白棋？

图2 正解图

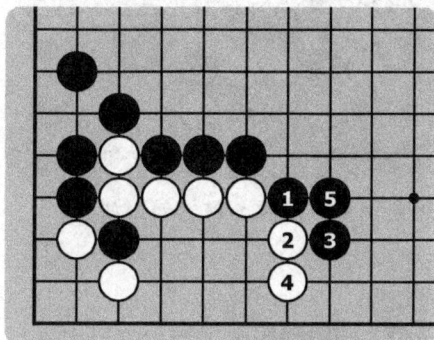

黑1、黑3连扳是封锁的好棋，至黑5，黑棋成功封锁白棋。

例2

图1 问题图

黑先，黑棋应该如何封锁白棋？

图2 正解图

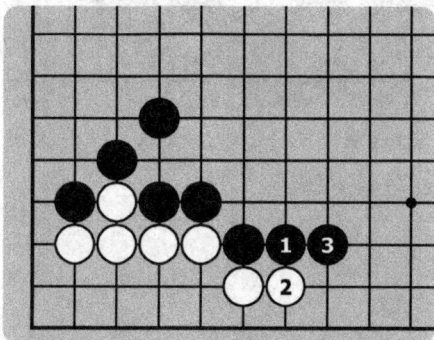

由于白棋五子的气较长，黑1只能长，但黑棋仍然成功封锁了白棋。

例3

图1　问题图

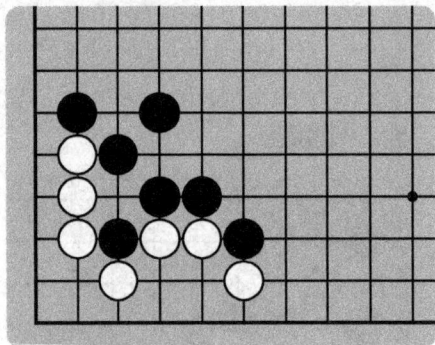

黑先，黑棋应该如何封锁白棋？

图2　正解图

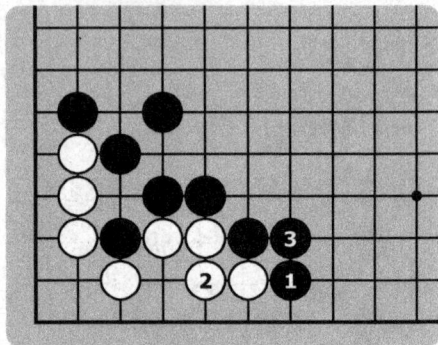

黑1连扳是好棋，至黑3，黑棋成功封
锁白棋。

图3　变化图

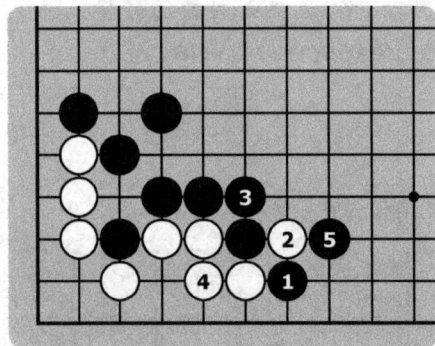

黑1连扳，白2打吃，至黑5，黑棋成
功封锁白棋。

图4　失败图

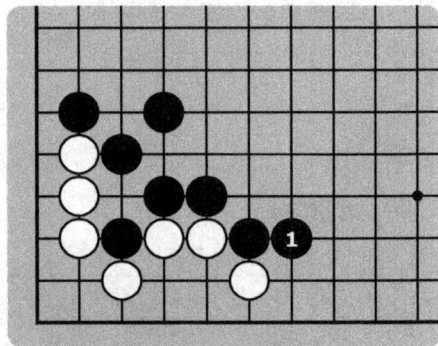

黑1长，不是最佳下法。

封锁（一）

黑先，请封锁白棋，并写出必要的过程。

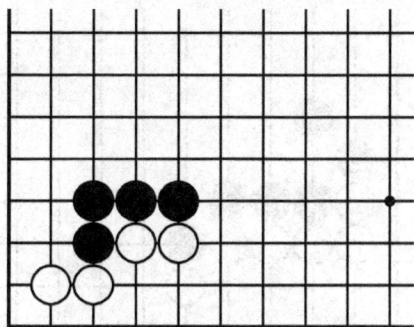

第 337 题

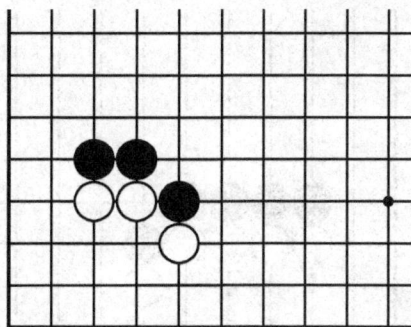

第 338 题

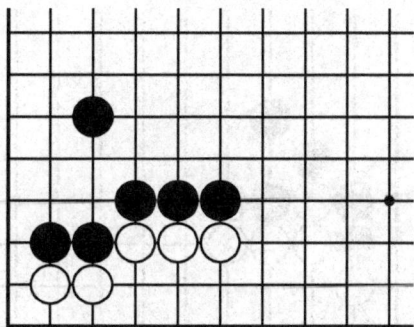

第 339 题

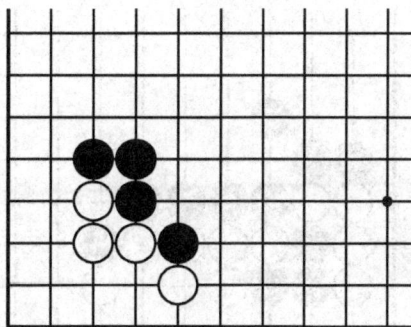

第 340 题

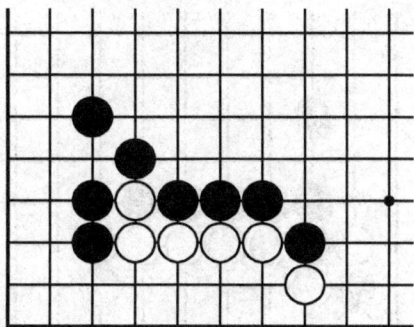

第 341 题

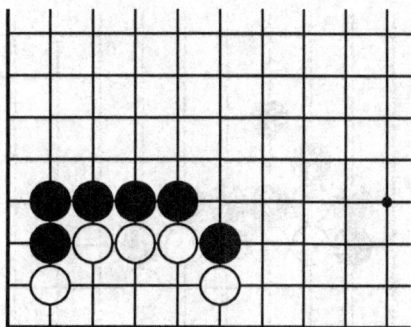

第 342 题

封锁（二）

黑先，请封锁白棋，并写出必要的过程。

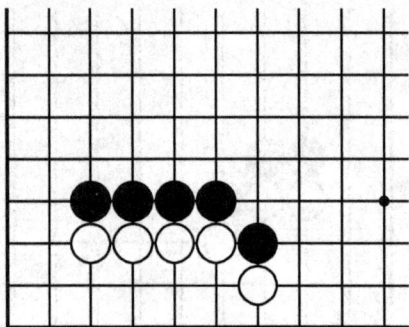

第 343 题

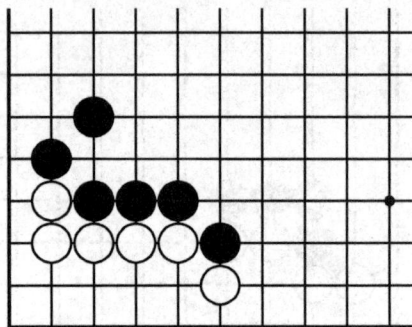

第 344 题

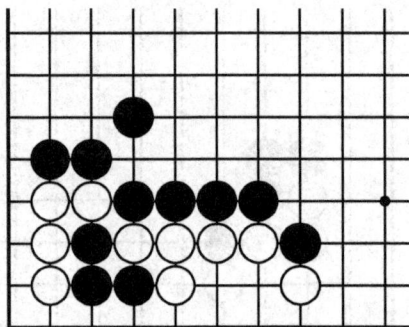

第 345 题

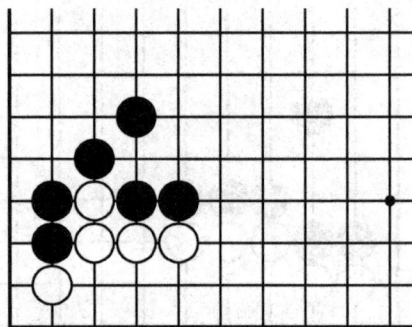

第 346 题

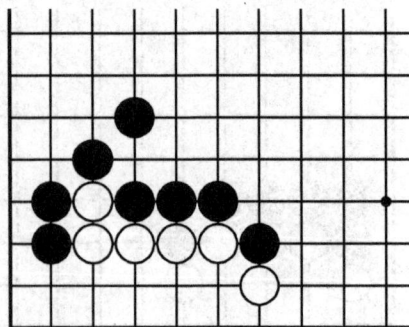

第 347 题

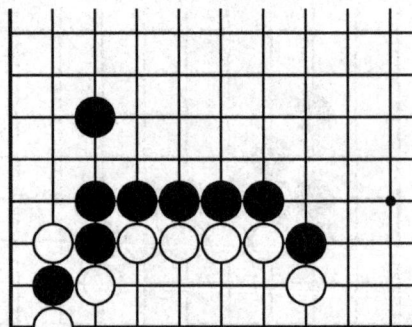

第 348 题

封锁（三）

黑先，请封锁白棋，并写出必要的过程。

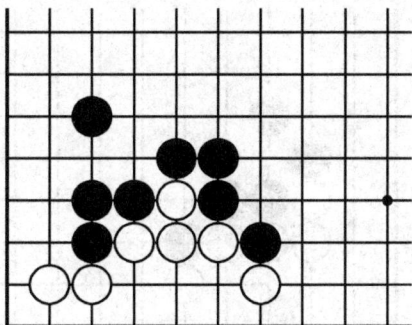

第 349 题

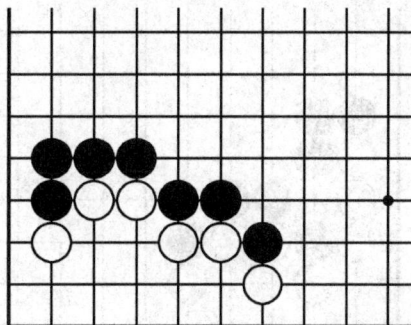

第 350 题

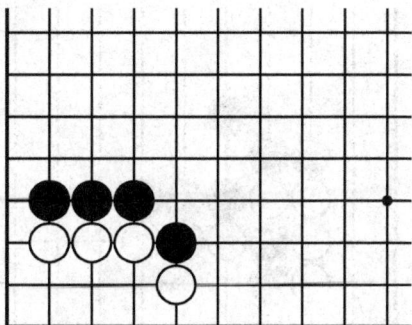

第 351 题

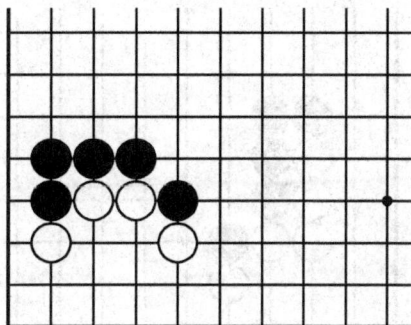

第 352 题

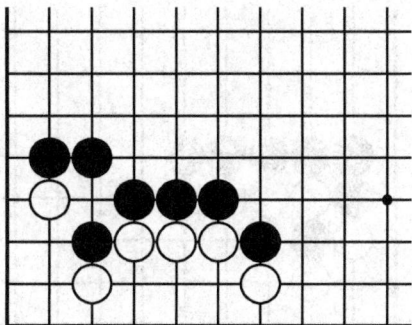

第 353 题

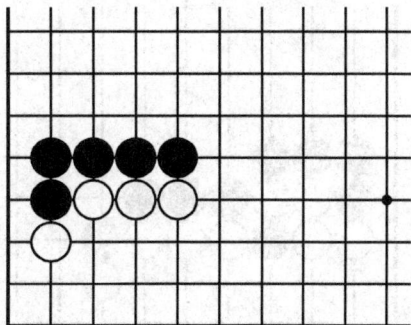

第 354 题

封锁（四）

黑先，请封锁白棋，并写出必要的过程。

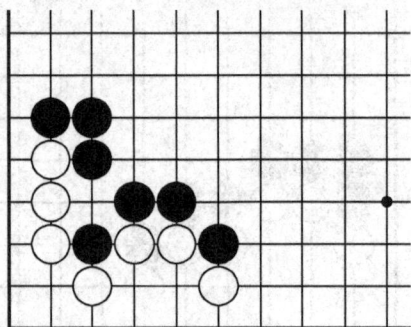

第 355 题

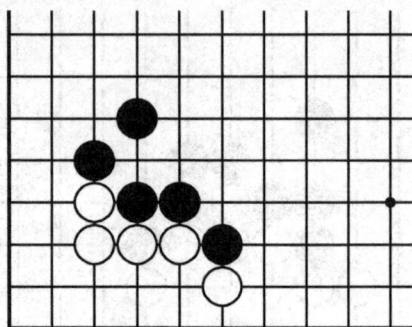

第 356 题

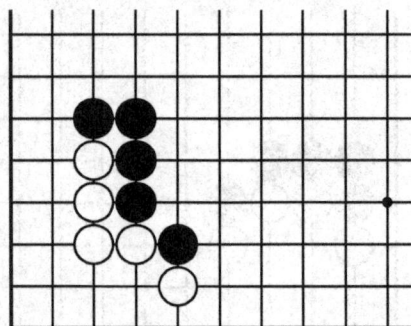

第 357 题

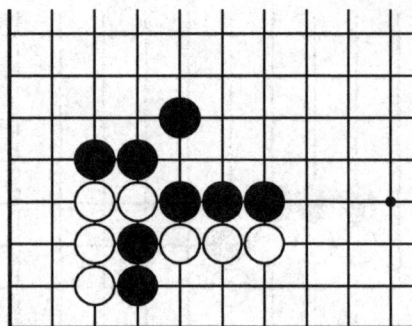

第 358 题

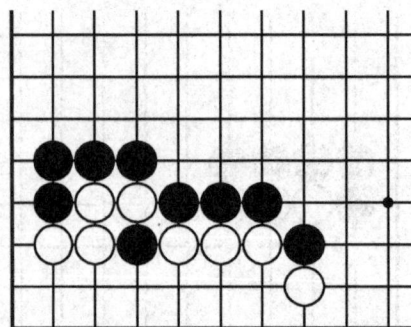

第 359 题

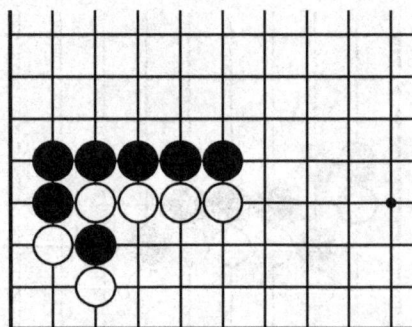

第 360 题

综合测试

综合测试（一）

黑先，请下出最佳的攻防手筋。

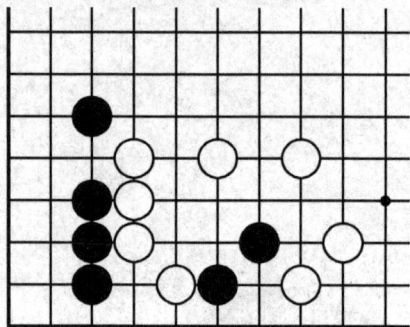

第 361 题

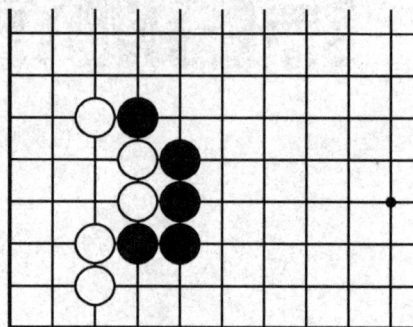

第 362 题

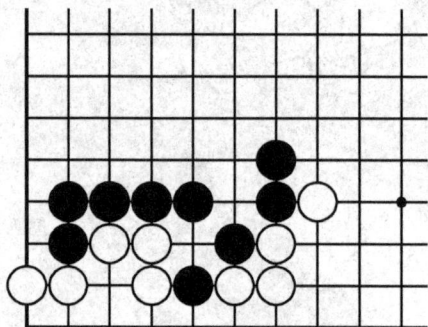

第 363 题

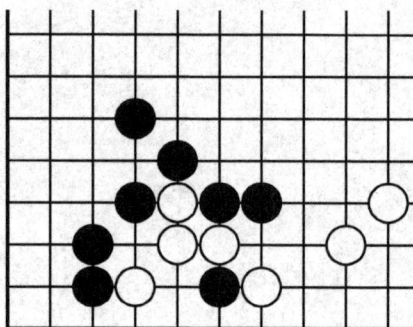

第 364 题

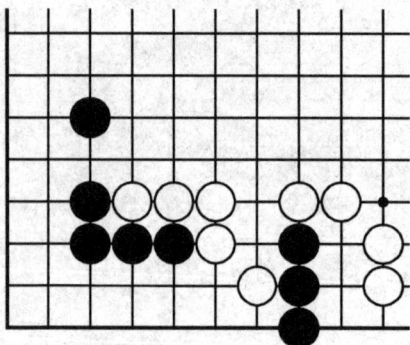

第 365 题

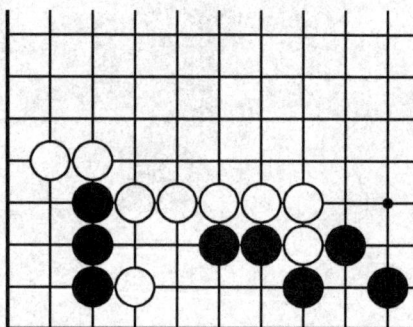

第 366 题

综合测试（二）

黑先，请下出最佳的攻防手筋。

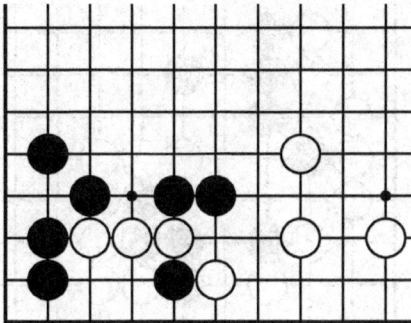

第 367 题

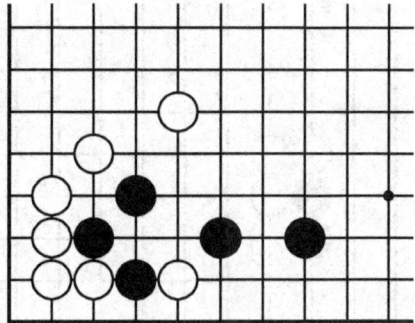

第 368 题

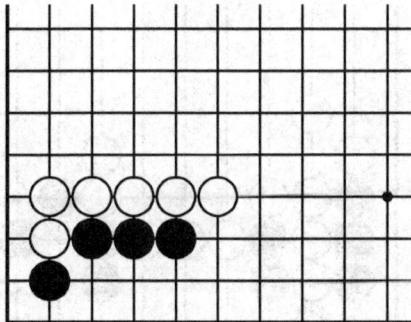

第 369 题

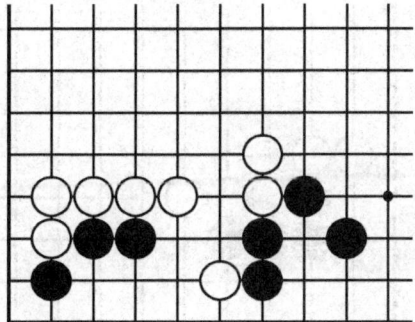

第 370 题

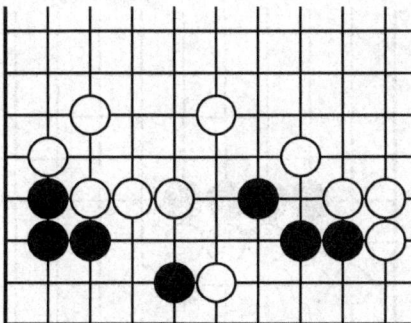

第 371 题

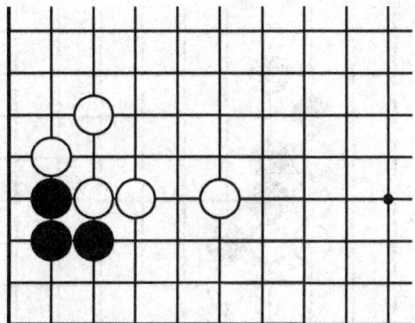

第 372 题

综合测试（三）

黑先，请下出最佳的攻防手筋。

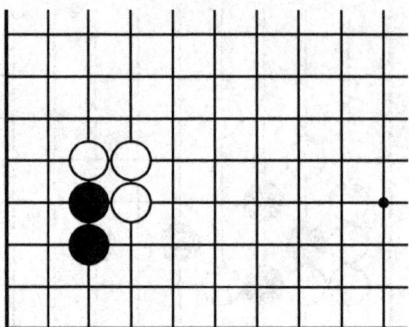

第 373 题

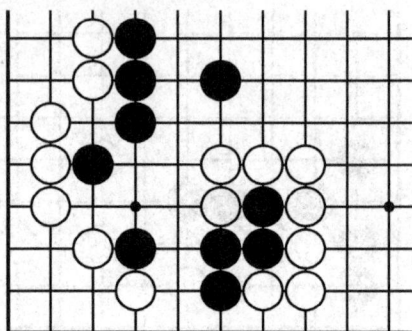

第 374 题

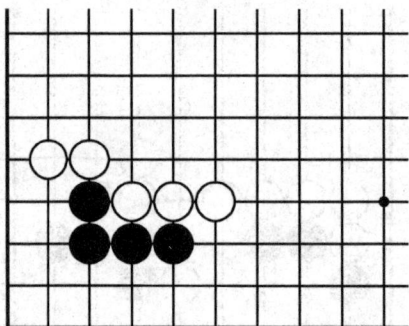

第 375 题

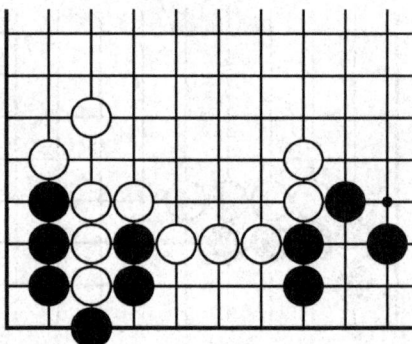

第 376 题

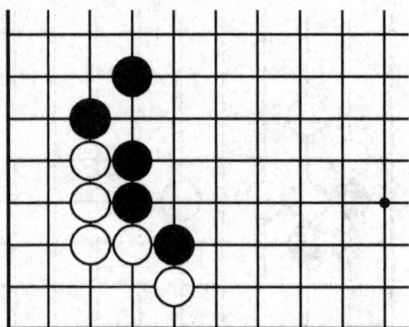

第 377 题

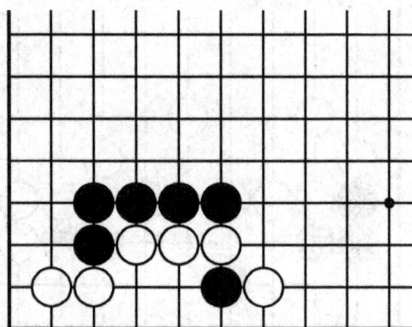

第 378 题

综合测试（四）

黑先，请下出最佳的攻防手筋。

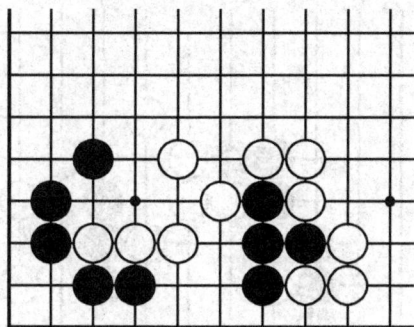

第 379 题

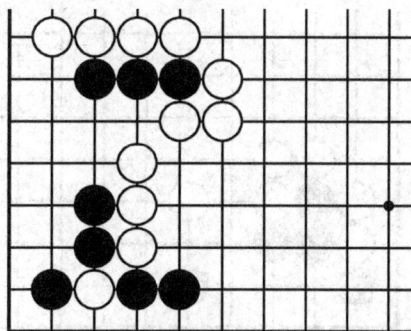

第 380 题

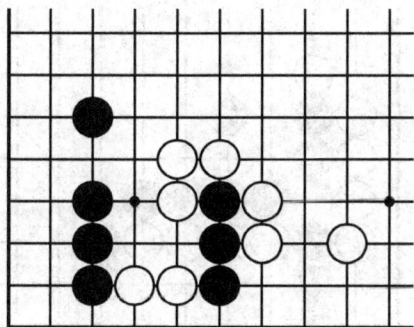

第 381 题

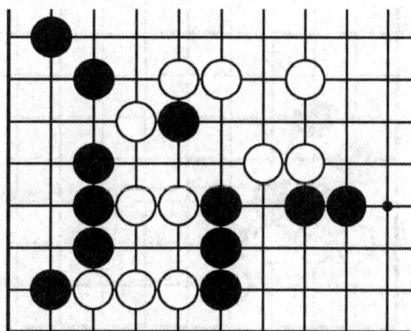

第 382 题

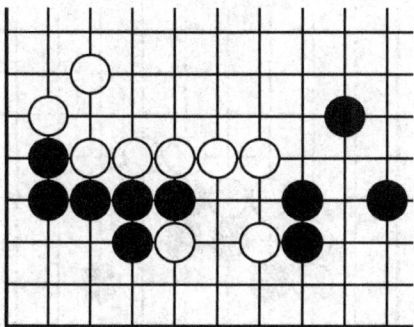

第 383 题

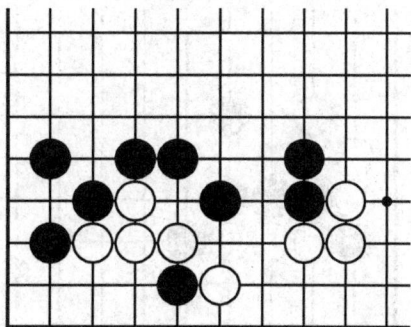

第 384 题

综合测试（五）

黑先，请下出最佳的攻防手筋。

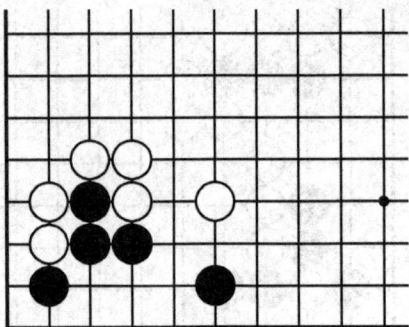

第 385 题

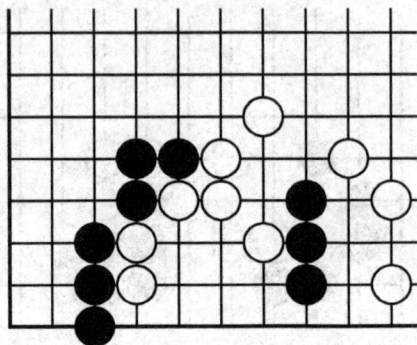

第 386 题

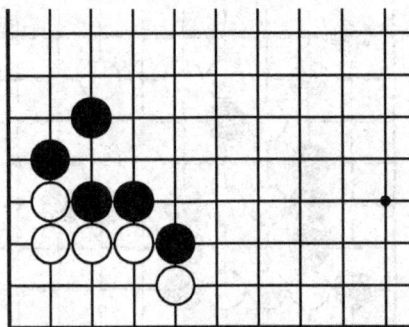

第 387 题

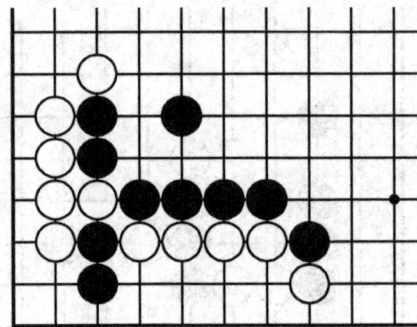

第 388 题

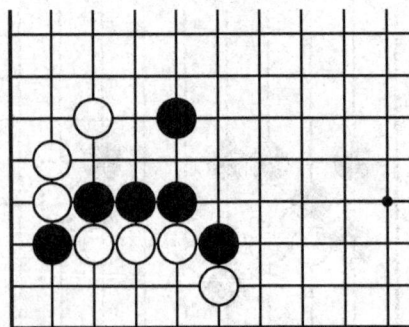

第 389 题

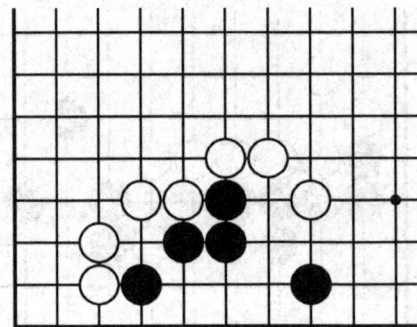

第 390 题

综合测试（六）

黑先，请下出最佳的攻防手筋。

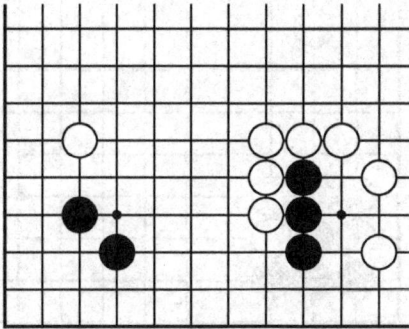

第391题

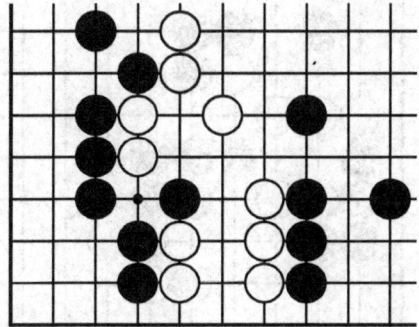

第392题

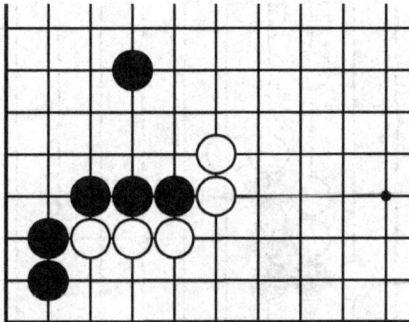

第393题

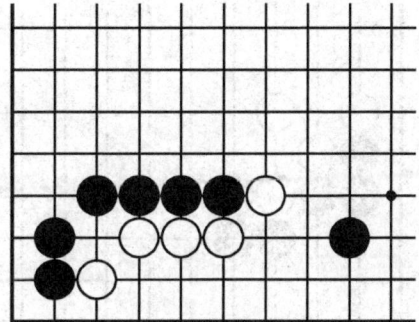

第394题

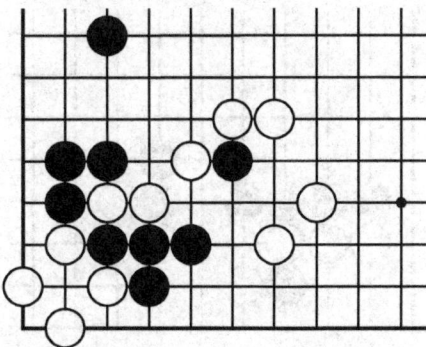

第395题

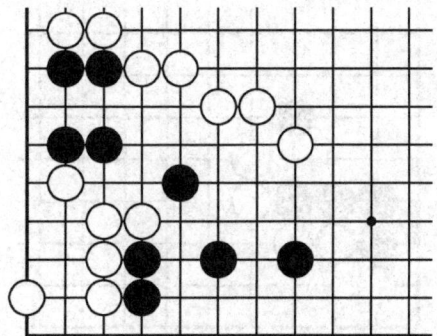

第396题

综合测试（七）

黑先，请下出最佳的攻防手筋。

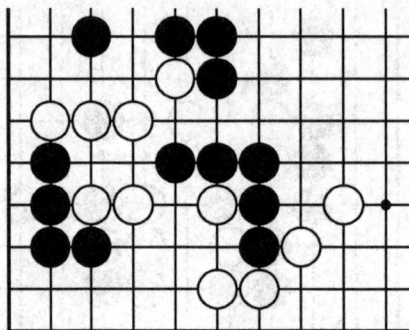

第 397 题

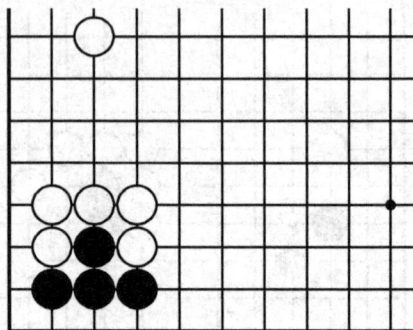

第 398 题

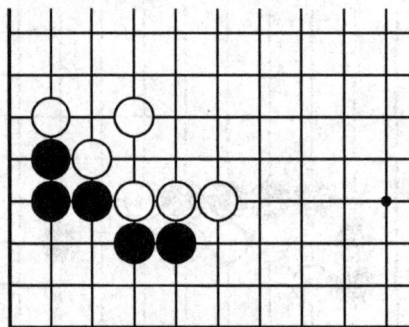

第 399 题

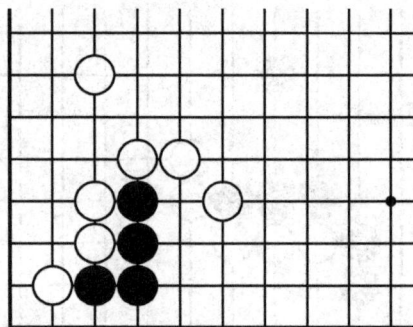

第 400 题

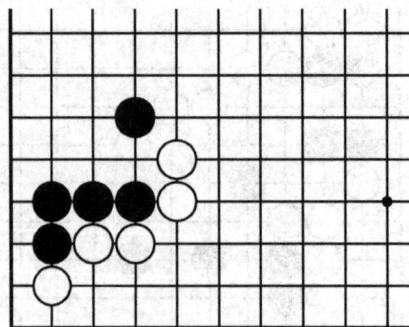

第 401 题

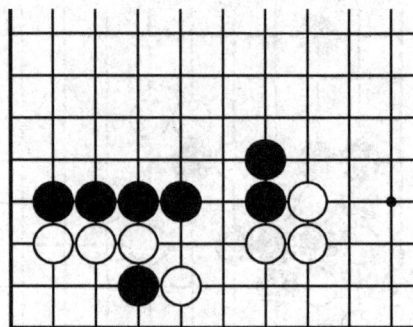

第 402 题

综合测试（八）

黑先，请下出最佳的攻防手筋。

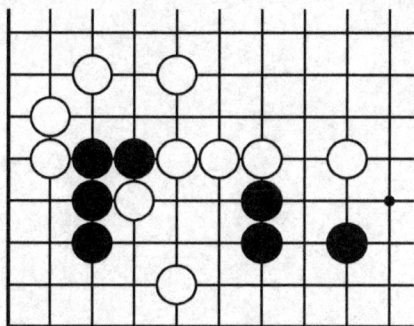

第 403 题

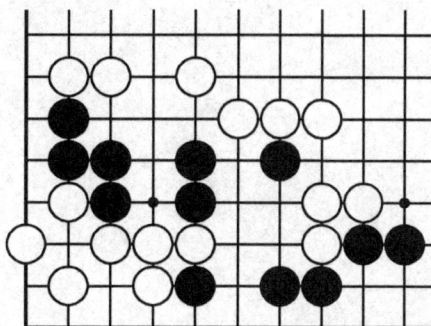

第 404 题

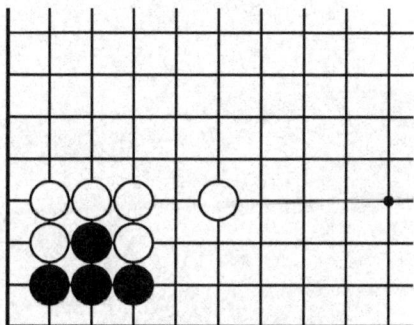

第 405 题

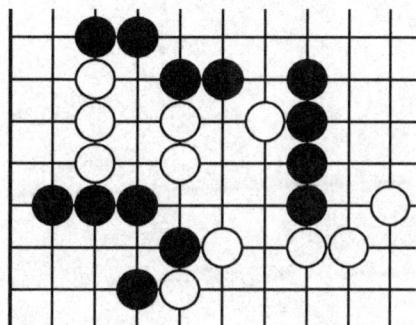

第 406 题

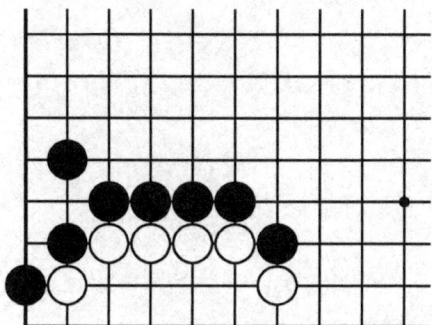

第 407 题

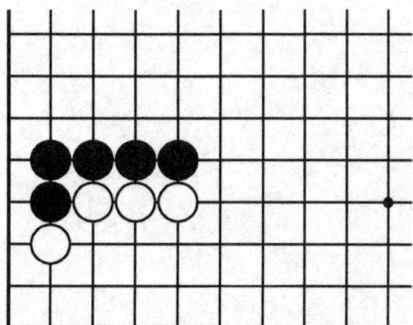

第 408 题

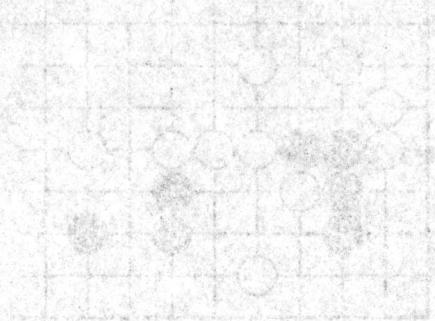

第三章

对杀

　　对杀是围棋对局中最精彩和惊险的部分，黑白双方就像是两支对战的军队，输的一方往往伤痕累累甚至全军覆没。所以，对杀是双方都输不起的决战之役。对杀是围绕着气和眼展开的，有眼的一方巧夺公气，气少的一方寻机长气，味道差的被滚包收气，陷入绝境的也可凭劫坚持抵抗……棋友们必须反复演练对杀技巧，才能增强信心，提高围棋水平。

3.1 紧气对杀

首先确定对杀目标，然后寻找对方棋形的弱点，最后牢牢紧住对方的气，就能够取得对杀的胜利。

例1

图1 问题图

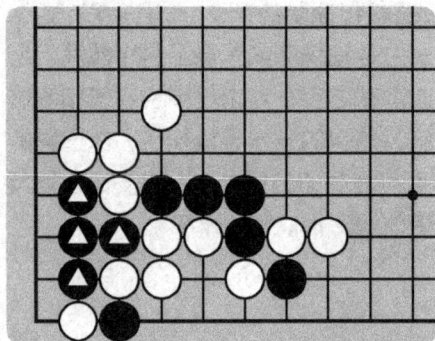

黑先，应该如何通过对杀救出▲四子？

图2 正解图

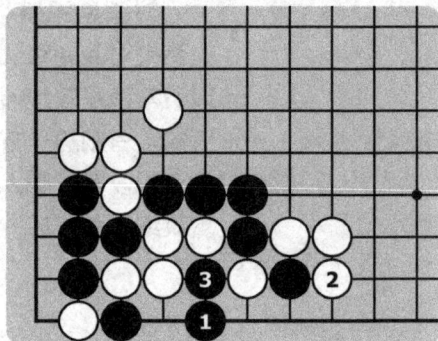

黑1点是好棋，白2打吃，黑3断，黑棋成功吃住白棋棋筋。

图3 变化图

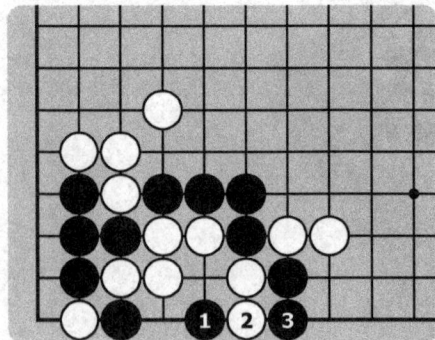

黑1点，白2挡，黑3打吃，形成接不归，黑棋仍可杀白。

图4 失败图

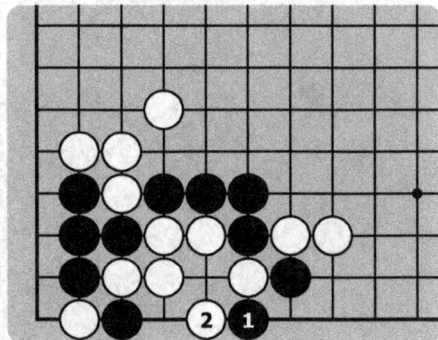

黑1扳，白2做劫，黑不能净杀白棋，黑棋失败。

例2

图1 问题图

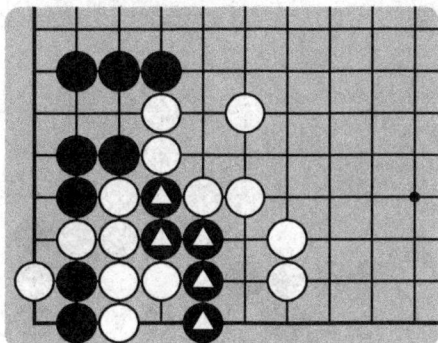

黑先，应该如何通过对杀救出⬤五子？

图2 正解图1-1

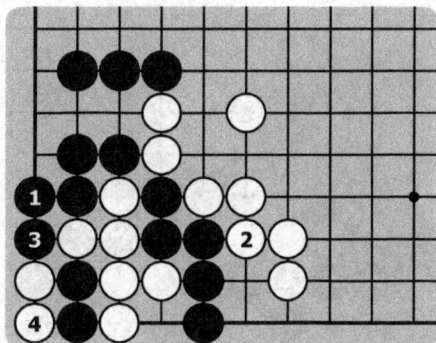

黑1立，紧白棋外气，是好棋。至白4提，黑棋紧气的次序正确。

图3 正解图1-2

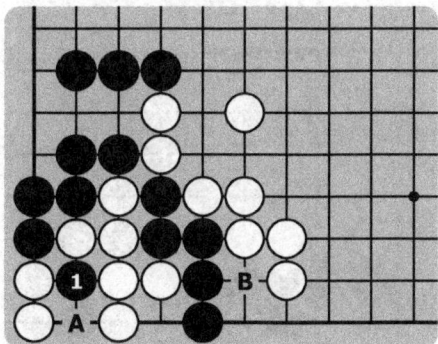

黑1扑，白棋不论下A点或B点，都差一口气杀黑，白棋被杀。

图4 失败图

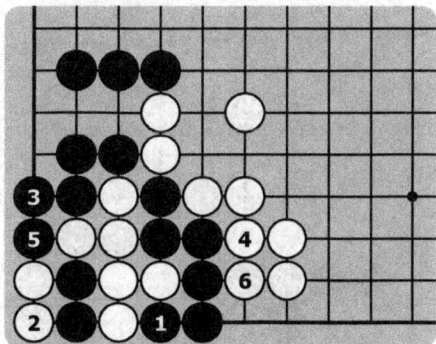

黑1拐打不是好棋，紧的是公气。至白6，黑棋的气不够，黑棋失败。

例3

图1　问题图

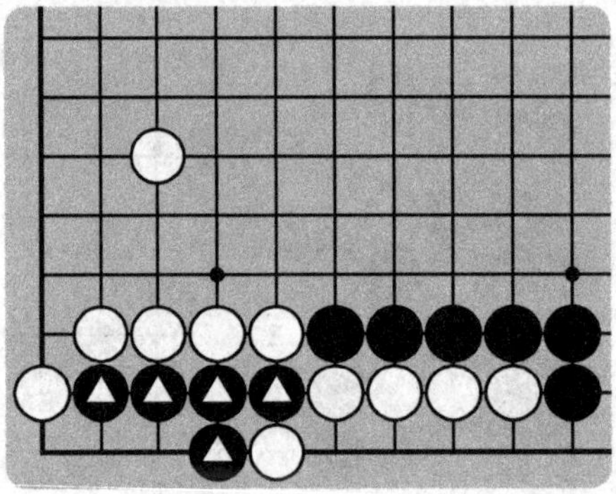

黑先，应该如何通过对杀救出△五子？

图2　正解图1-1

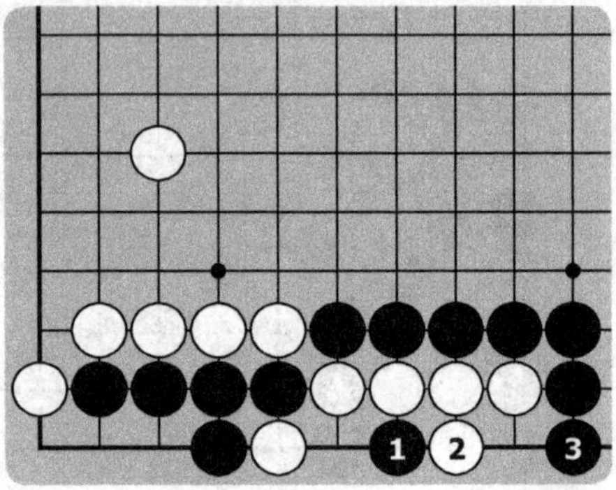

黑1靠是好棋，至黑3立，是正确的次序。

图3　正解图1-2

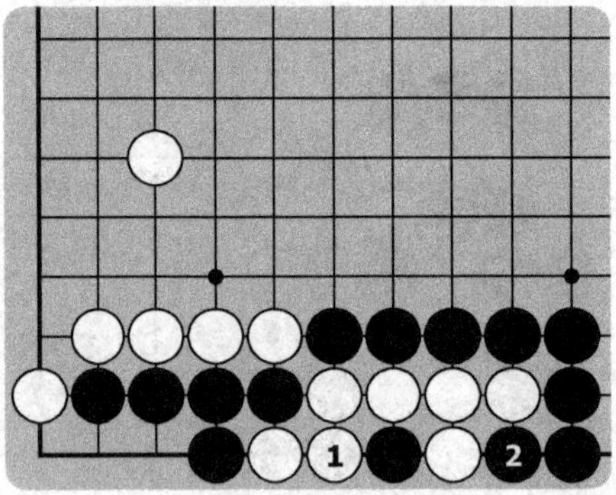

白1提，黑2打吃，白棋的气不够。

图4　失败图

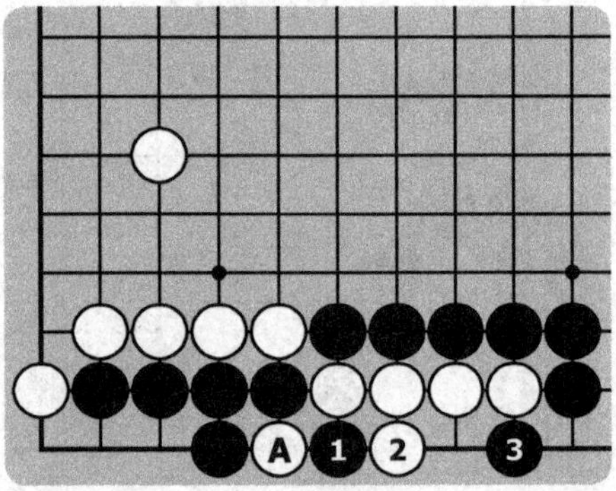

黑1提不是好棋，至黑3打吃，白棋可在A位提劫，黑棋无法净杀白棋。

紧气对杀（一）

黑先，请杀白，并写出必要的过程。

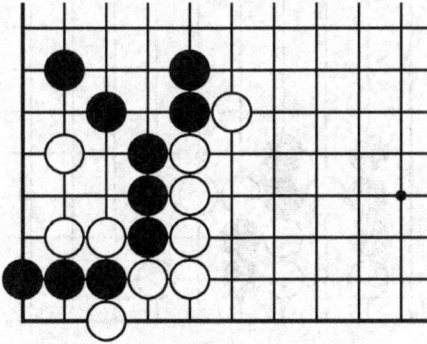

第 409 题

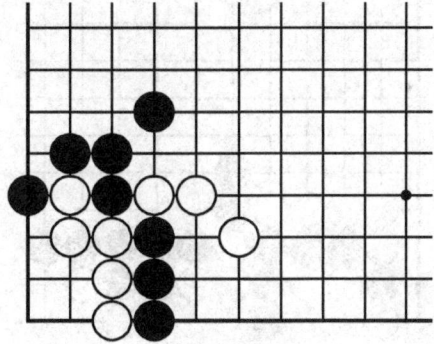

第 410 题

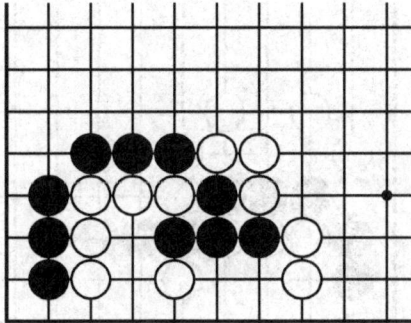

第 411 题

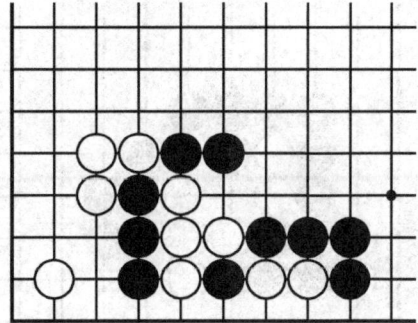

第 412 题

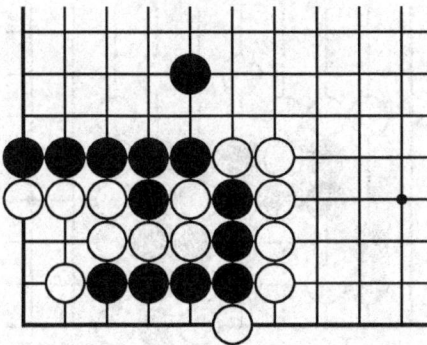

第 413 题

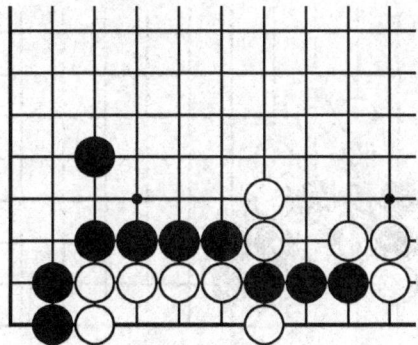

第 414 题

紧气对杀（二）

黑先，请杀白，并写出必要的过程。

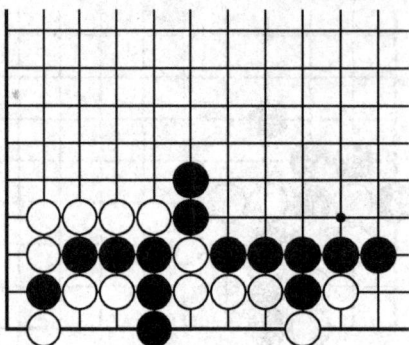

第 415 题

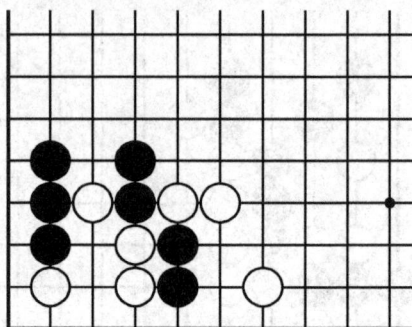

第 416 题

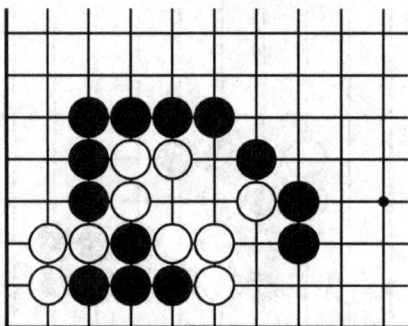

第 417 题

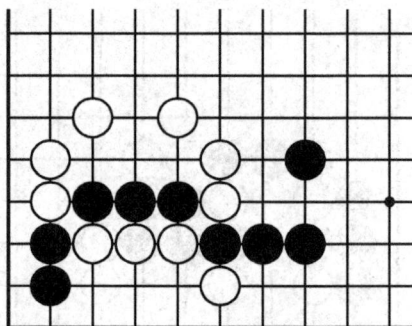

第 418 题

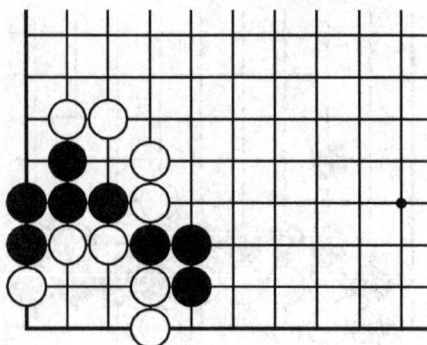

第 419 题

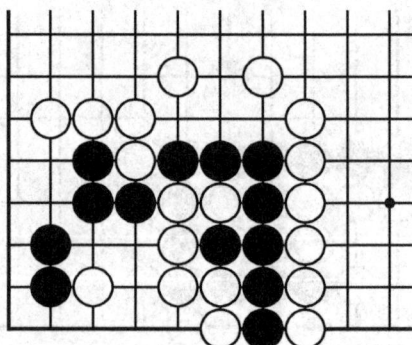

第 420 题

紧气对杀（三）

黑先，请杀白，并写出必要的过程。

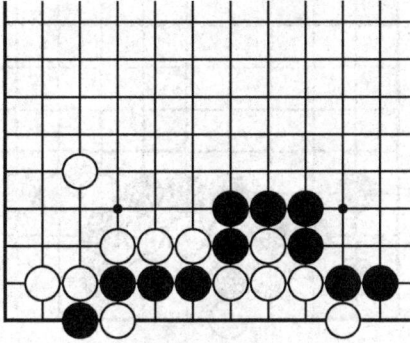

第 421 题

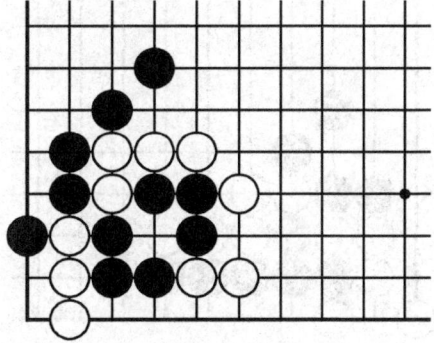

第 422 题

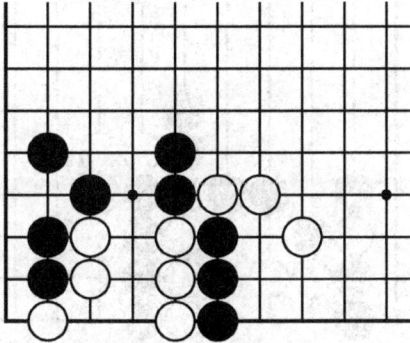

第 423 题

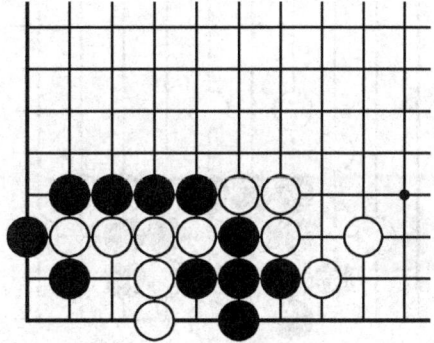

第 424 题

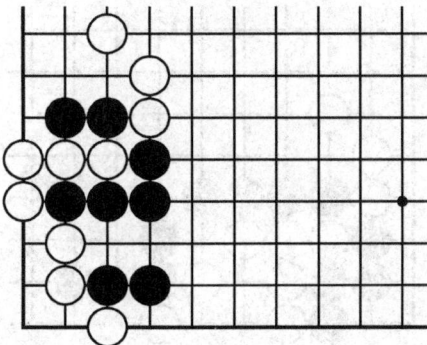

第 425 题

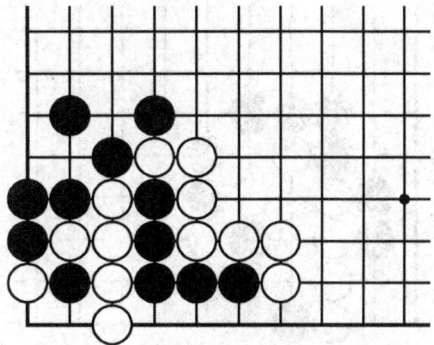

第 426 题

紧气对杀（四）

黑先，请杀白，并写出必要的过程。

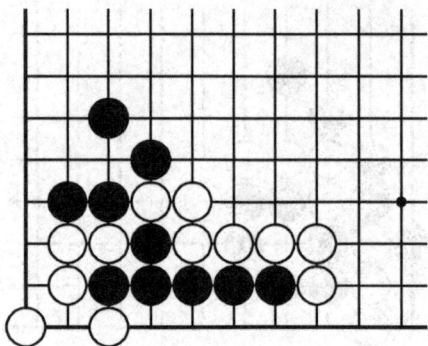

第 427 题

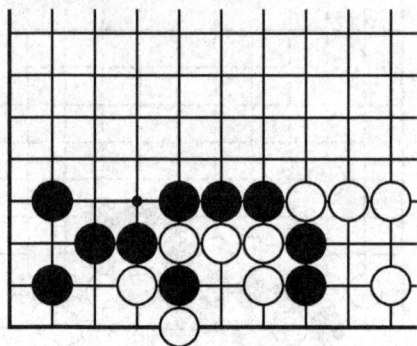

第 428 题

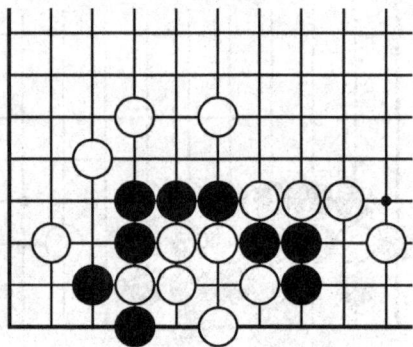

第 429 题

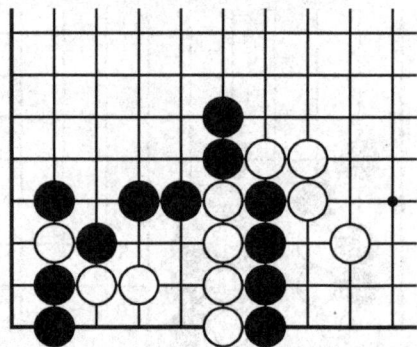

第 430 题

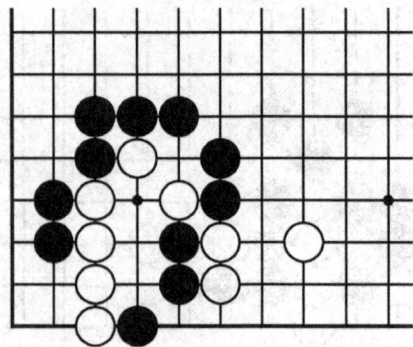

第 431 题

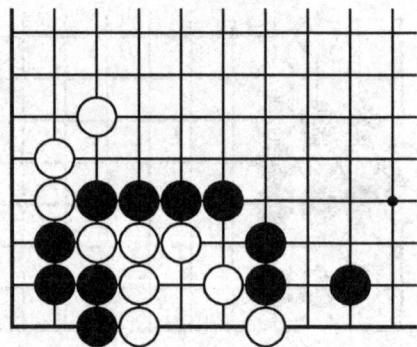

第 432 题

紧气对杀（五）

黑先，请杀白，并写出必要的过程。

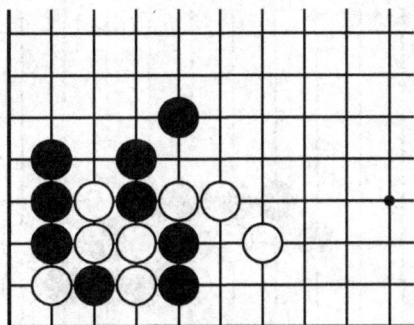

第 433 题

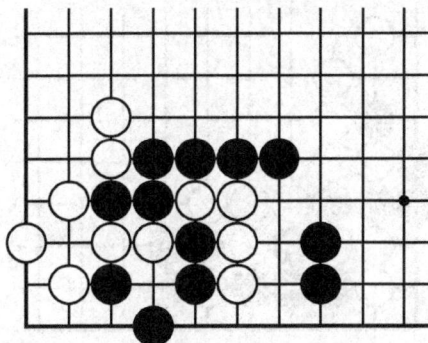

第 434 题

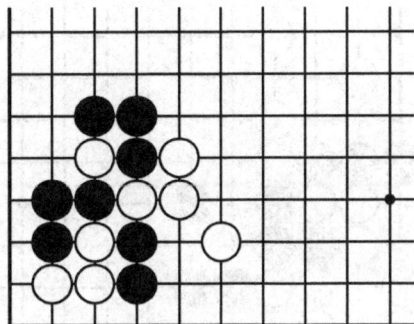

第 435 题

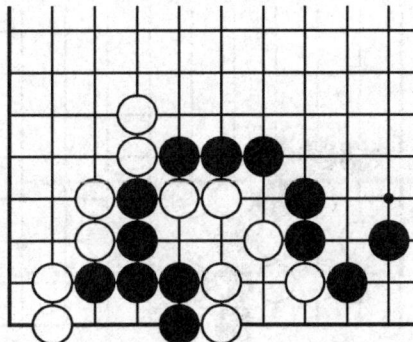

第 436 题

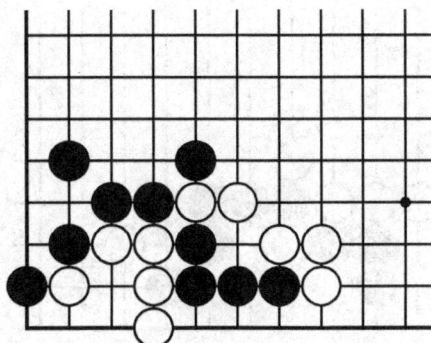

第 437 题

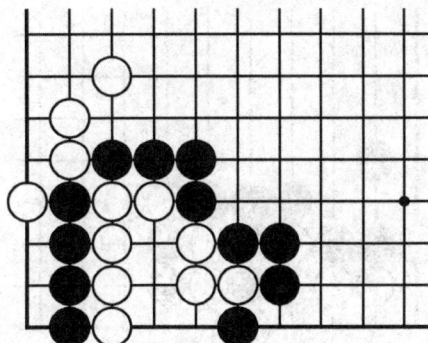

第 438 题

紧气对杀（六）

黑先，请杀白，并写出必要的过程。

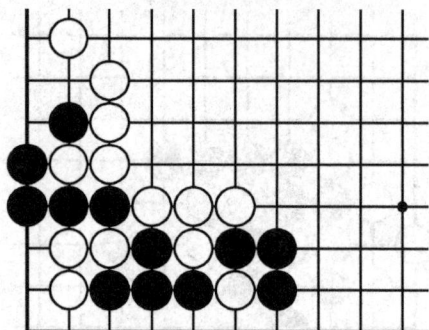

第 439 题

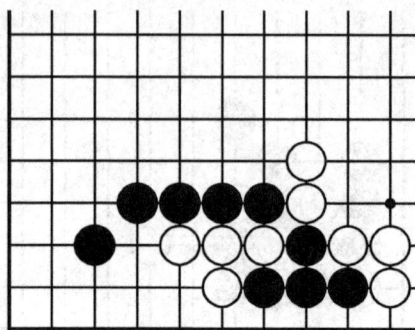

第 440 题

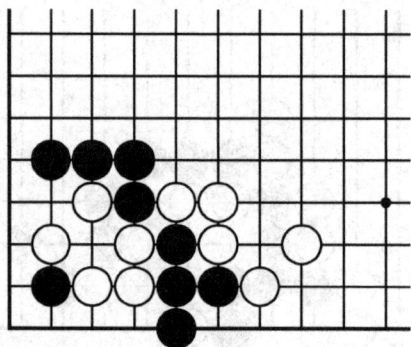

第 441 题

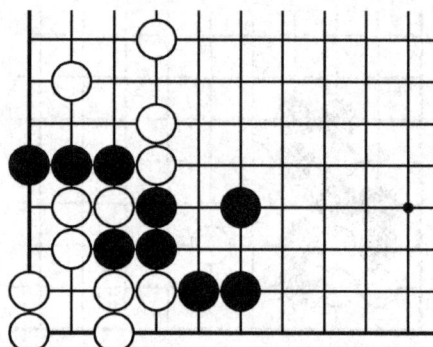

第 442 题

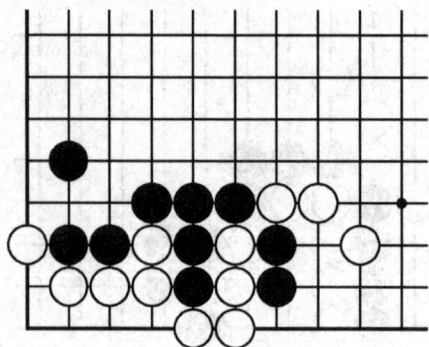

第 443 题

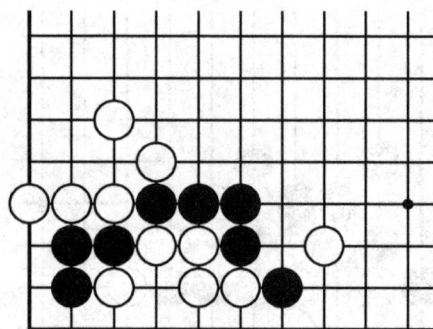

第 444 题

紧气对杀（七）

黑先，请杀白，并写出必要的过程。

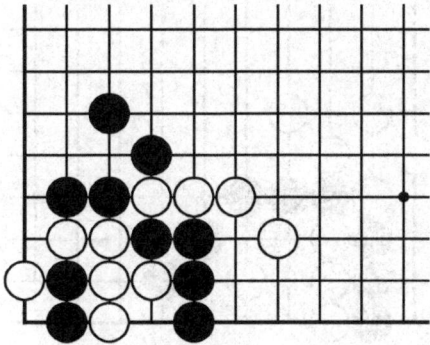

第 445 题

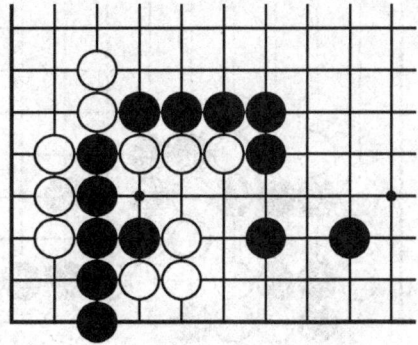

第 446 题

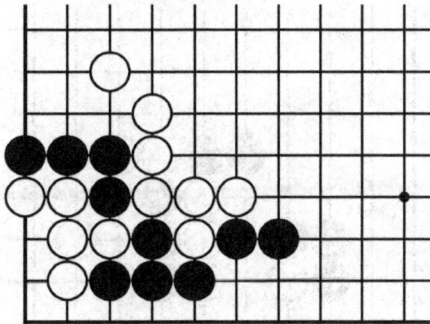

第 447 题

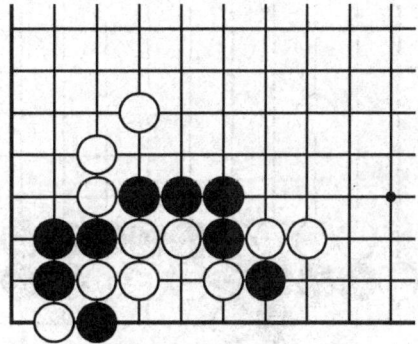

第 448 题

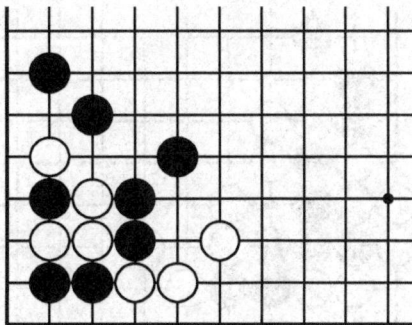

第 449 题

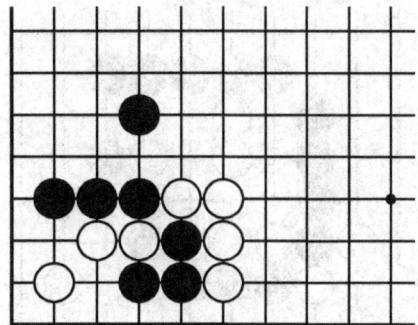

第 450 题

紧气对杀（八）

黑先，请杀白，并写出必要的过程。

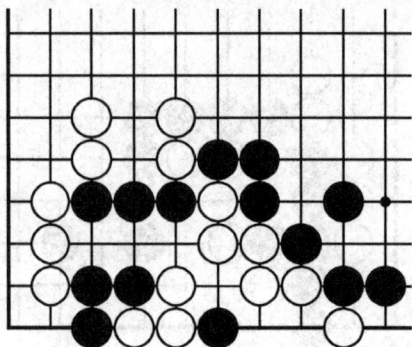

第 451 题

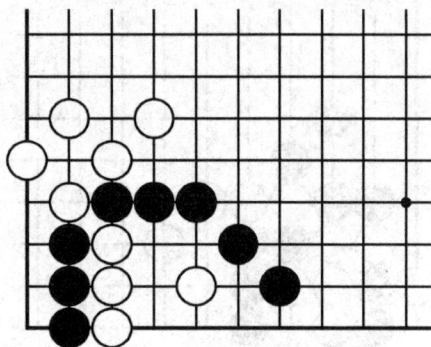

第 452 题

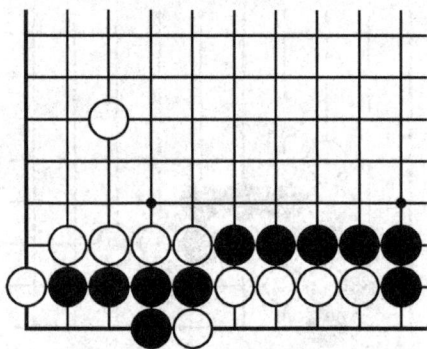

第 453 题

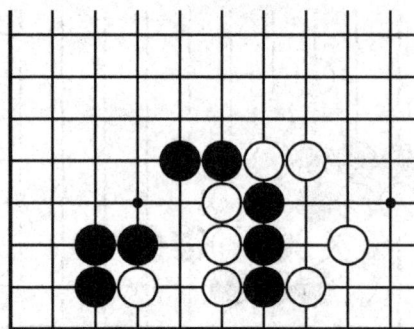

第 454 题

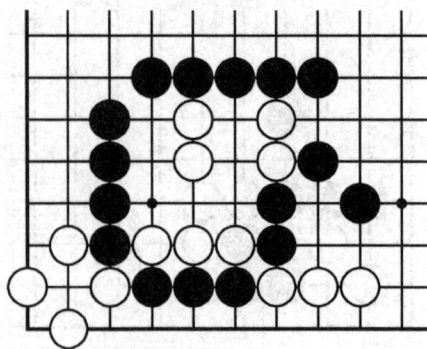

第 455 题

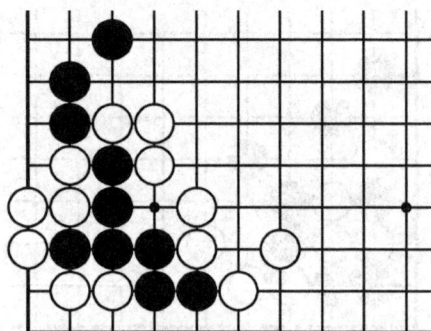

第 456 题

3.2 延气对杀

对杀时，若己方气不够，通常会采用延气的方式，先增加己方的气，再进行对杀。常见的延气方法有立、扳、粘和利用对方的断点。

例1

图1 问题图

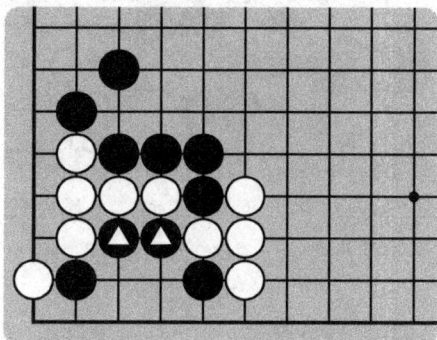

黑先，应该如何通过对杀救出▲两子？

图2 正解图

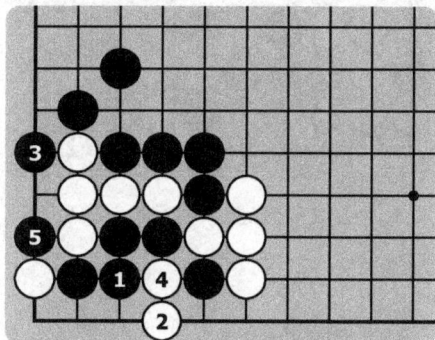

黑1粘是好棋，白2点，黑3扳，黑棋成功吃住白棋。

图3 变化图

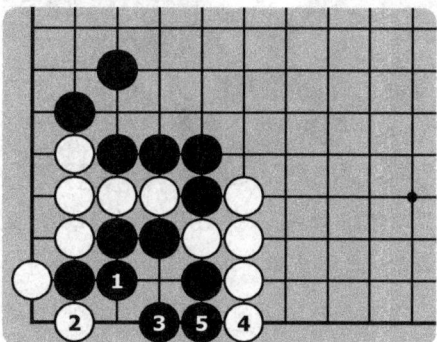

黑1粘，白2扳，黑3做眼，至黑5，有眼杀无眼，白棋被杀。

图4 失败图

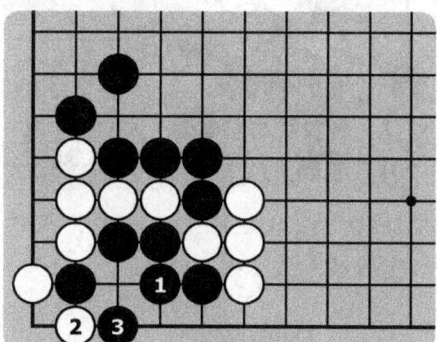

黑1粘，白2打吃，黑3做劫，黑棋不能净杀白棋，黑棋失败。

例2

图1 问题图

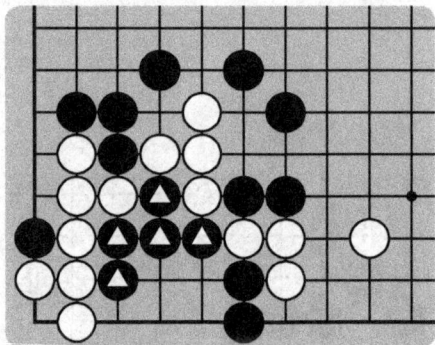

黑先，应该如何通过对杀救出△五子？

图2 正解图

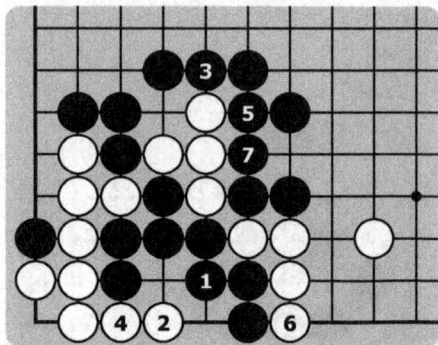

黑1粘是好棋，至黑7打吃，黑棋紧气的次序正确。

图3 失败图1

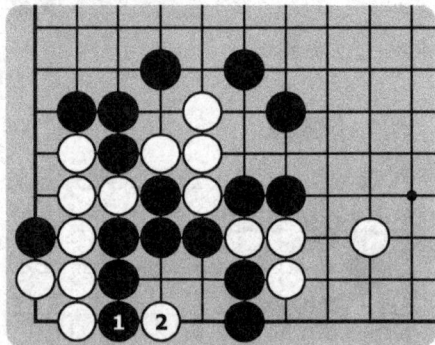

黑1挡，白2靠是紧气的好手，黑棋的气不够，黑棋被杀。

图4 失败图2

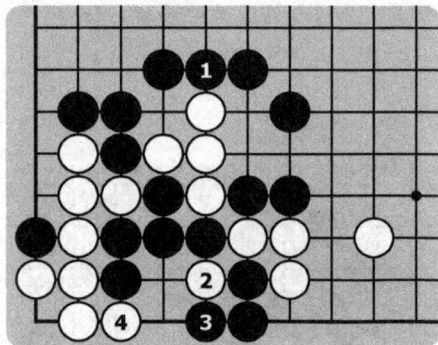

黑1直接紧气不是好棋，白2断，至白4，黑棋失败。

例3

图1 问题图

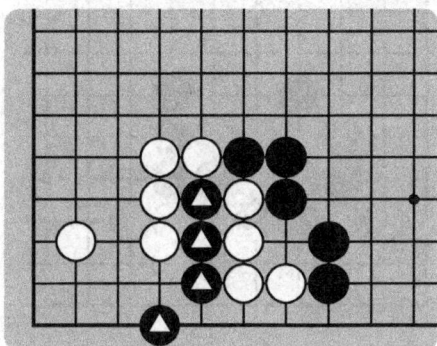

黑先，应该如何通过对杀救出△四子？

图2 正解图

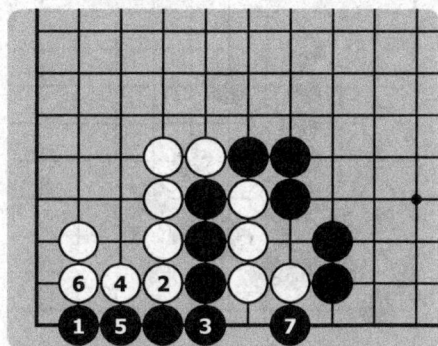

黑1跳是长气的好手，至黑7，白棋被杀。

图3 失败图1

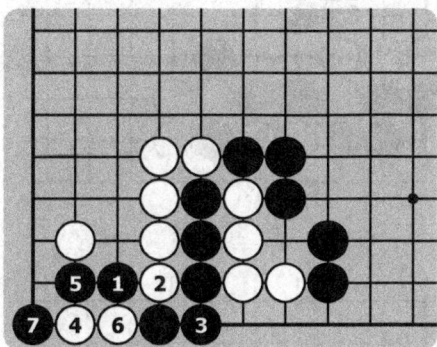

⑧＝⑥

黑1小尖，白4点、白6扑是紧气的手筋，至白8扑，黑棋被杀。

图4 失败图2

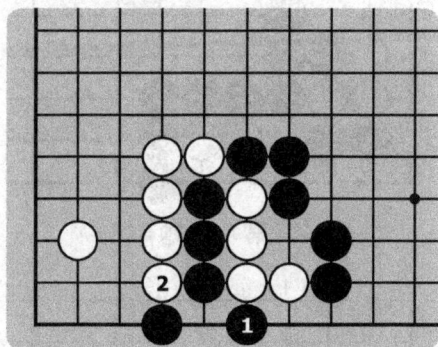

黑1扳不是好棋，白2打吃三子，黑棋失败。

延气对杀（一）

黑先，请杀白，并写出必要的过程。

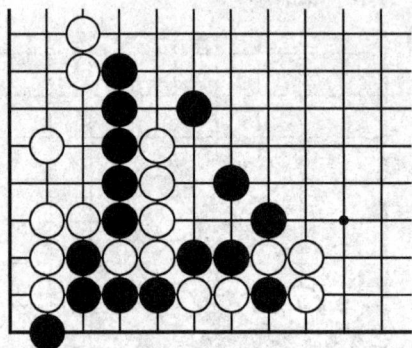

第 457 题

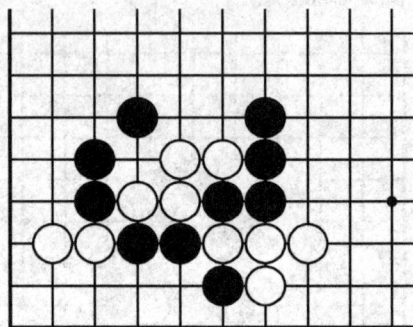

第 458 题

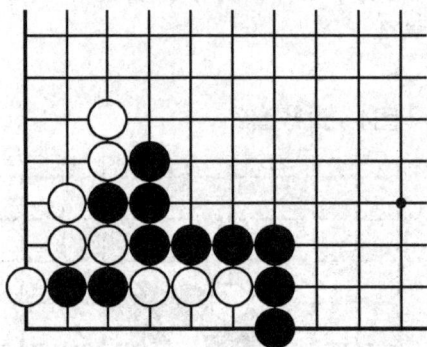

第 459 题

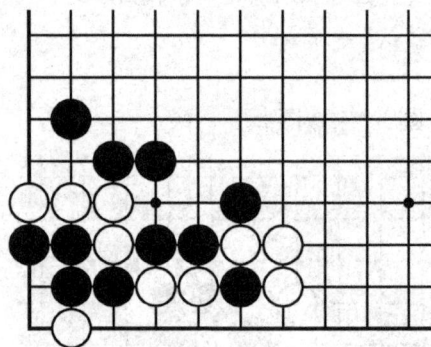

第 460 题

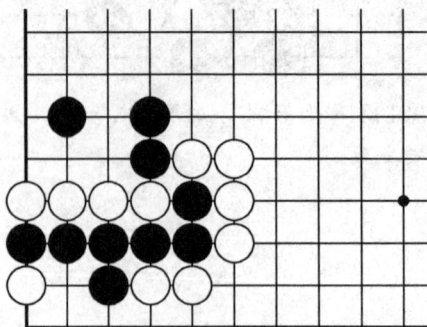

第 461 题

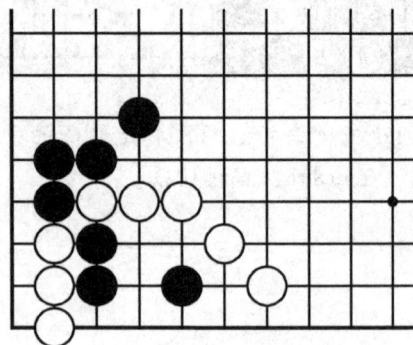

第 462 题

延气对杀（二）

黑先，请杀白，并写出必要的过程。

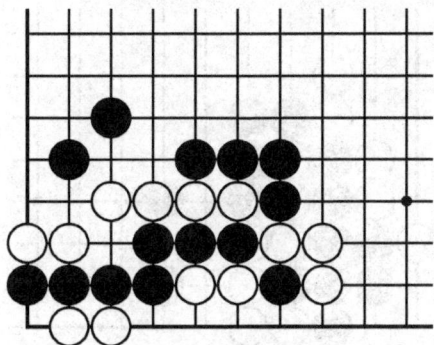

第 463 题

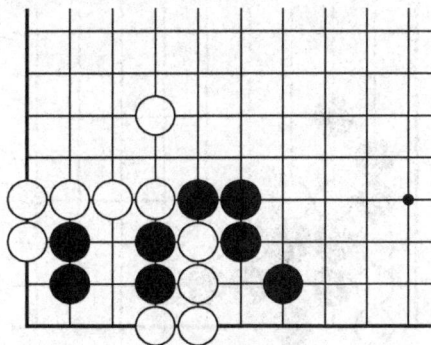

第 464 题

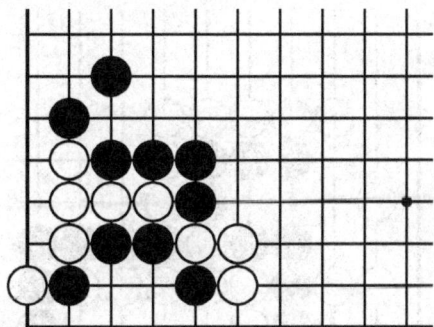

第 465 题

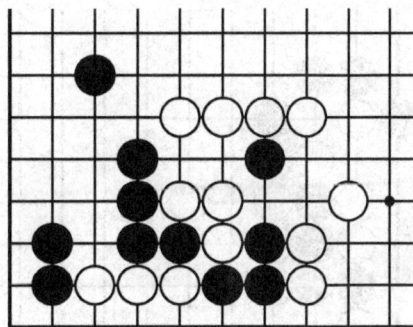

第 466 题

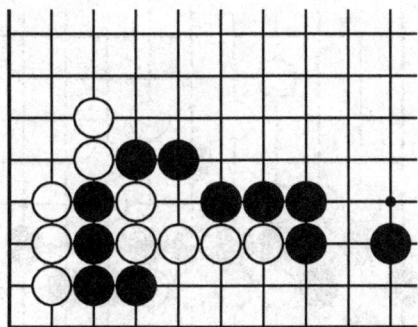

第 467 题

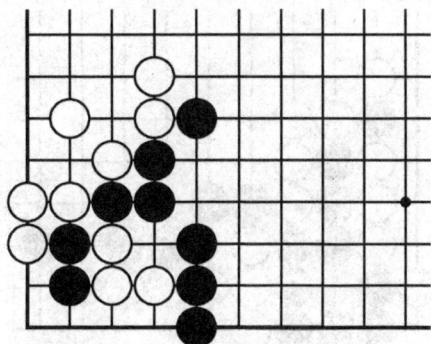

第 468 题

延气对杀（三）

黑先，请杀白，并写出必要的过程。

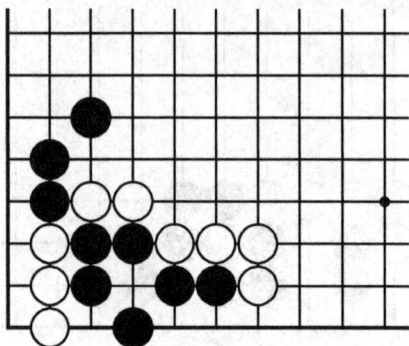

第 469 题

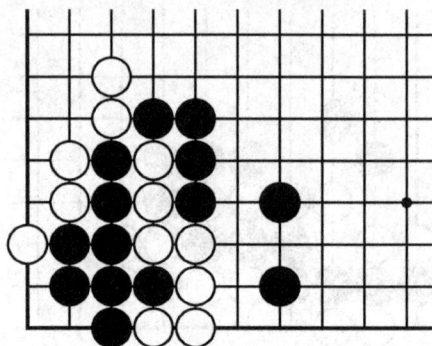

第 470 题

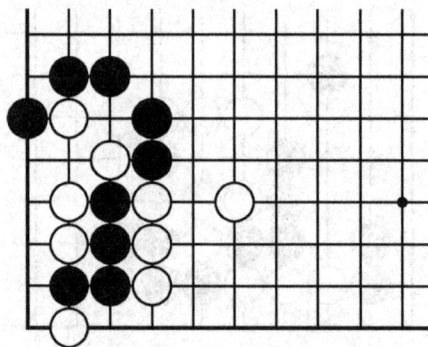

第 471 题

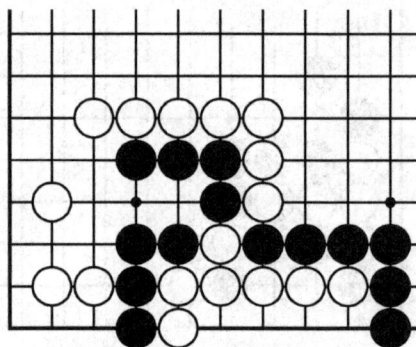

第 472 题

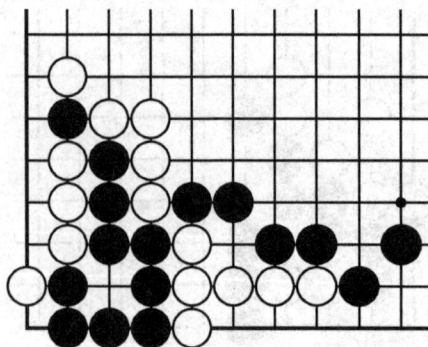

第 473 题

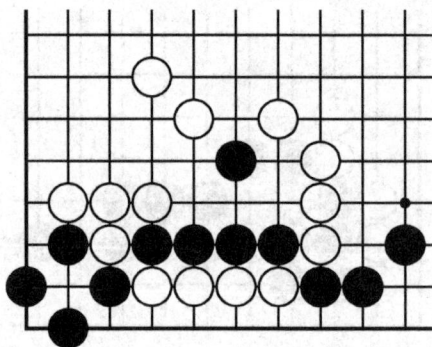

第 474 题

延气对杀（四）

黑先，请杀白，并写出必要的过程。

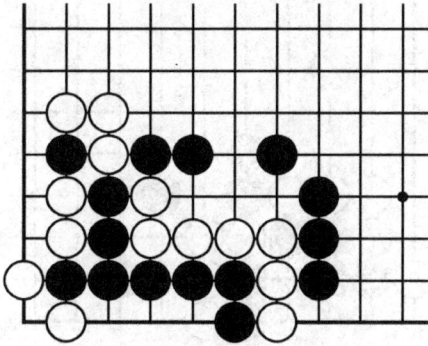

第 475 题

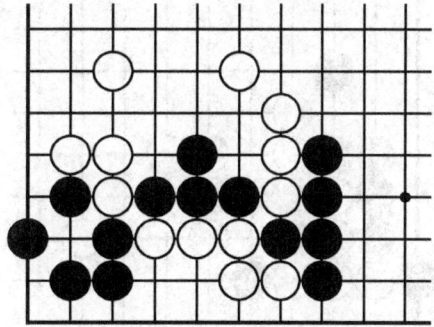

第 476 题

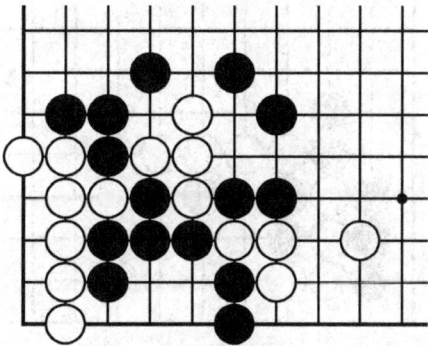

第 477 题

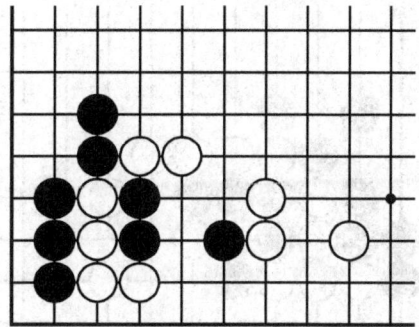

第 478 题

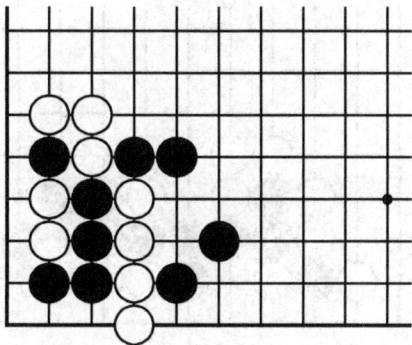

第 479 题

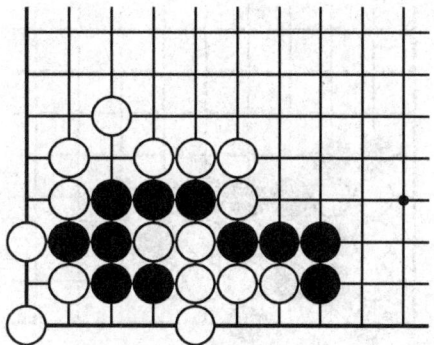

第 480 题

延气对杀（五）

黑先，请杀白，并写出必要的过程。

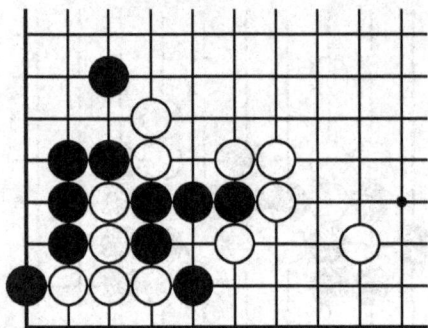

第 481 题

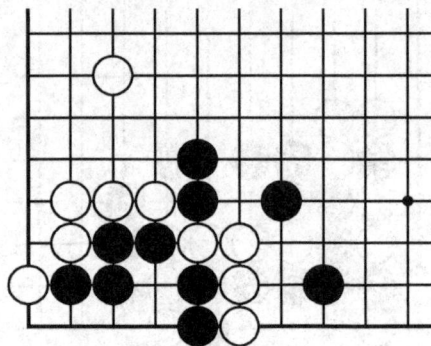

第 482 题

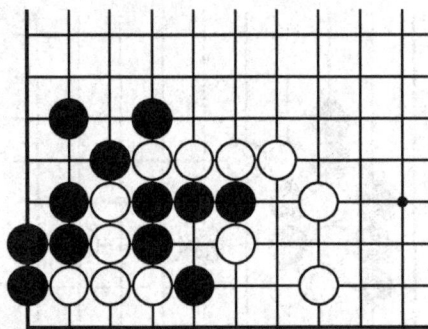

第 483 题

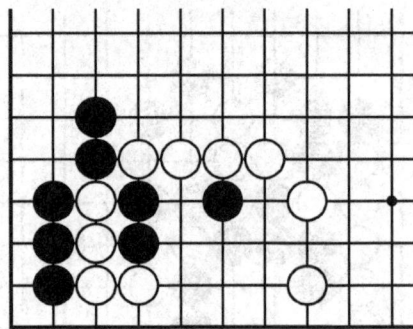

第 484 题

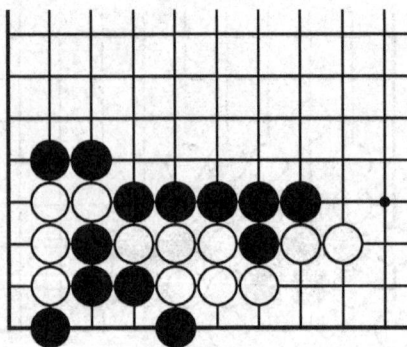

第 485 题

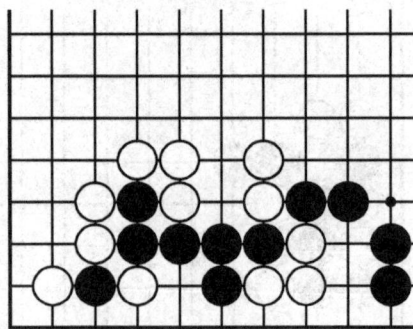

第 486 题

延气对杀（六）

黑先，请杀白，并写出必要的过程。

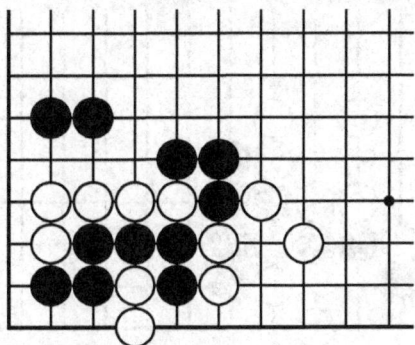

第 487 题

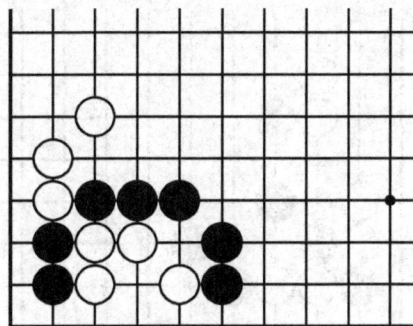

第 488 题

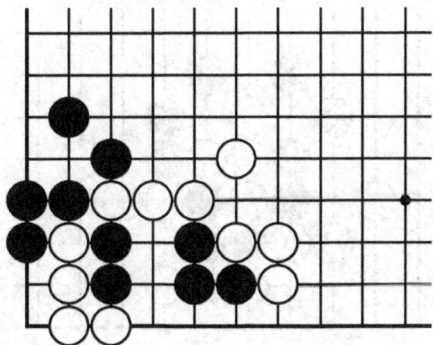

第 489 题

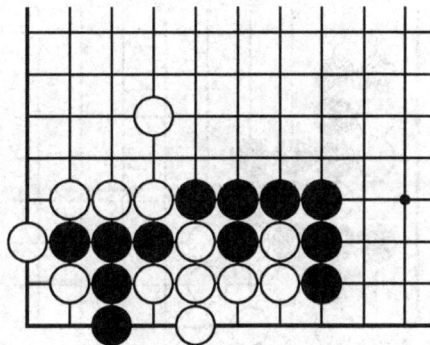

第 490 题

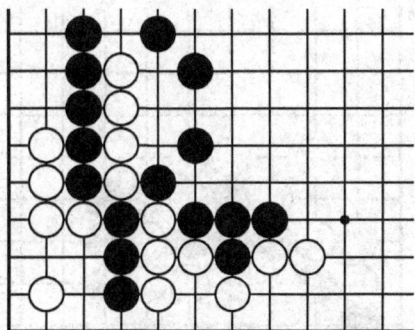

第 491 题

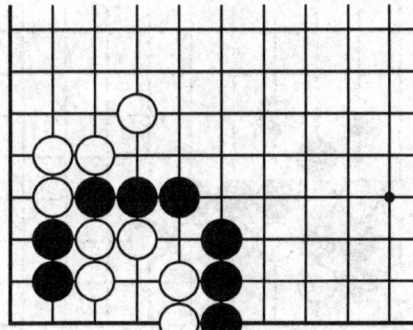

第 492 题

延气对杀（七）

黑先，请杀白，并写出必要的过程。

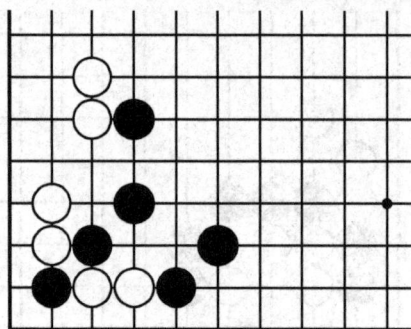

第 493 题

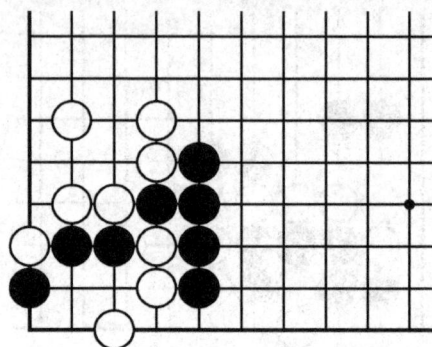

第 494 题

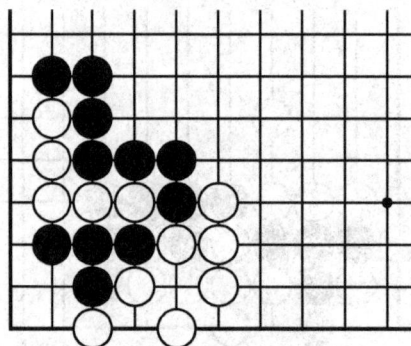

第 495 题

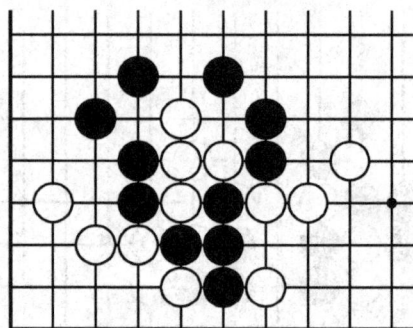

第 496 题

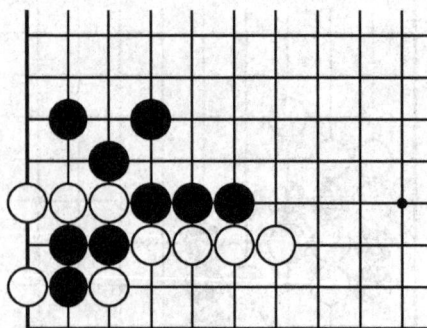

第 497 题

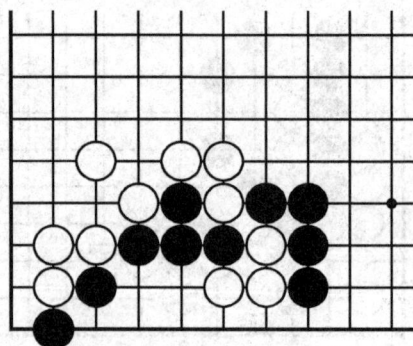

第 498 题

延气对杀（八）

黑先，请杀白，并写出必要的过程。

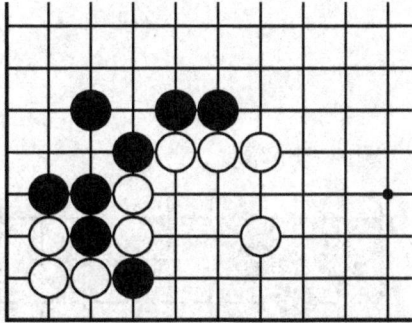

第 499 题

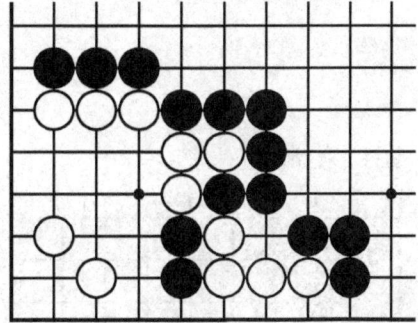

第 500 题

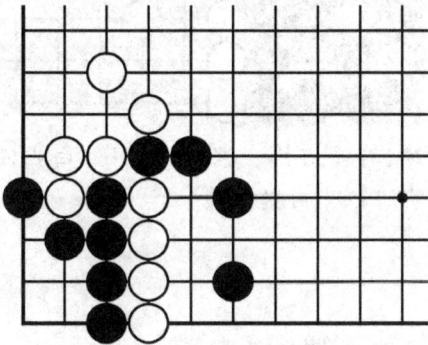

第 501 题

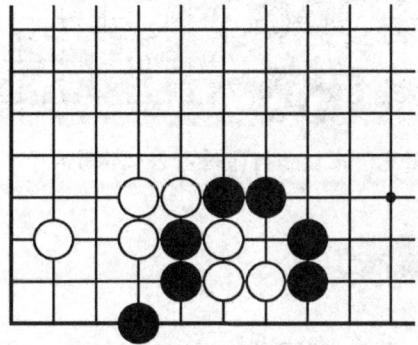

第 502 题

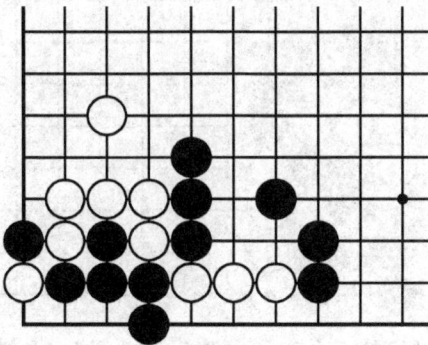

第 503 题

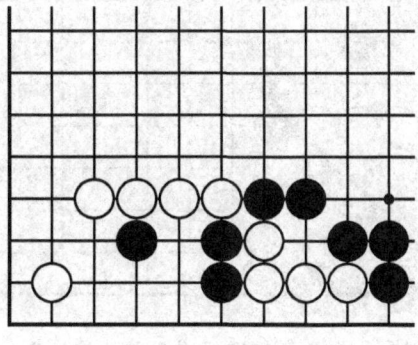

第 504 题

3.3 有眼杀无眼

有眼杀无眼有3个必备条件，分别是己方需有眼、对方不能有眼和对杀双方需有公气。

例1

图1 问题图

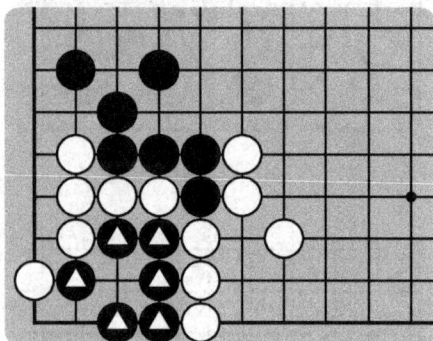

黑先，应该如何通过对杀救出●六子？

图2 正解图

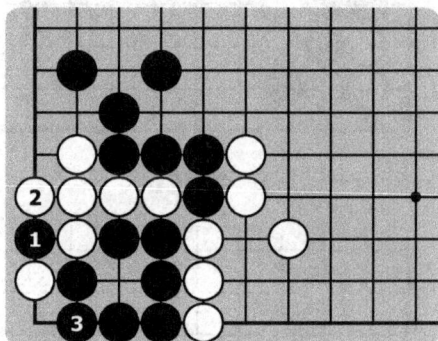

黑1扑是好棋，黑3团做眼，白棋没有眼位，白棋被杀。

例2

图1 问题图

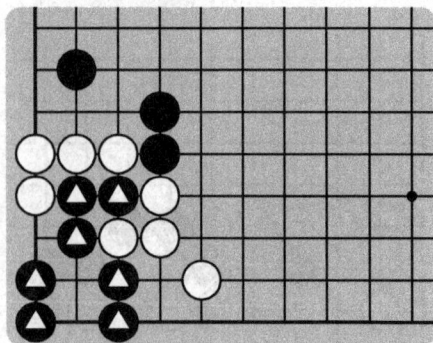

黑先，应该如何通过对杀救出●七子？

图2 正解图

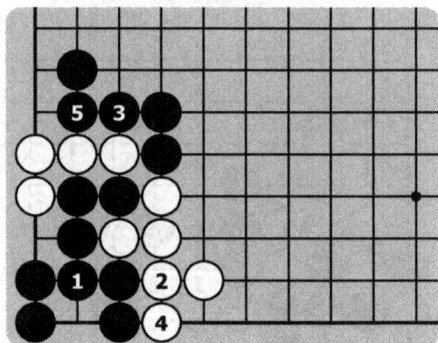

黑1粘，白2、白4紧气，至黑5，白棋的气不够，白棋被杀。

例3

图1 问题图

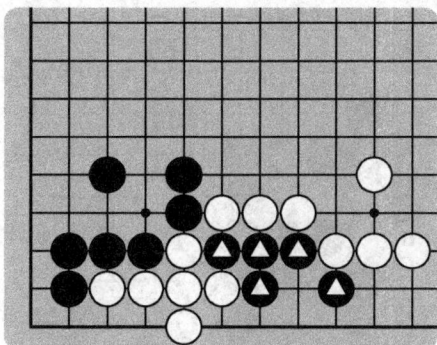

黑先，应该如何通过对杀救出⚫五子？

图2 正解图

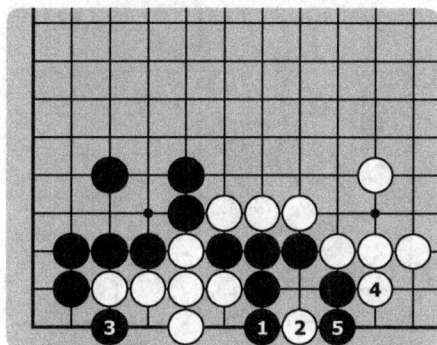

黑1立是好棋，至黑5，黑棋有眼杀无眼，白棋被杀。

图3 变化图

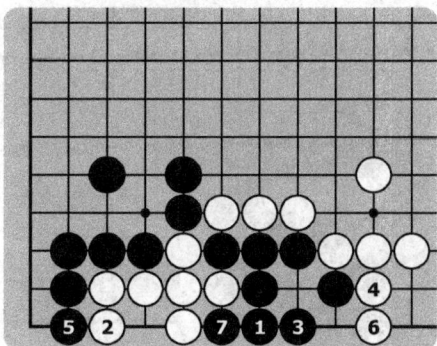

黑1立，白2做眼，至黑7打吃，白棋被杀。

图4 失败图

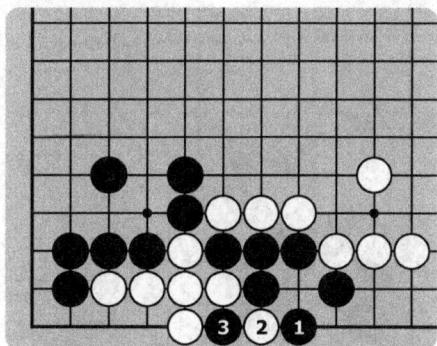

黑1做眼，白2扑做劫，黑3提劫，打劫杀白，不是令黑棋满意的下法。

例4

图1　问题图

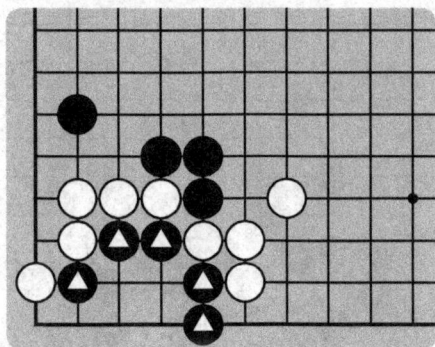

黑先，应该如何通过对杀救出▲五子？

图2　正解图

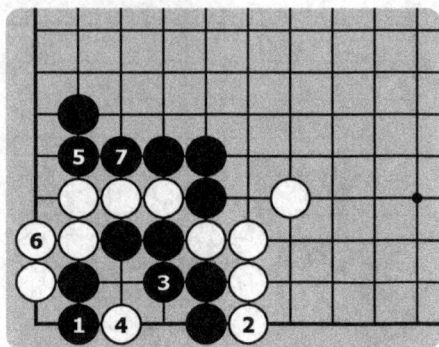

黑1立是好棋，白2挡，至黑7紧气，黑棋的行棋次序正确，白棋被杀。

图3　变化图1-1

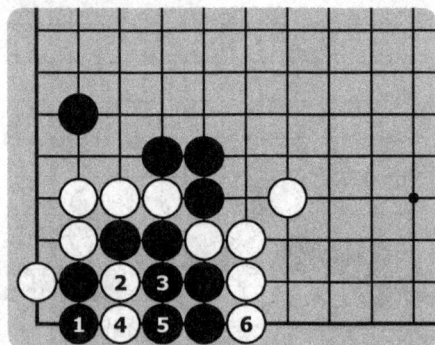

黑1立，白2断，白4扑，黑5提，黑棋仍然做成一只真眼。

图4　变化图1-2

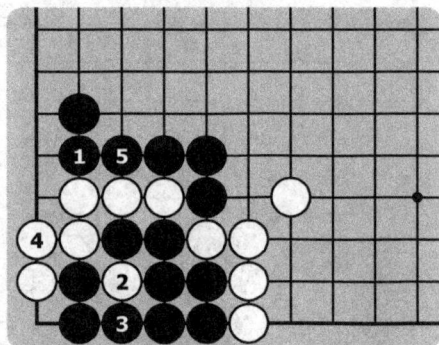

接图3，黑1紧气，至黑5，有眼杀无眼，白棋被杀。

有眼杀无眼（一）

黑先，请杀白，并写出必要的过程。

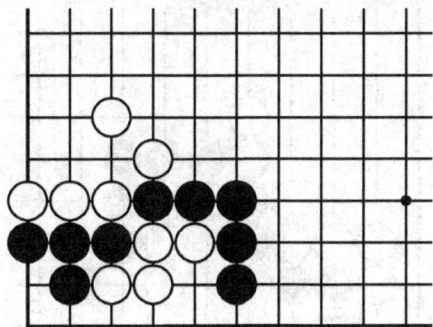

第 505 题

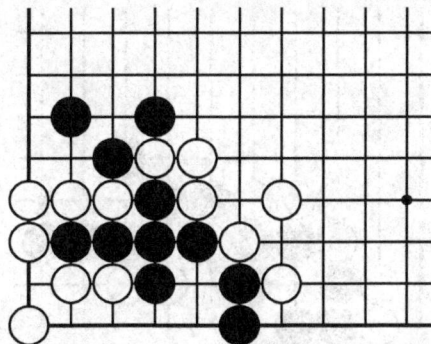

第 506 题

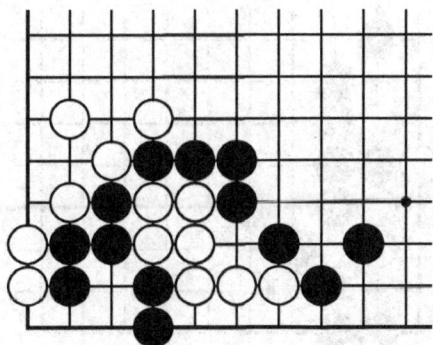

第 507 题

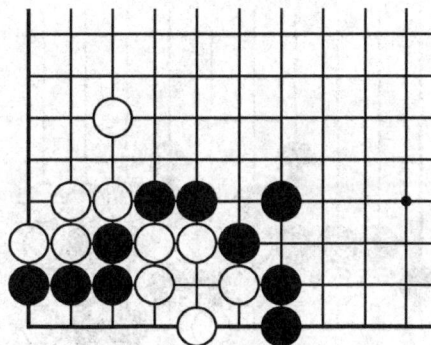

第 508 题

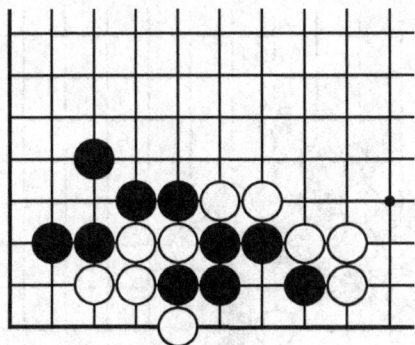

第 509 题

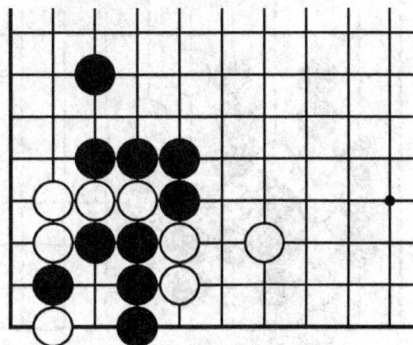

第 510 题

有眼杀无眼（二）

黑先，请杀白，并写出必要的过程。

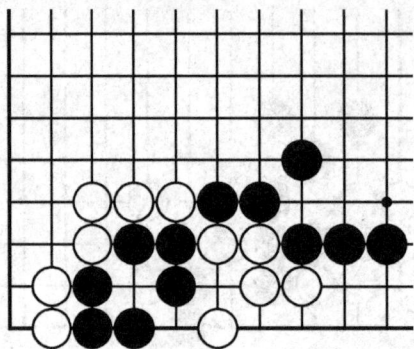

第 511 题

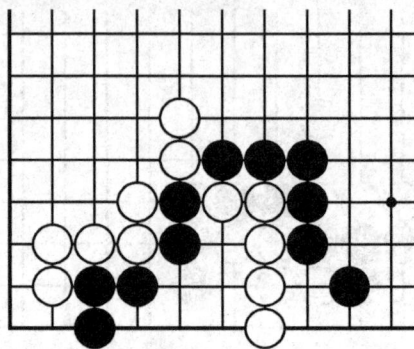

第 512 题

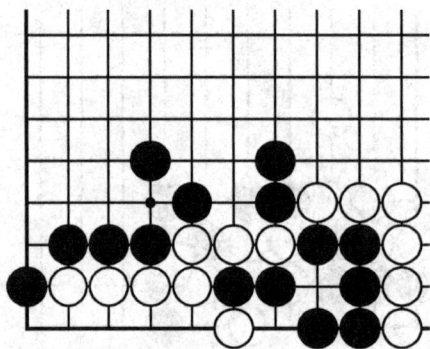

第 513 题

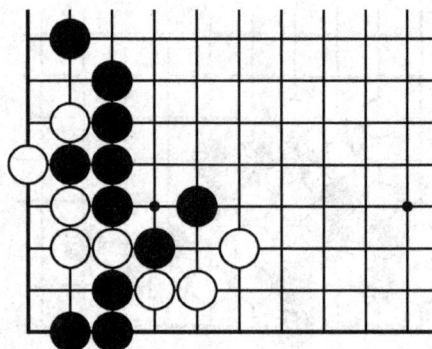

第 514 题

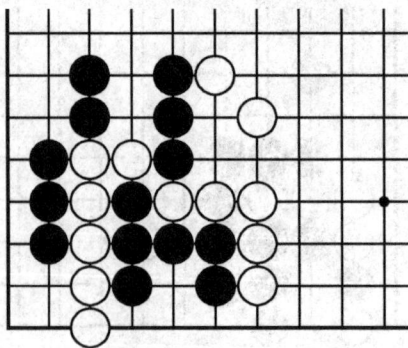

第 515 题

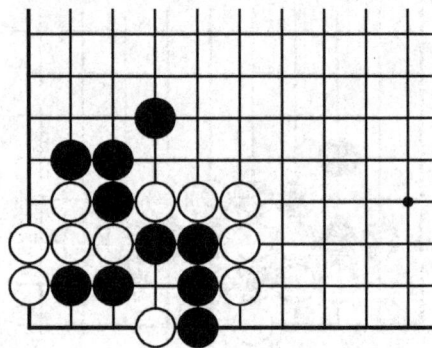

第 516 题

有眼杀无眼（三）

黑先，请杀白，并写出必要的过程。

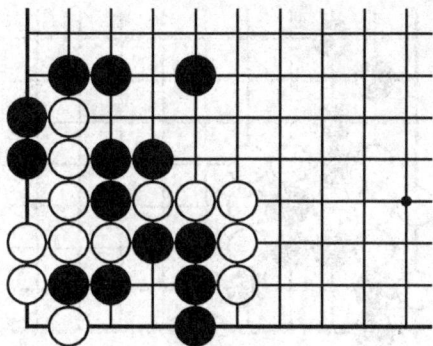

第 517 题

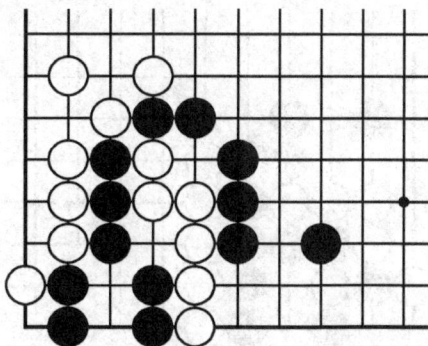

第 518 题

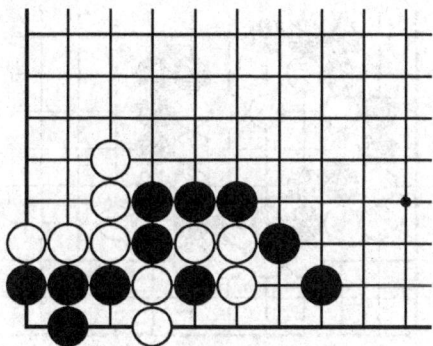

第 519 题

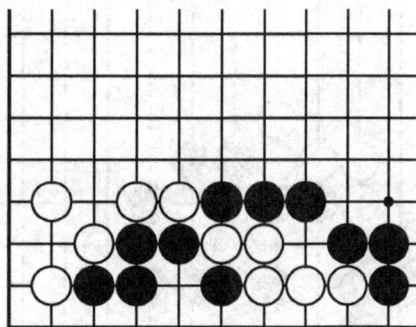

第 520 题

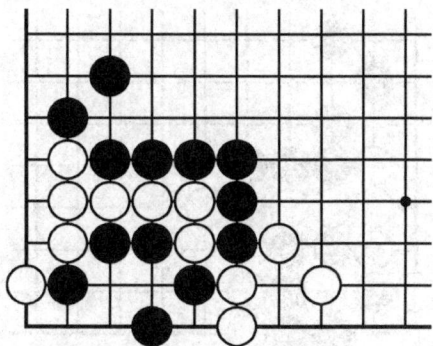

第 521 题

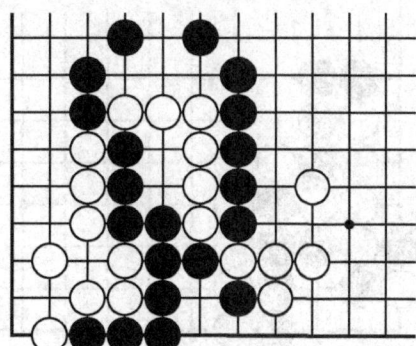

第 522 题

有眼杀无眼（四）

黑先，请杀白，并写出必要的过程。

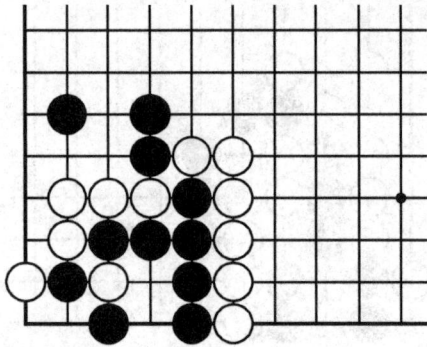

第 523 题

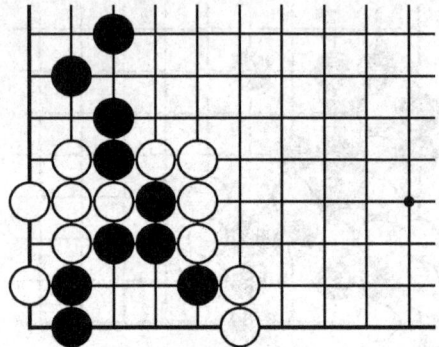

第 524 题

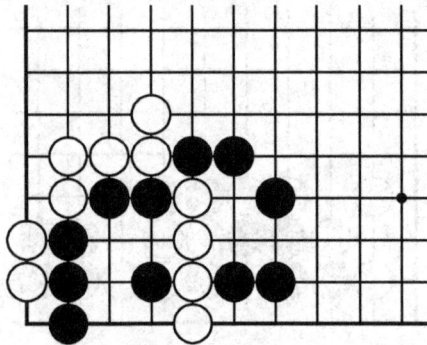

第 525 题

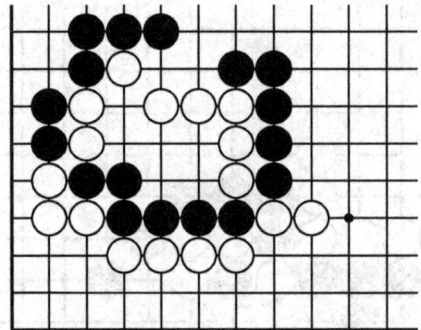

第 526 题

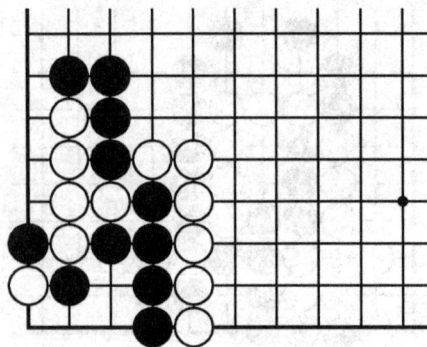

第 527 题

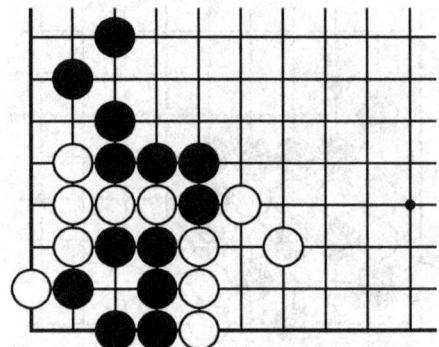

第 528 题

有眼杀无眼（五）

黑先，请杀白，并写出必要的过程。

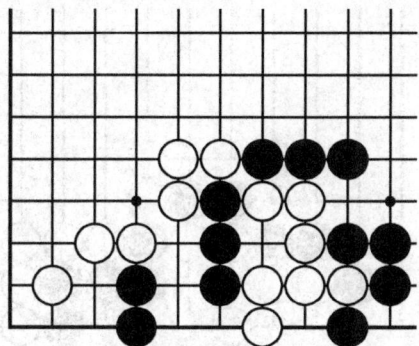

第 529 题

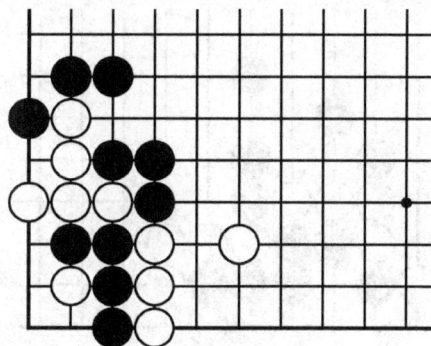

第 530 题

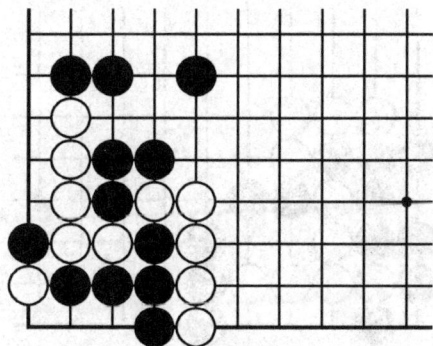

第 531 题

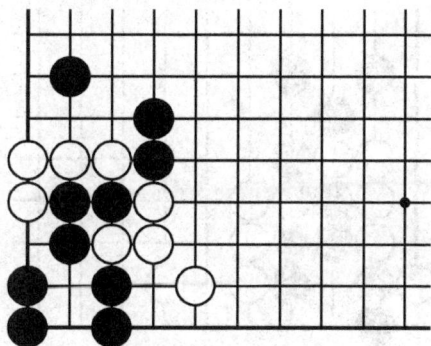

第 532 题

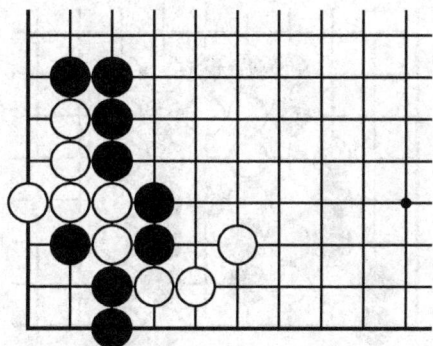

第 533 题

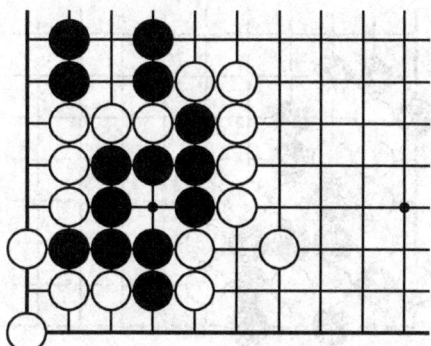

第 534 题

有眼杀无眼（六）

黑先，请杀白，并写出必要的过程。

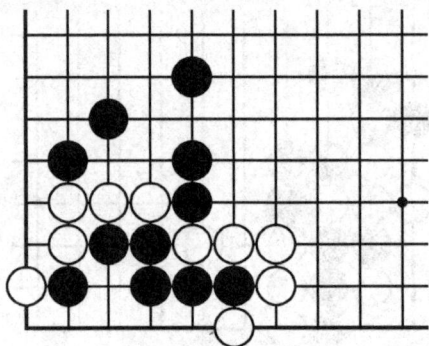

第 535 题

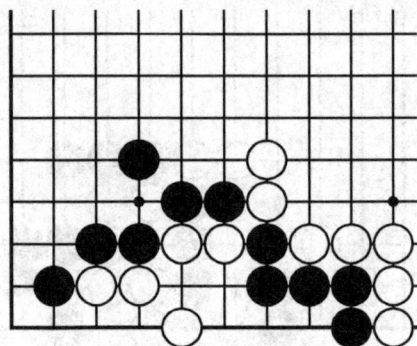

第 536 题

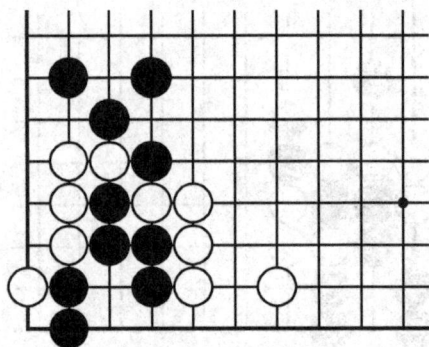

第 537 题

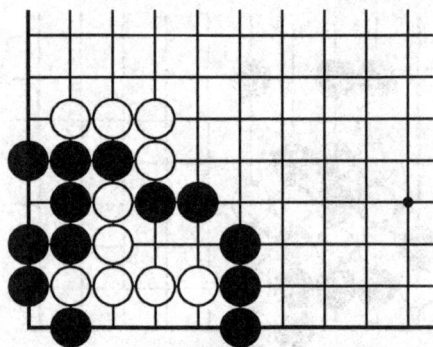

第 538 题

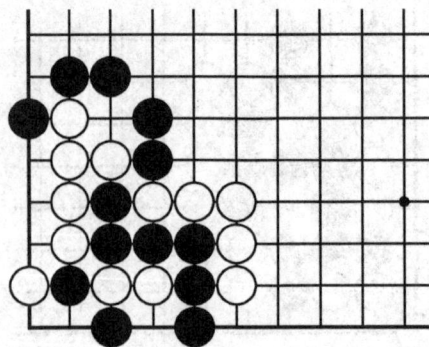

第 539 题

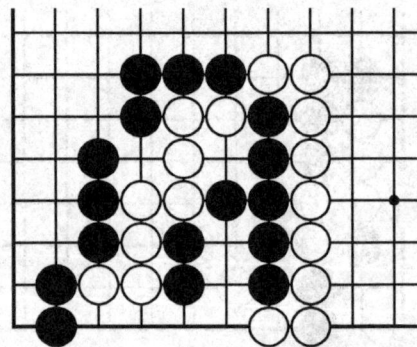

第 540 题

有眼杀无眼（七）

黑先，请杀白，并写出必要的过程。

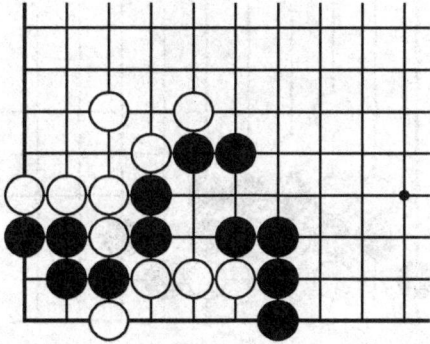

第 541 题

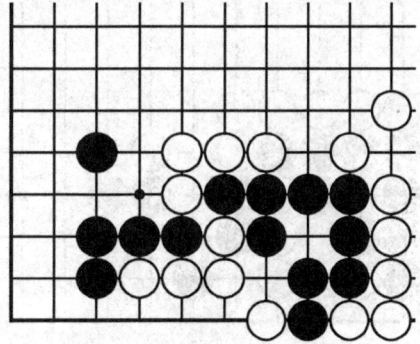

第 542 题

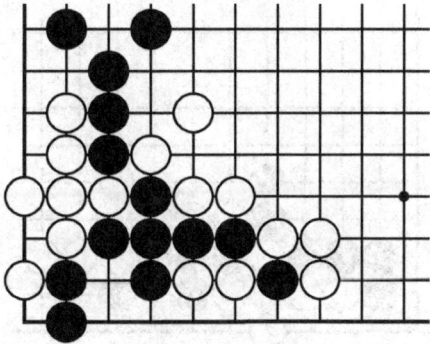

第 543 题

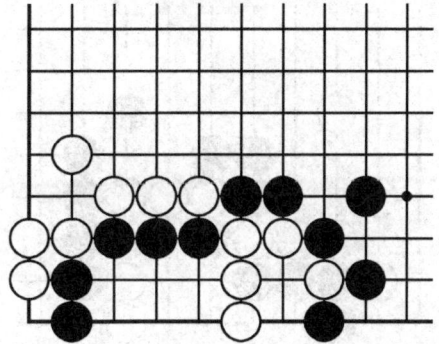

第 544 题

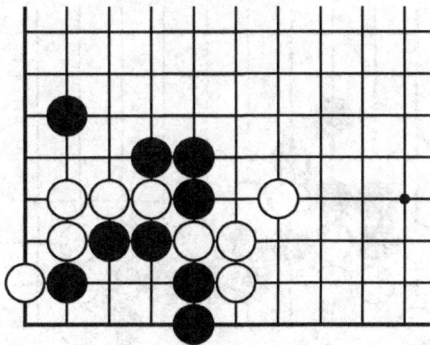

第 545 题

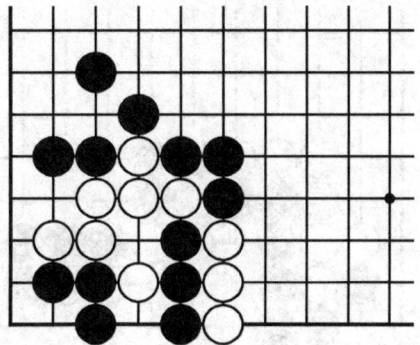

第 546 题

有眼杀无眼（八）

黑先，请杀白，并写出必要的过程。

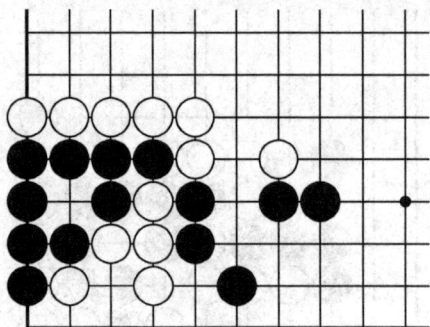

第 547 题

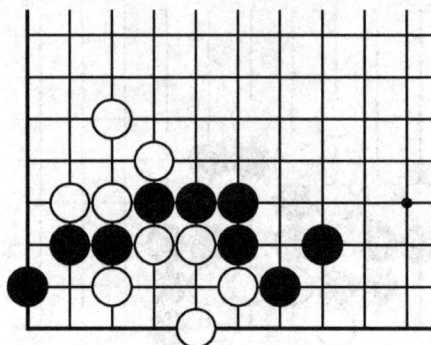

第 548 题

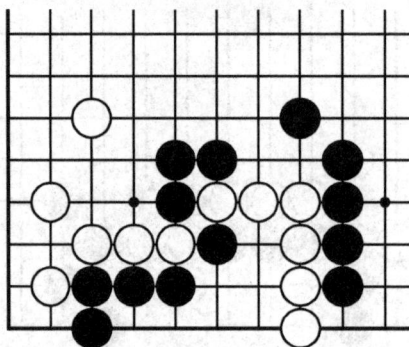

第 549 题

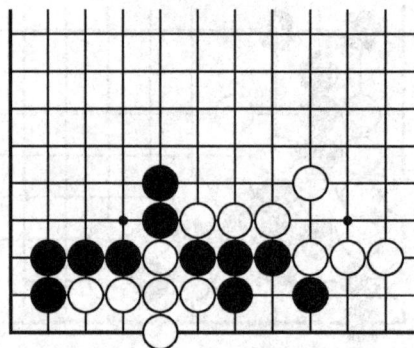

第 550 题

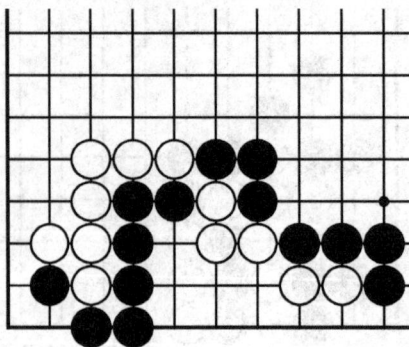

第 551 题

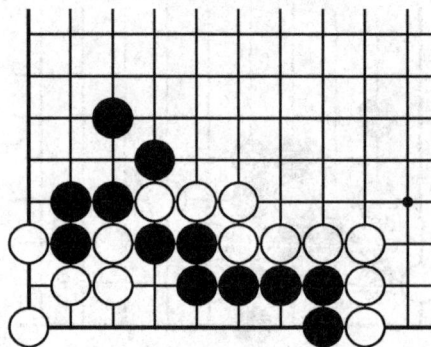

第 552 题

3.4 劫杀的应用

打劫是实战对杀中的一种特殊情况。当己方无法净杀对方的棋时，只能退而求其次，利用打劫寻求对杀的胜利。

例1

图1 问题图

图2 正解图

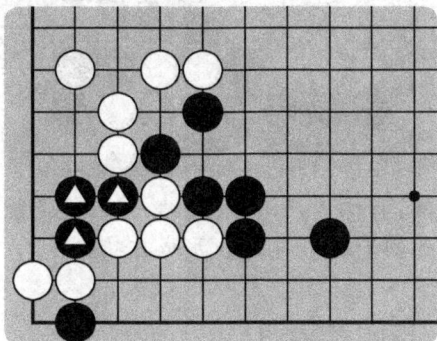

黑先，应该如何通过劫杀救出▲三子？

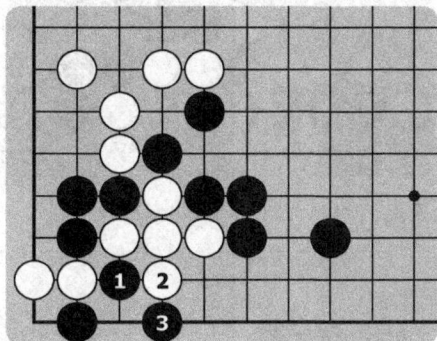

黑1断只此一手，黑3做劫是双方的最佳下法。

例2

图1 问题图

图2 正解图

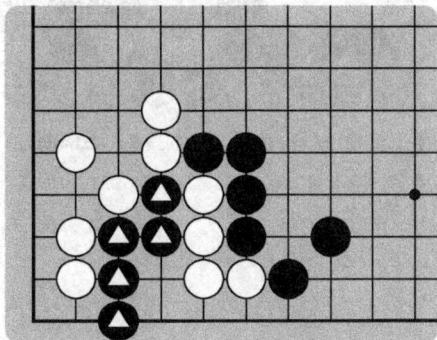

黑先，应该如何通过劫杀救出▲五子？

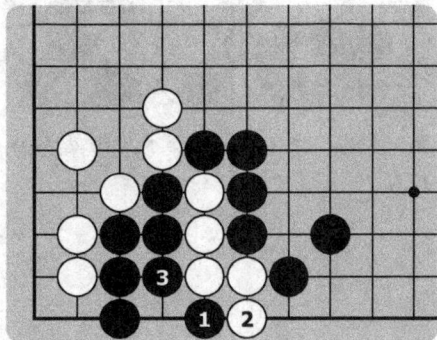

黑1托，白2挡，黑3做劫是黑棋的最优下法。

例3

图1 问题图

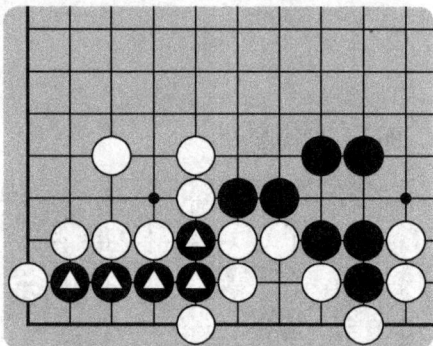

黑先，如何通过劫杀救出△五子？

图2 正解图

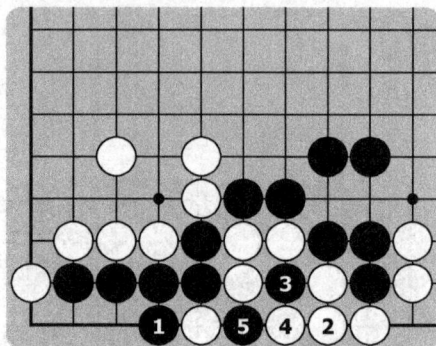

黑1打吃是好棋，白2粘，黑3扑是紧气的手筋，至黑5，形成打劫。

图3 变化图

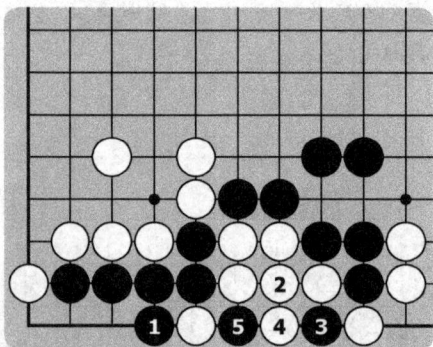

黑1打吃，白2粘，至黑5，仍然形成打劫。

图4 失败图

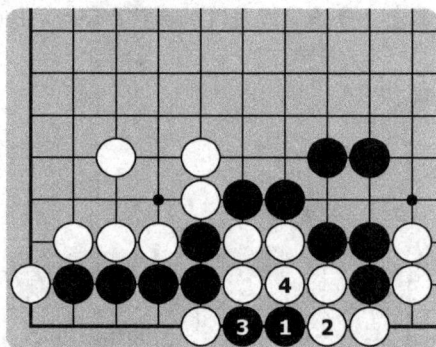

黑1点看似是好棋，白2粘，白4提，黑棋无计可施。

例4

图1 问题图

图2 正解图

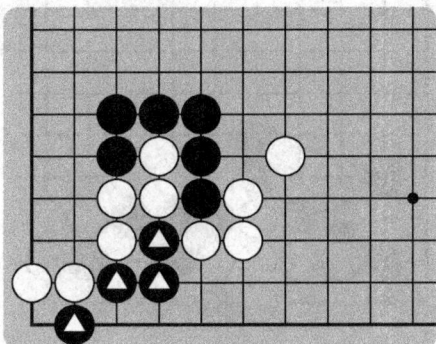

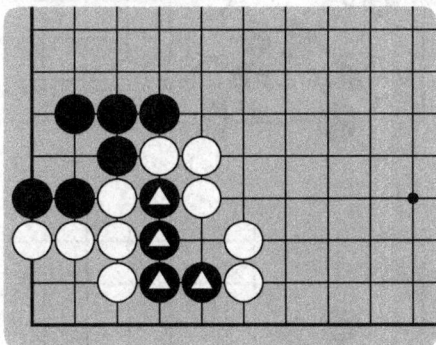

黑先，应该如何通过劫杀救出△四子？

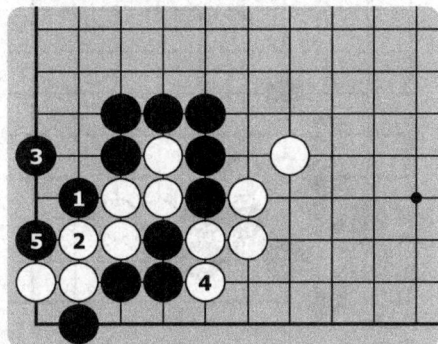

黑1打吃，黑3做劫是黑棋的最佳下法。

例5

图1 问题图

图2 正解图

黑先，应该如何通过劫杀救出△四子？

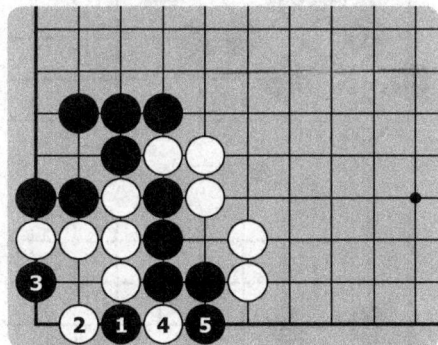

黑1扳，黑3点是必然的次序。至黑5，形成劫杀，这是双方的最优下法。

劫杀的应用（一）

黑先，请利用打劫杀白，并写出必要的过程。

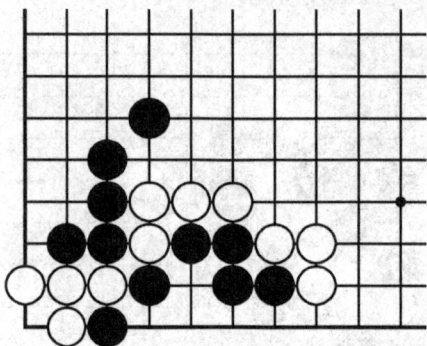

第 553 题

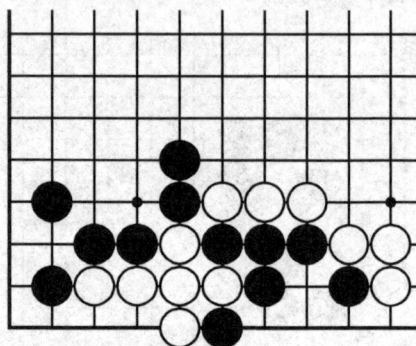

第 554 题

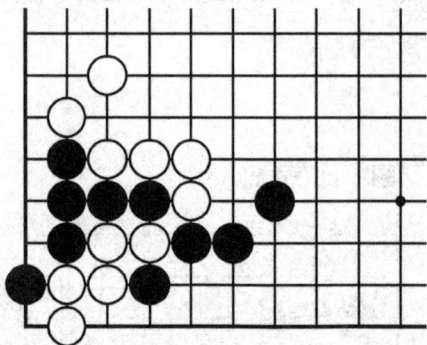

第 555 题

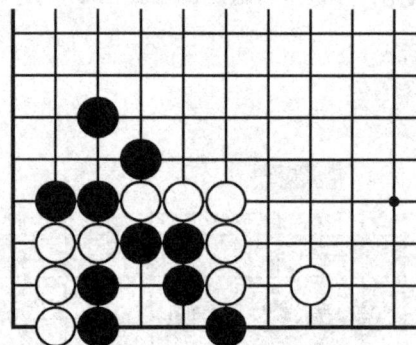

第 556 题

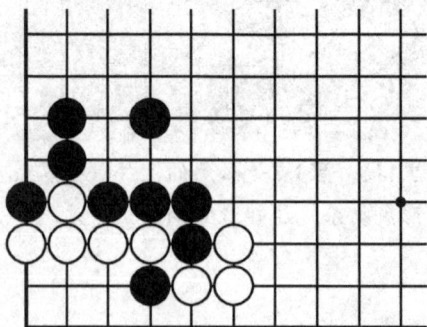

第 557 题

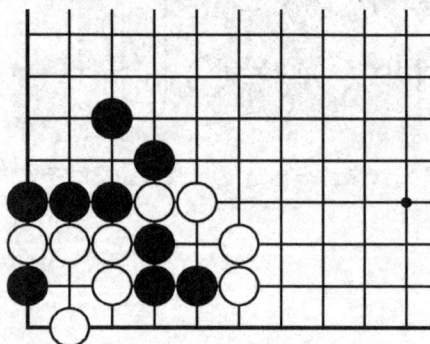

第 558 题

劫杀的应用（二）

黑先，请利用打劫杀白，并写出必要的过程。

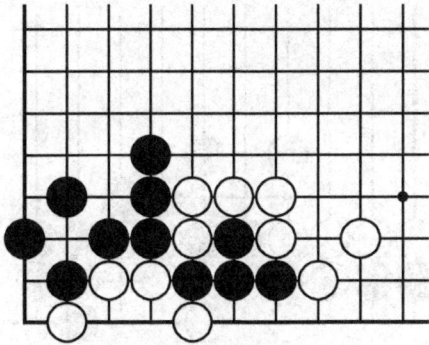

第 559 题

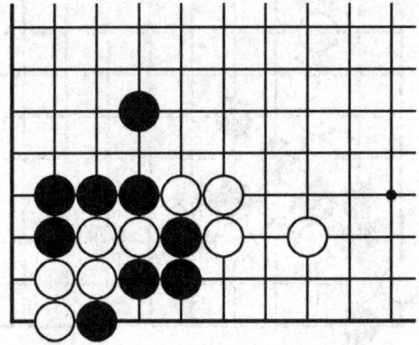

第 560 题

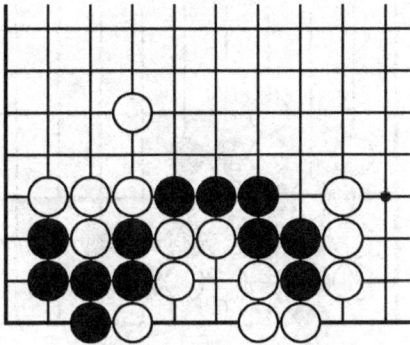

第 561 题

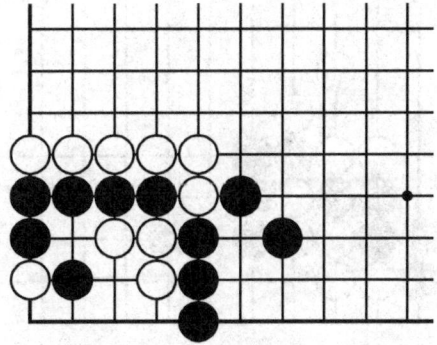

第 562 题

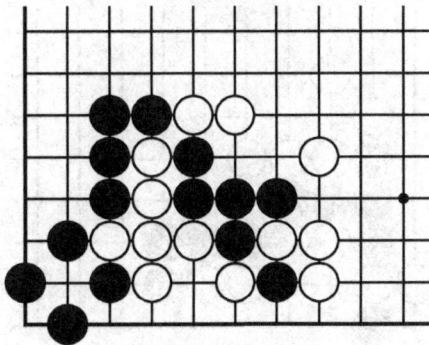

第 563 题

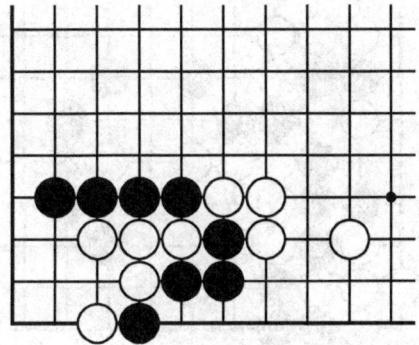

第 564 题

劫杀的应用（三）

黑先，请利用打劫杀白，并写出必要的过程。

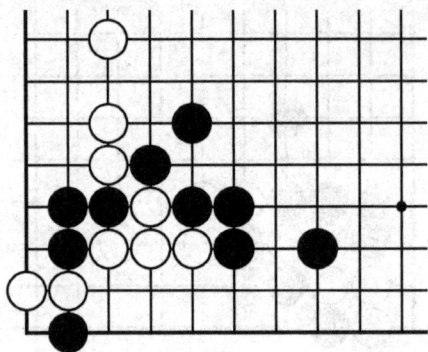

第 565 题

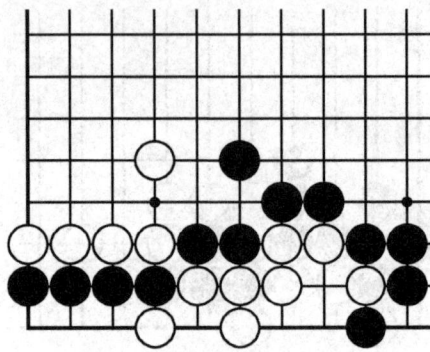

第 566 题

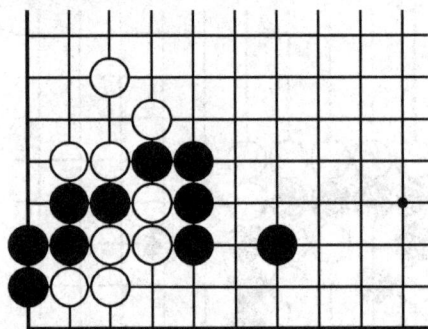

第 567 题

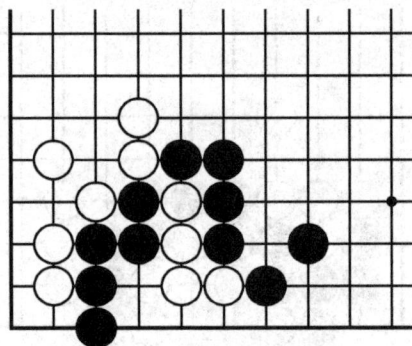

第 568 题

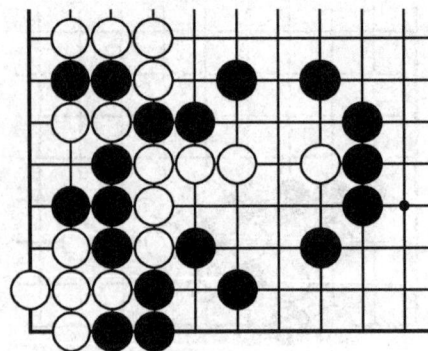

第 569 题

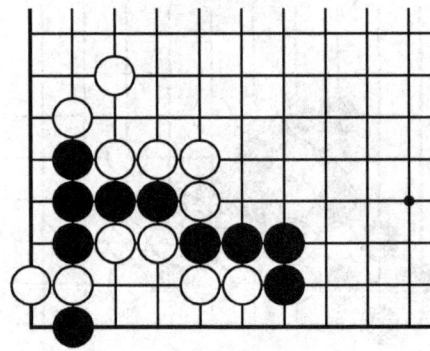

第 570 题

劫杀的应用（四）

黑先，请利用打劫杀白，并写出必要的过程。

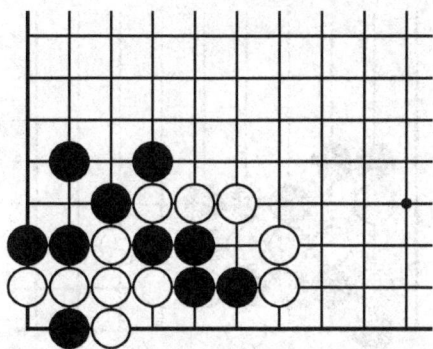

第 571 题

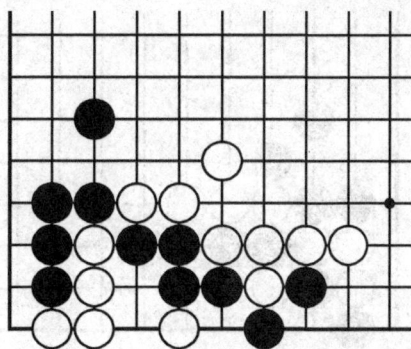

第 572 题

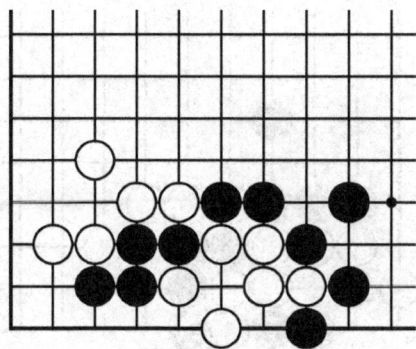

第 573 题

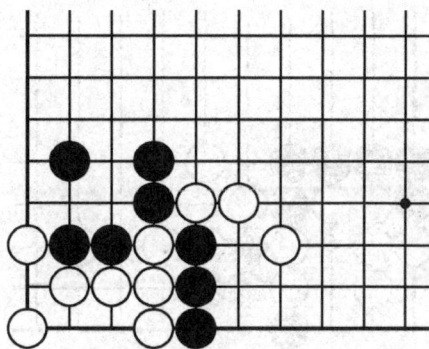

第 574 题

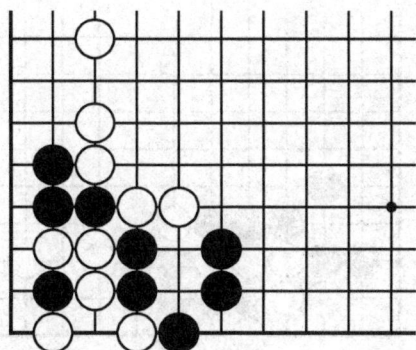

第 575 题

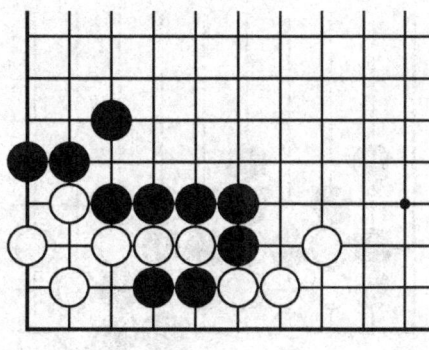

第 576 题

劫杀的应用（五）

黑先，请利用打劫杀白，并写出必要的过程。

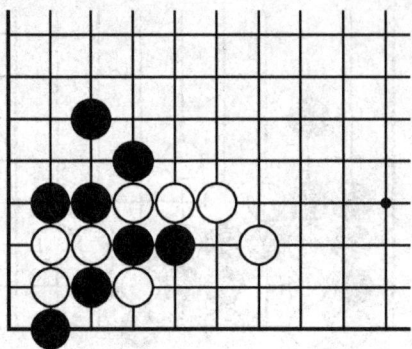

第 577 题

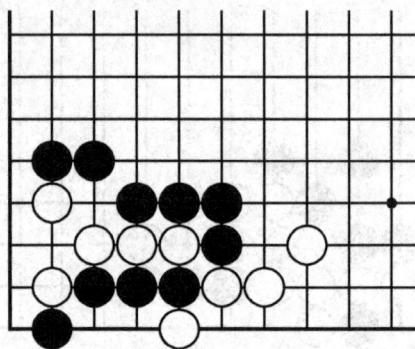

第 578 题

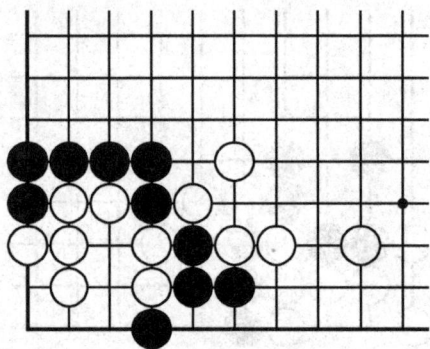

第 579 题

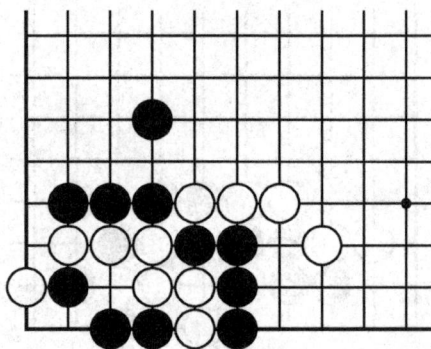

第 580 题

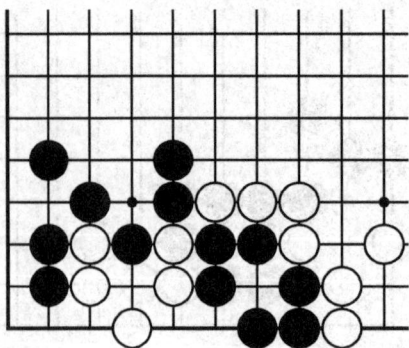

第 581 题

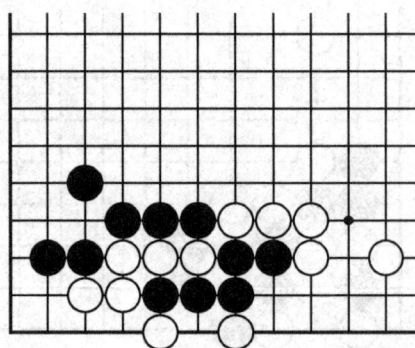

第 582 题

劫杀的应用（六）

黑先，请利用打劫杀白，并写出必要的过程。

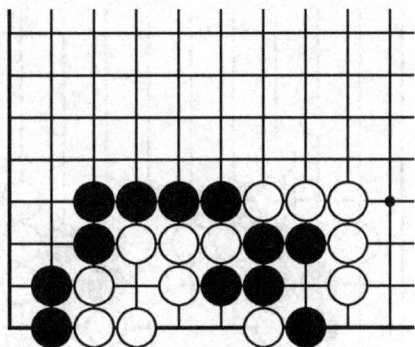

第 583 题

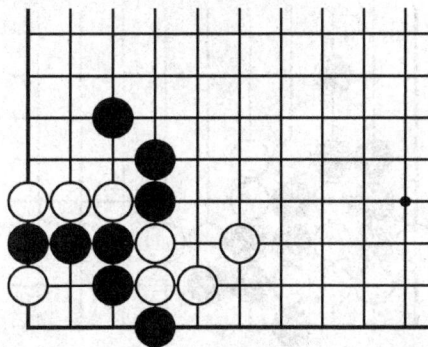

第 584 题

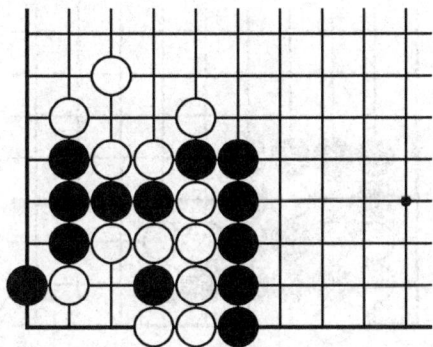

第 585 题

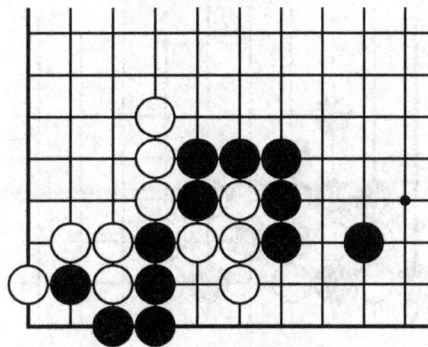

第 586 题

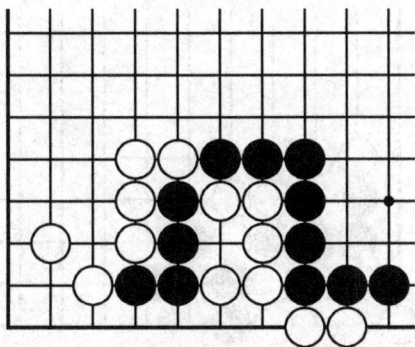

第 587 题

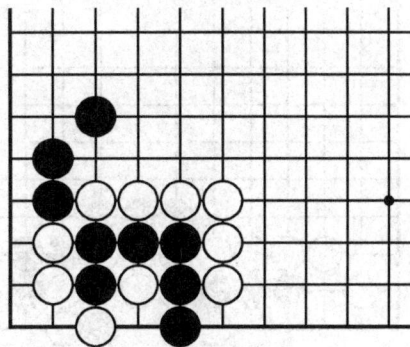

第 588 题

劫杀的应用（七）

黑先，请利用打劫杀白，并写出必要的过程。

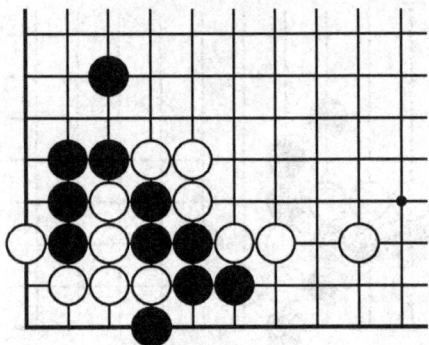

第 589 题

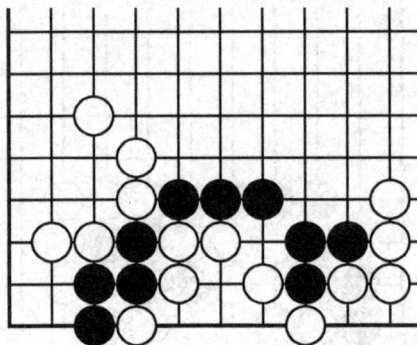

第 590 题

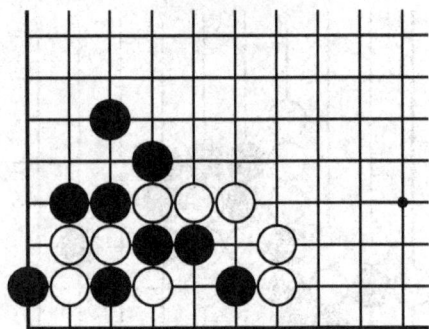

第 591 题

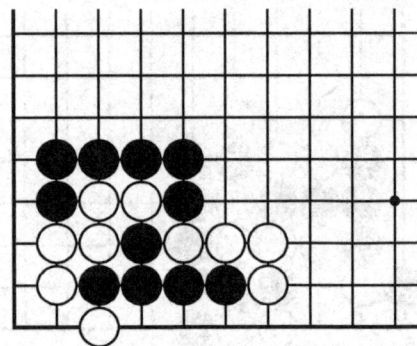

第 592 题

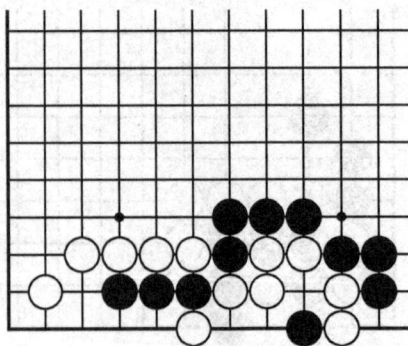

第 593 题

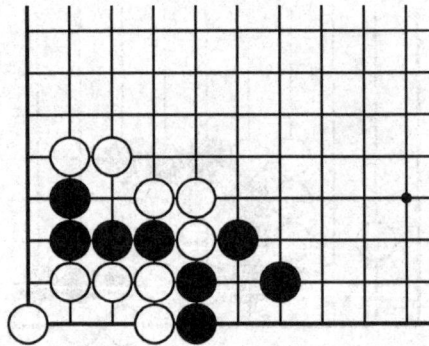

第 594 题

劫杀的应用（八）

黑先，请利用打劫杀白，并写出必要的过程。

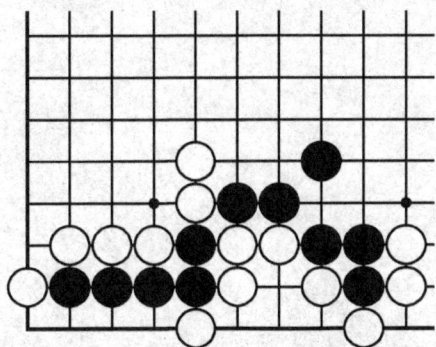

第 595 题

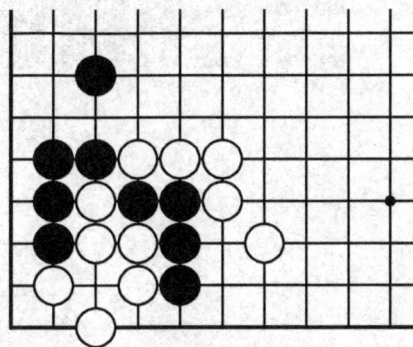

第 596 题

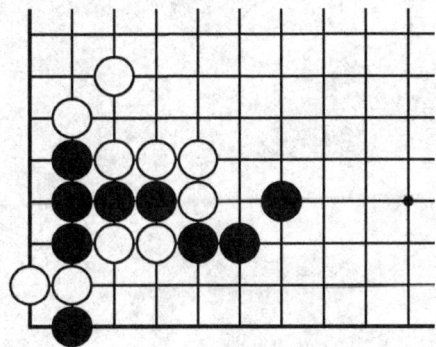

第 597 题

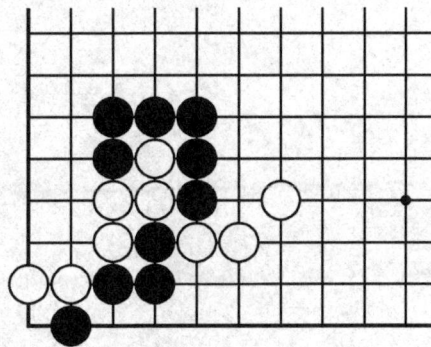

第 598 题

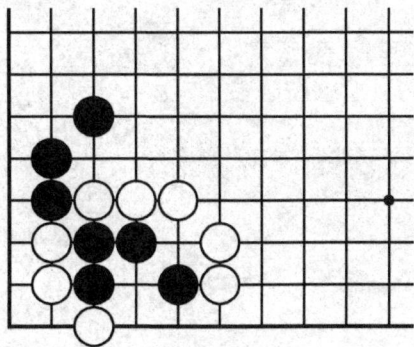

第 599 题

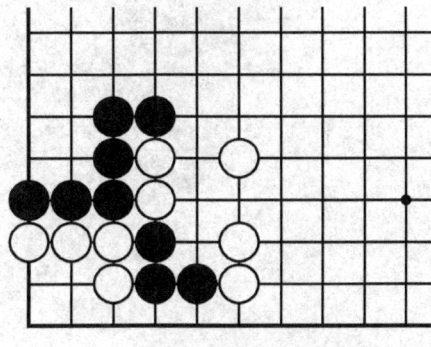

第 600 题

综合测试

综合测试（一）

黑先，请杀白，并写出双方的最佳下法。

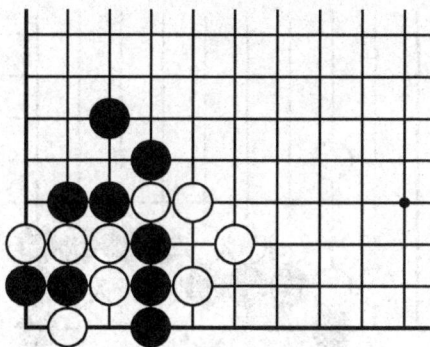

第 601 题

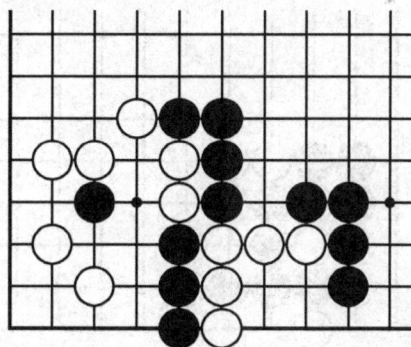

第 602 题

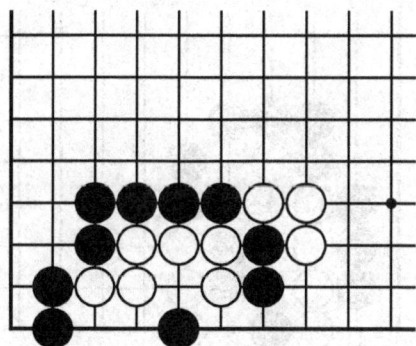

第 603 题

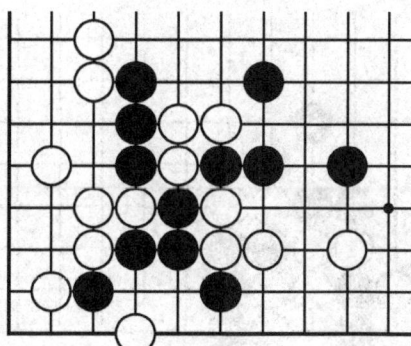

第 604 题

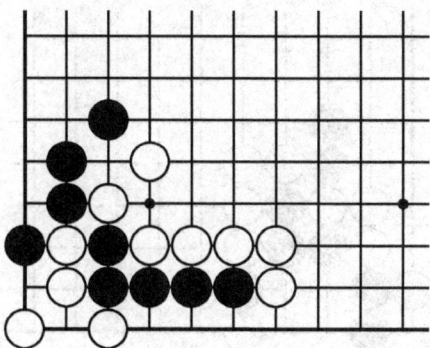

第 605 题

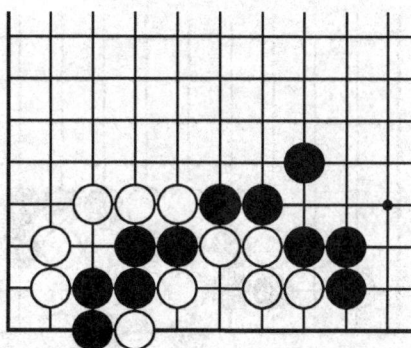

第 606 题

综合测试（二）

黑先，请杀白，并写出双方的最佳下法。

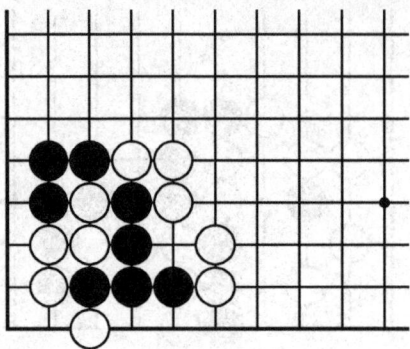

第 607 题

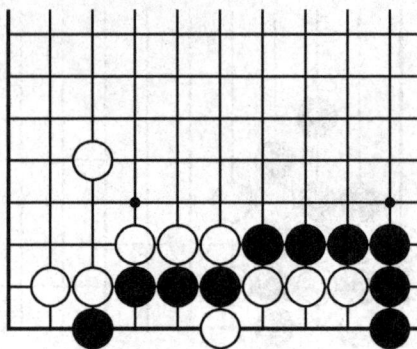

第 608 题

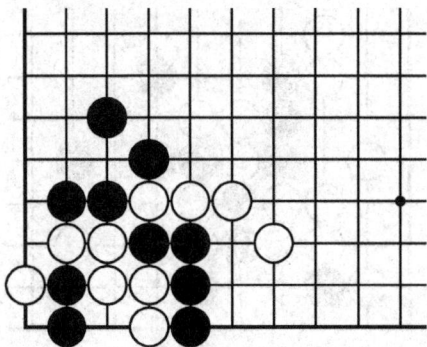

第 609 题

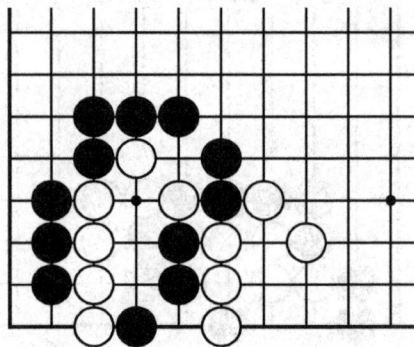

第 610 题

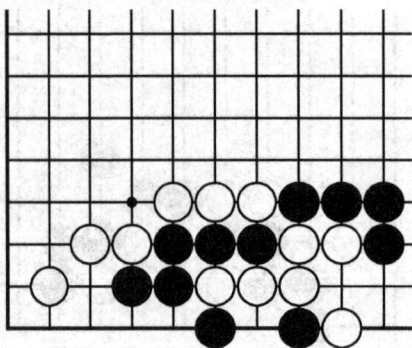

第 611 题

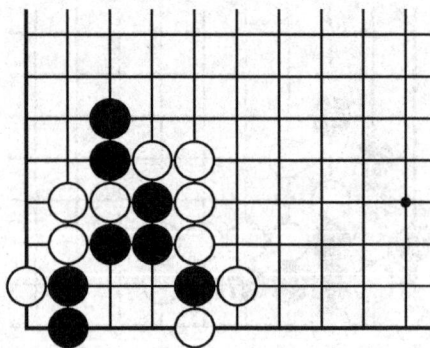

第 612 题

综合测试（三）

黑先，请杀白，并写出双方的最佳下法。

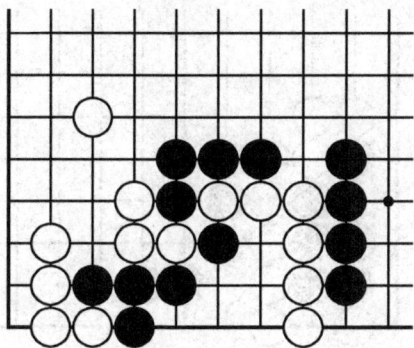

第613题

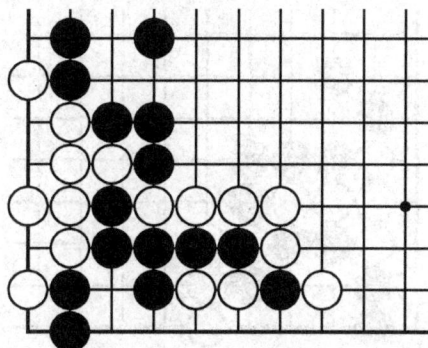

第614题

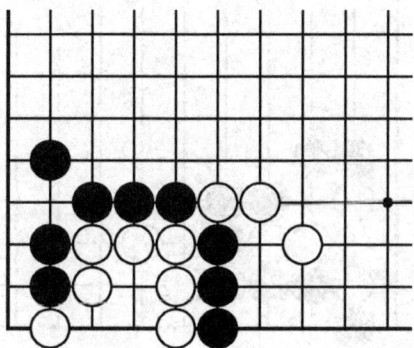

第615题

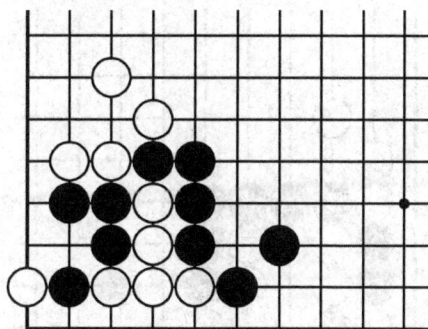

第616题

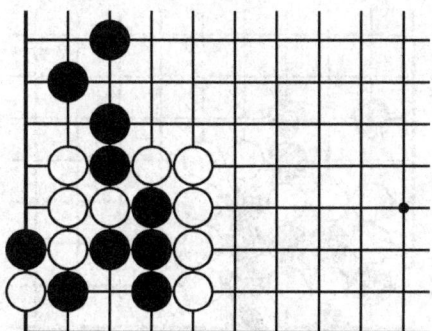

第617题

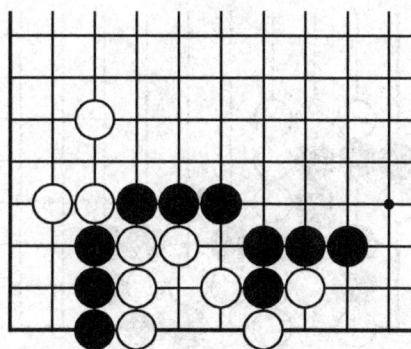

第618题

综合测试（四）

黑先，请杀白，并写出双方的最佳下法。

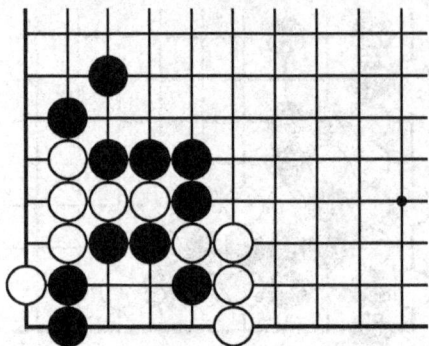

第 619 题

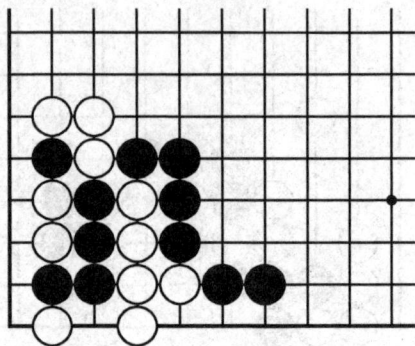

第 620 题

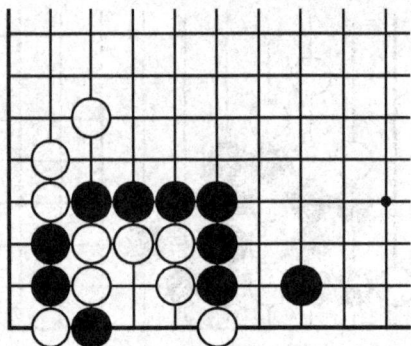

第 621 题

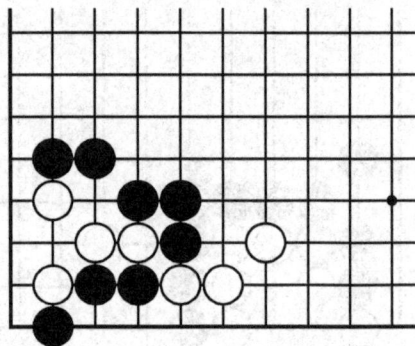

第 622 题

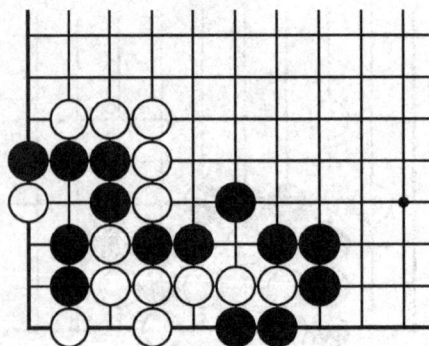

第 623 题

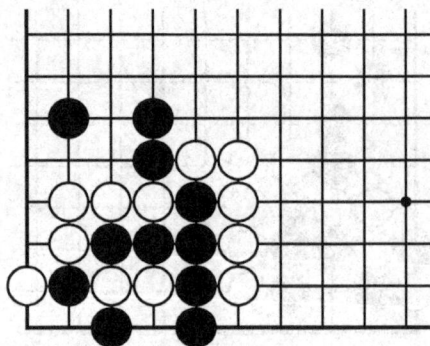

第 624 题

综合测试（五）

黑先，请杀白，并写出双方的最佳下法。

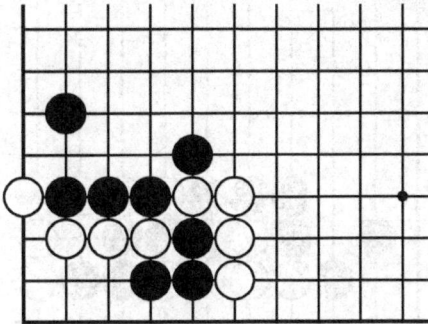

第 625 题

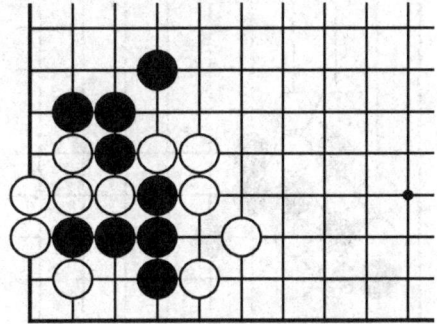

第 626 题

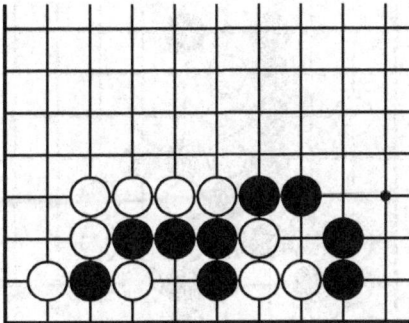

第 627 题

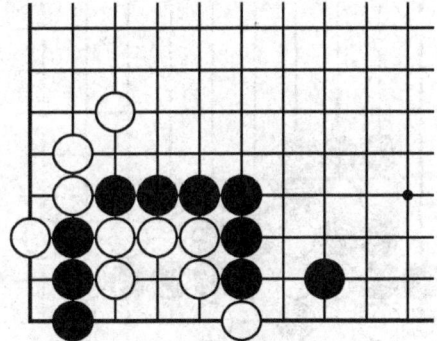

第 628 题

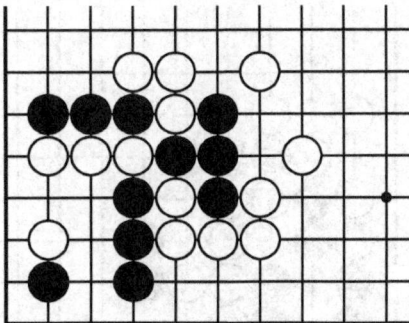

第 629 题

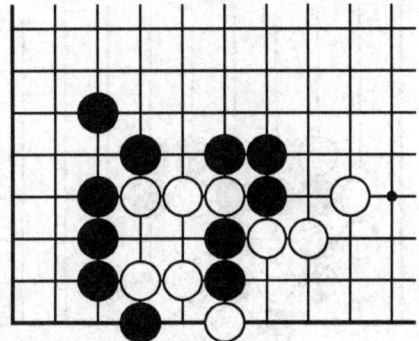

第 630 题

综合测试（六）

黑先，请杀白，并写出双方的最佳下法。

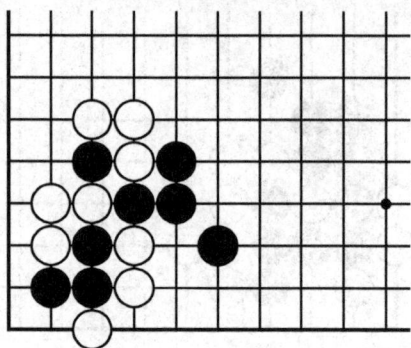

第 631 题

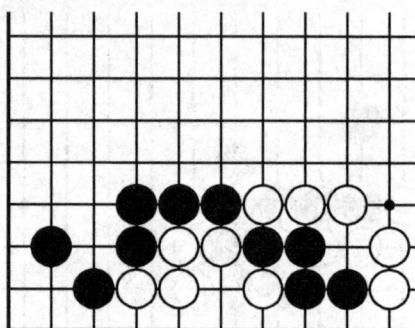

第 632 题

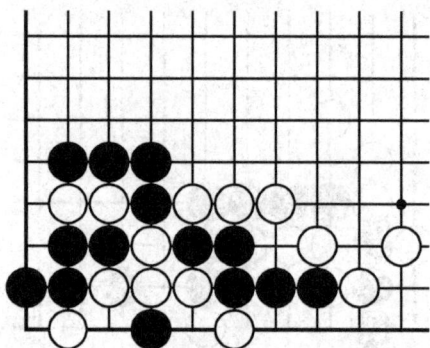

第 633 题

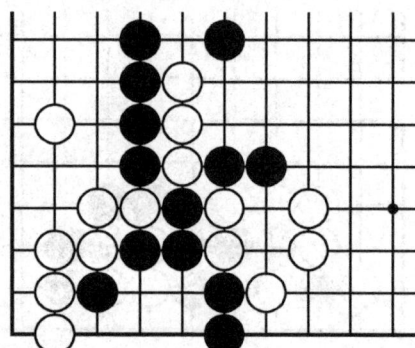

第 634 题

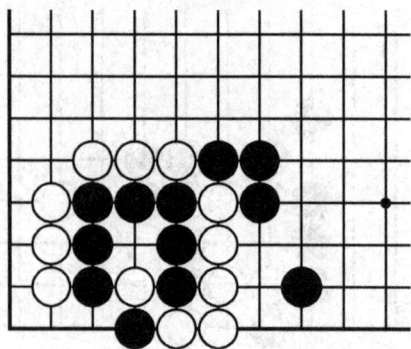

第 635 题

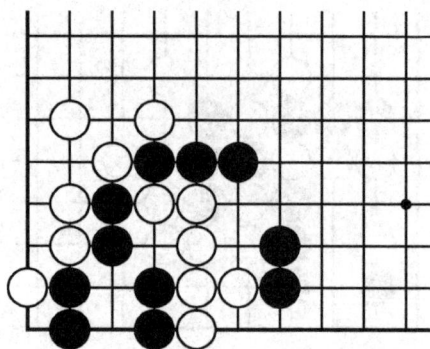

第 636 题

综合测试（七）

黑先，请杀白，并写出双方的最佳下法。

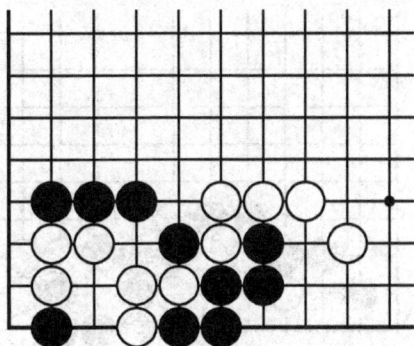

第 637 题

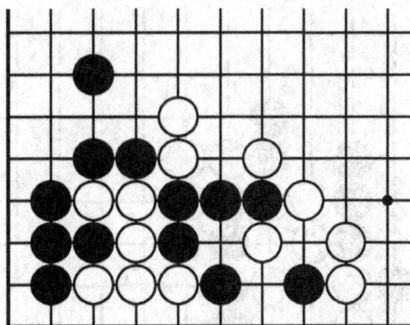

第 638 题

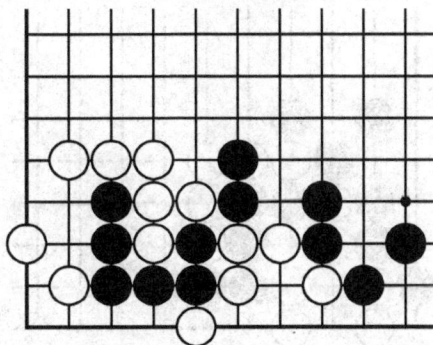

第 639 题

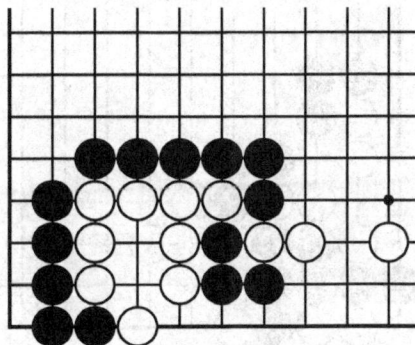

第 640 题

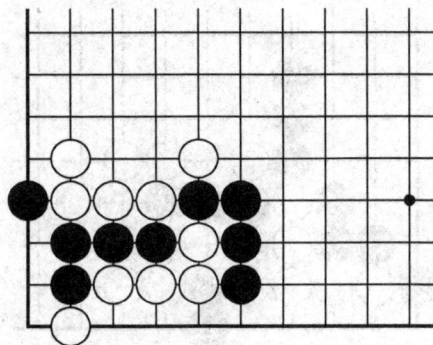

第 641 题

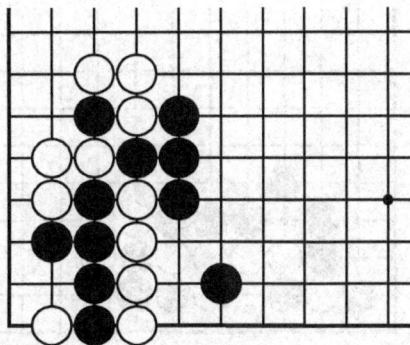

第 642 题

综合测试（八）

黑先，请杀白，并写出双方的最佳下法。

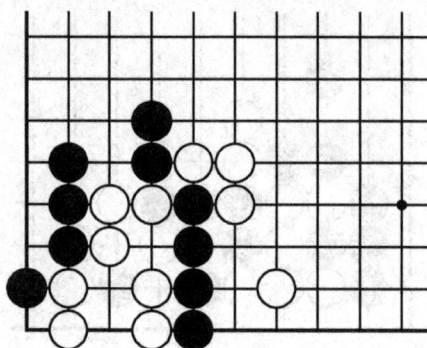

第 643 题

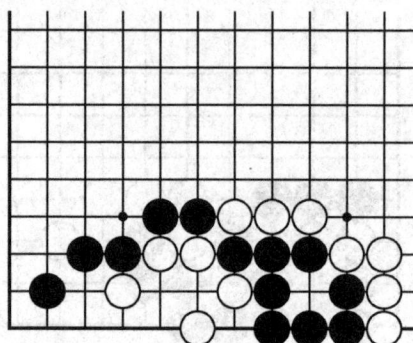

第 644 题

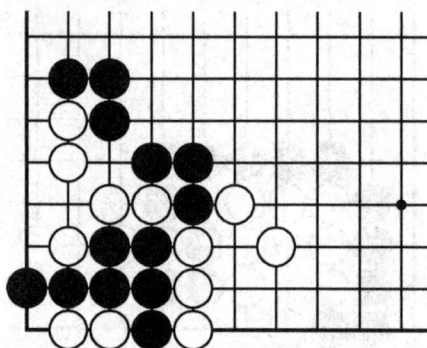

第 645 题

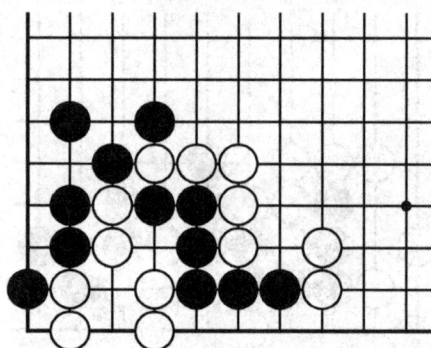

第 646 题

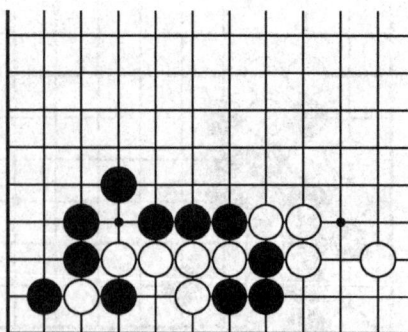

第 647 题

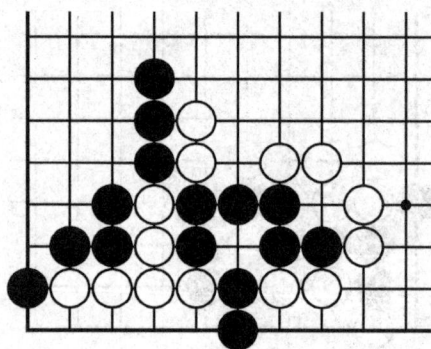

第 648 题

综合测试（九）

黑先，请杀白，并写出双方的最佳下法。

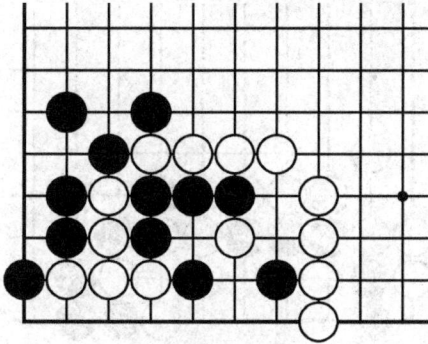

第 649 题

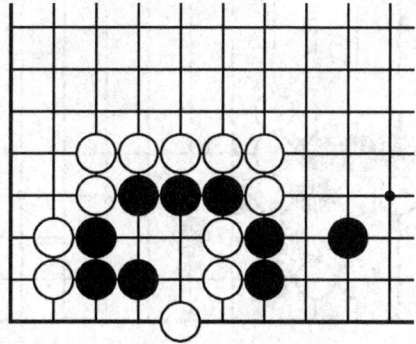

第 650 题

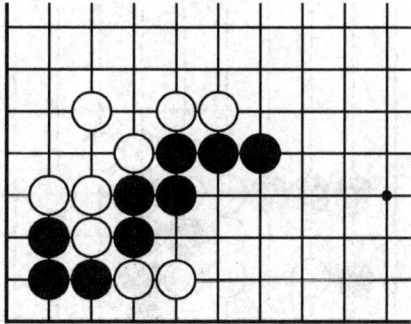

第 651 题

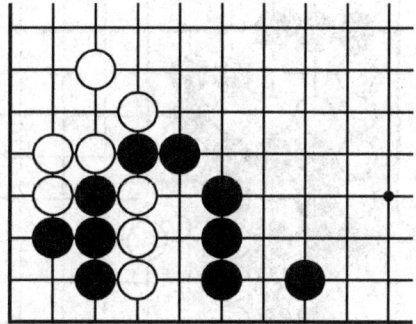

第 652 题

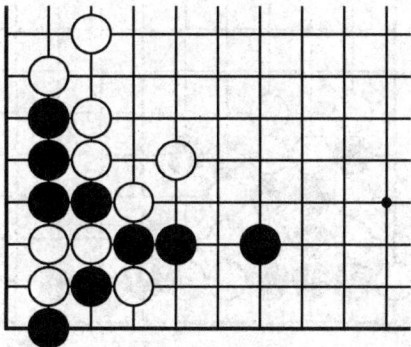

第 653 题

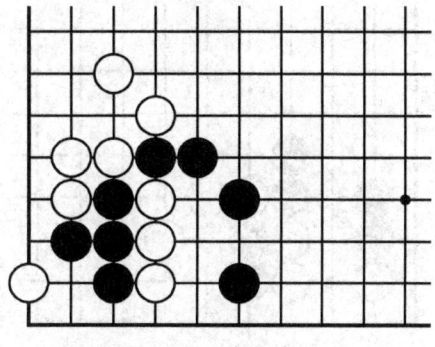

第 654 题

综合测试（十）

黑先，请杀白，并写出双方的最佳下法。

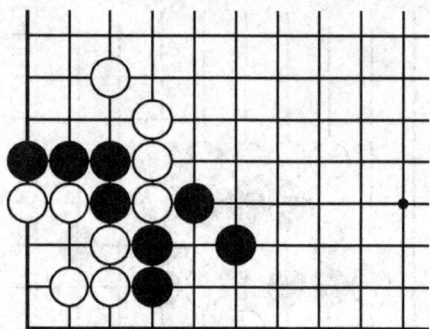

第 655 题

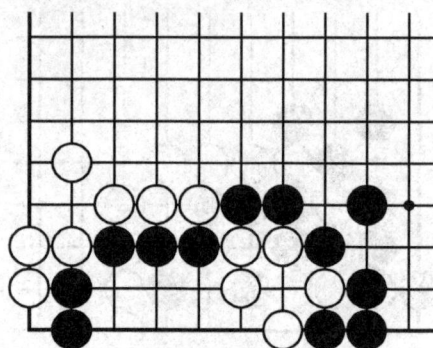

第 656 题

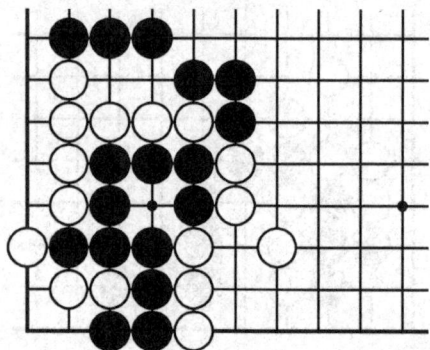

第 657 题

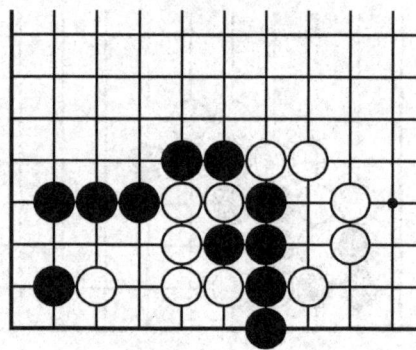

第 658 题

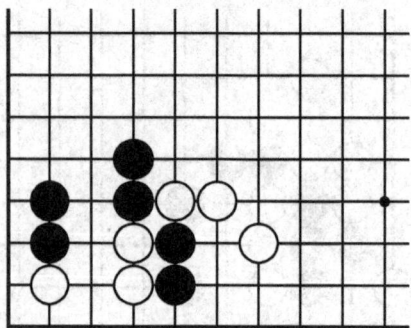

第 659 题

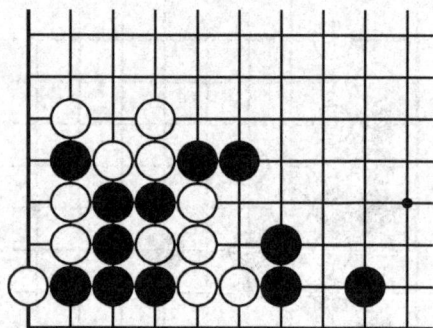

第 660 题

作者简介

聂卫平

中国著名围棋职业运动员，中国围棋协会副主席。1952年出生于北京，河北深州人，北京弈友围棋文化传播有限责任公司董事长。1982年被定为最高段位——九段棋手，是中国围棋史上唯一正式获得"棋圣"殊荣的人。中国围棋界将1975~1979年称为"聂卫平时代"。1979年，聂卫平获得国家体委颁发的"十佳"运动员称号。1987年，获北京市特等劳动模范称号，同年获得中国总工会颁发的"五一"劳动奖章，同年当选为中国二十名最佳教练员之一。1988年，被授予围棋"棋圣"称号。1999年，被评为"新中国棋坛十大杰出人物"。他在前四届中日围棋擂台赛中取得11连胜，对围棋在中国的普及产生了深远影响。在举行过的六届中日围棋擂台赛中，聂卫平一直担任中方主帅，为中国队战胜日本队立下头功。日本围棋界称他为"聂旋风"。聂卫平成为那个时代中国的"英雄人物"，使中国掀起了学围棋的热潮。2011年，聂卫平获得陈毅杯中国围棋年度大奖终生成就奖。此外，他还被评为优秀教练员、最具影响力的新中国体育人物等。聂卫平曾任国家围棋队总教练、中国围棋协会副主席兼技术委员会主任和中国棋院技术顾问。2015年，聂卫平被中国围棋协会授予特别贡献奖。

截至2009年，聂卫平共获6次中国个人赛冠军，8次"新体育杯"冠军，6次中国"十强赛"冠军，两届"天元"以及首届"国手战"冠军，3次世界职业大赛亚军和《新民围棋》特别棋战——聂马七番棋优胜等荣誉。聂卫平著有《围棋人生》《聂卫平自战百局》等著作。

唐嘉隆

辽宁抚顺人，11岁学棋，2005年升职业初段，2007年升职业二段。2007~2012年担任聂卫平围棋道场全日制定段班教练。2012~2016年赴台湾任教，担任台湾南山中学围棋班总教练，长清儿童棋院总教练。唐老师从事围棋教育工作多

年，不仅让孩子们在学棋的过程中提升了棋艺，同时还培养了他们健全的人格。在其任教生涯中，唐老师培养出了多位职业选手，业余高手不计其数。他的教学理念是：通过围棋磨炼意志，从中领悟人生哲理。

邵佳

业余5段。自幼学习围棋，1990 年至 1996 年连续蝉联北京市女子冠军，2006年开始执教，教学风格生动有趣，棋理清晰。2017年开始担任聂卫平围棋道场教研部主管，在聂卫平老师的指导下带领教研团队研发、整合和完善了聂卫平围棋道场教学体系，并主导和参与了聂卫平围棋道场系列图书的出版工作。

聂卫平围棋道场简介

聂卫平围棋道场成立于1999年，隶属于北京弈友围棋文化传播有限责任公司，是"棋圣"聂卫平九段一手创立的围棋专业培训机构，公司现有2支男子围甲队伍、1支女子围甲队伍，以及遍布全国的30家分校区。截至2017年，聂卫平围棋道场共培养了102名职业棋手，其中世界冠军8位，全国冠军12位。从聂卫平围棋道场走出的知名棋士包括柯洁、周睿羊、檀啸、孙腾宇、王晨星等。

聂卫平围棋道场坚持"以棋育人"的理念，先教做人，再教下棋。聂卫平常说："只要对围棋有利的事情，我们就愿意去做。"围棋是中国的瑰宝，拥有几千年的历史。聂卫平围棋道场自成立以来，一直致力于发扬围棋文化，普及少儿围棋，让更多的人了解围棋之法。聂卫平围棋道场现已具备完整的教学体系，拥有从启蒙班、入门班、级位班、业余段位班，到全日制冲段班等多个课程。教练和教研团队由"棋圣"聂卫平领衔，包括著名职业棋手赵哲伦四段、赵兴华三段、腾程二段、娄洛宁五段、谢少博二段、朱仁坤二段、李嘉麒二段、唐嘉隆二段和其他具有丰富教学经验的业余教师，如刘崴5段、邵佳5段、段树勇5段、李响5段、王帅智6段、王守伟5段、魏思悦5段、王建华5段等。

聂卫平围棋 道场系列

聂卫平围棋习题精解

手筋专项训练

（从1级到1段）

答案

人民邮电出版社

北京

目 录

扫描下方二维码添加企业微信。

1. 首次添加企业微信，即刻领取免费电子资源。

2. 加入体育爱好者交流群。

3. 不定期获取更多图书、课程、讲座等知识服务产品信息，以及参与直播互动、在线答疑和与专业导师直接对话的机会。

第一章
吃子手筋

1.1 征子

第1题

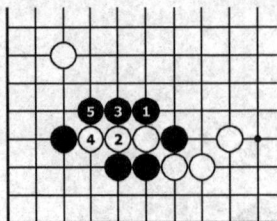

黑1打吃，白2跑，黑3打吃的方向正确，至黑5，白棋被杀。

第2题

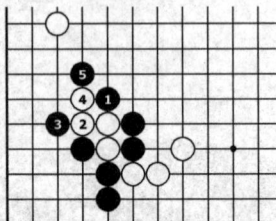

黑1打吃的方向正确，至黑5，白棋被杀。

第3题

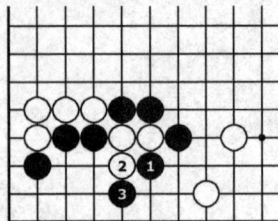

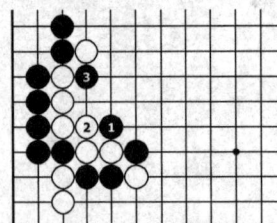

黑1从右边打吃正确，至黑3，白棋被杀。

第4题

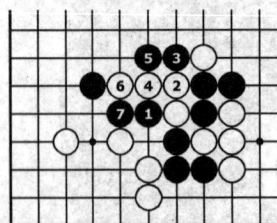

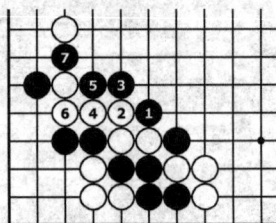

黑1打吃，白2跑，黑5打吃的方向正确，至黑7，白棋被杀。

第5题

黑1打吃，白2跑，黑5打吃的方向正确，至黑7，白棋被杀。

第6题

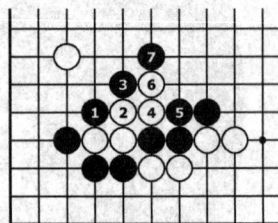

黑1从左边打吃正确，白2跑，至黑7，白棋被杀。

第7题

黑1打吃正确，至黑3，白棋被杀。

第8题

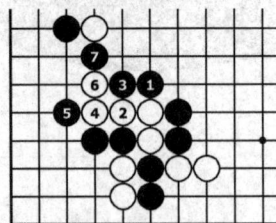

黑3打吃的方向正确，至黑7，白棋被杀。

第9题

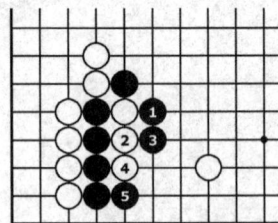

黑1打吃，白2跑，黑3打吃的方向正确，至黑5，白棋被吃。

第10题

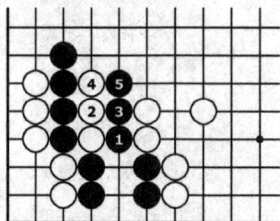

黑1打吃是必然的下法，
至黑5，白棋被杀。

第11题

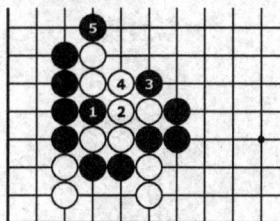

黑1冲是好手，白2粘，
黑3打吃的方向正确，
至黑5，白棋被杀。

第12题

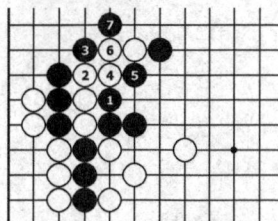

黑1打吃的方向正确，
至黑7，白棋被杀。

第13题

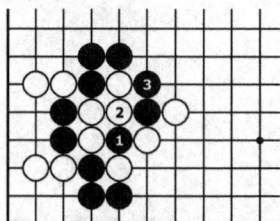

黑1扑是好手，至黑3，
白棋被杀。

第14题

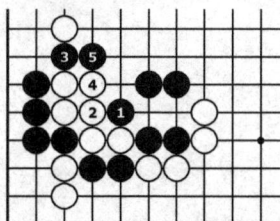

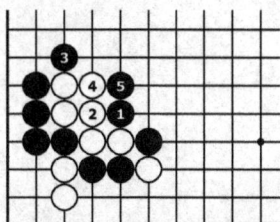

黑1打吃的方向正确，
至黑5，白棋被杀。

第15题

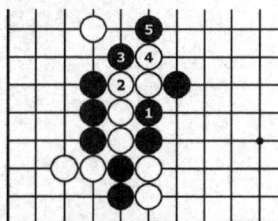

黑1打吃是好手，至黑
5，白棋被杀。

第16题

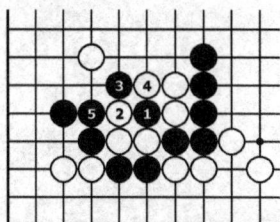

黑1断打是好手，白2
拐，至黑5，黑棋利用
滚打包收吃掉白棋。

第17题

黑1打吃的方向正确，
至黑5，白棋被杀。

第18题

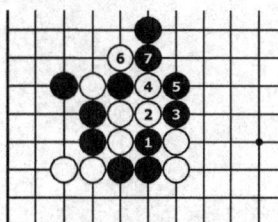

黑1冲是必然的下法，
至黑7，黑棋利用滚打
包收成功吃掉白棋。

第19题×	第20题×	第21题√
第22题×	第23题×	第24题×
第25题×	第26题×	第27题√
第28题√	第29题×	第30题√
第31题×	第32题×	第33题√
第34题×	第35题×	第36题×

1.2 宽征

第37题

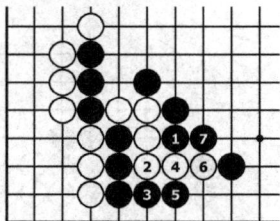

黑1贴是好手，白2跑，黑5爬的方向正确，至黑7，白棋被杀。

第38题

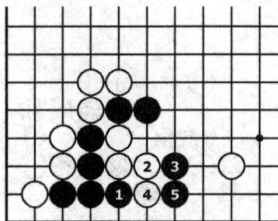

黑1拐是好手，至黑5，白棋被杀。

第39题

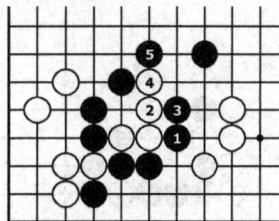

黑1扳是必然的下法，白2弯，黑3是好手，至黑5，白棋被杀。

第40题

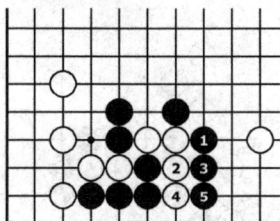

黑1扳只此一手，至黑5，白棋被杀。

第41题

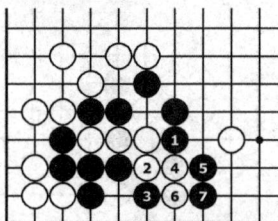

黑1贴是正确的下法，至黑7，白棋被杀。

第42题

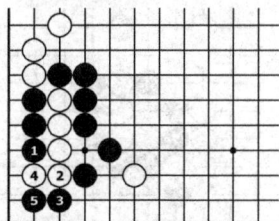

黑1爬是正确的下法，至黑5，白棋被杀。

第43题

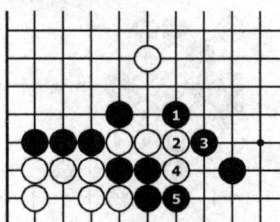

黑1跳是好手，白2冲，黑3扳，至黑5，白棋被杀。

第44题

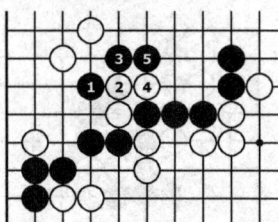

黑1跳是正确的下法，白2冲，黑3扳，至黑5，白棋被杀。

第45题

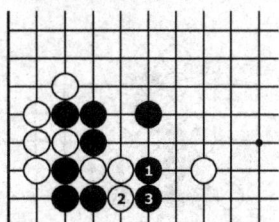

黑1靠是好手，白2拐，黑3贴，白棋被杀。

第46题

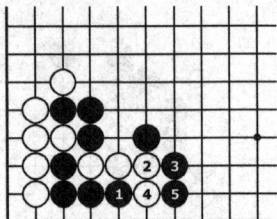

黑1爬是好手，白2跑，至黑5，白棋被杀。

第47题

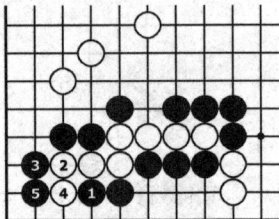

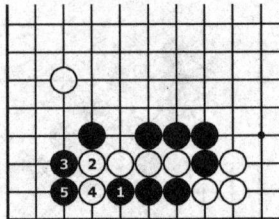

黑1爬的方向正确，白2冲，黑3扳，至黑5，白棋被杀。

第48题

黑1爬的方向正确，白2冲，黑3扳，至黑5，白棋被杀。

第49题

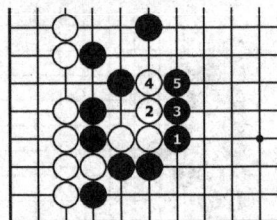

黑1扳是好手，白2弯，黑3贴，至黑5，白棋被杀。

第50题

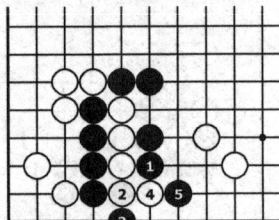

黑1贴的方向正确，白2跑，黑3扳是妙手，至黑5，白棋被杀。

第51题

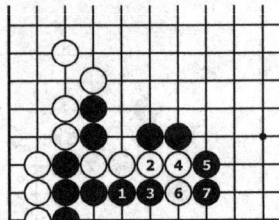

黑1爬的方向正确，至黑7，白棋被杀。

第52题

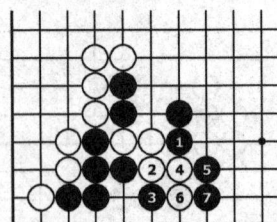

黑1贴是好手，白2拐，黑3扳，至黑7，白棋被杀。

第53题

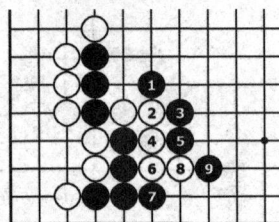

黑1跳是好手，白2冲，黑3扳，至黑9，白棋被杀。

第54题

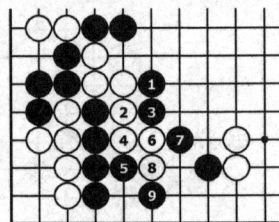

黑1靠是好手，白2跑，黑3贴的方向正确，至黑9，白棋被杀。

第55题

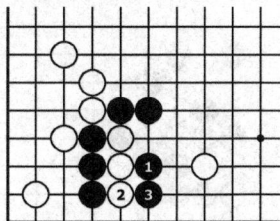

黑1夹是好手，白2跑，
黑3贴，白棋被杀。

第56题

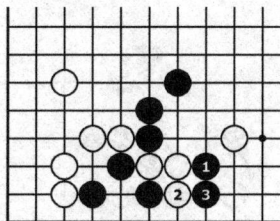

黑1靠是妙手，白2跑，
黑3贴，白棋被杀。

第57题

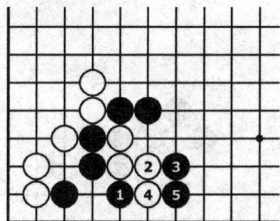

黑1虎是必然的下法，
白2弯，黑3靠是好手，
至黑5，白棋被杀。

第58题

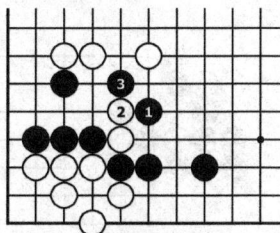

黑1跳是好手，白2跑，
黑3扳，白棋被杀。

第59题

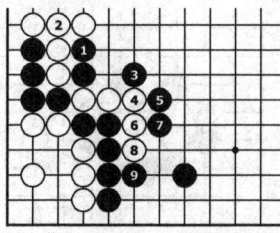

黑1打吃，黑3跳是好
手，白4冲，黑5扳，至
黑9，白棋被杀。

第60题

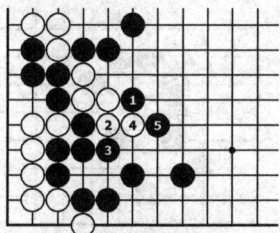

黑1靠是必然的下法，
至黑5，白棋被杀。

1.3 综合吃子手筋

第61题

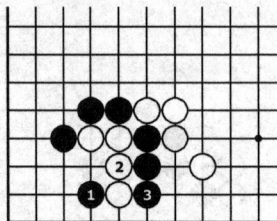

黑1靠是好手，白2粘，黑3贴，白棋被杀。

第62题

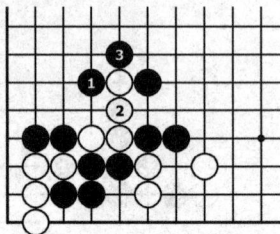

黑1夹是正确的下法，至黑3，白棋被杀。

第63题

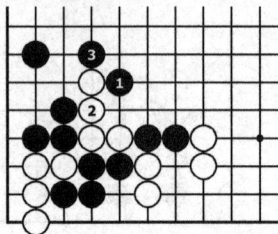

黑1靠是好手，白2粘，黑3扳，白棋被杀。

第64题

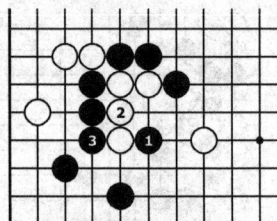

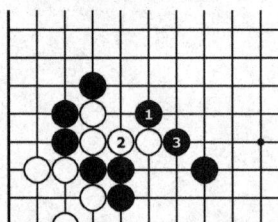

黑1靠是好手，至黑3，白棋被杀。

第65题

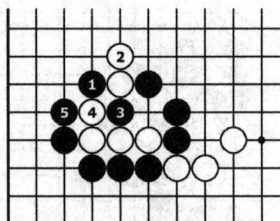

黑1夹是要点，白2长，黑3挖，至黑5，白棋被杀。

第66题

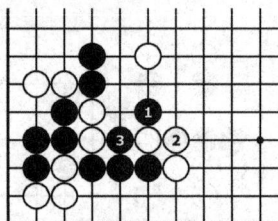

黑1夹是要点，白2粘，黑3冲，白棋被杀。

第67题

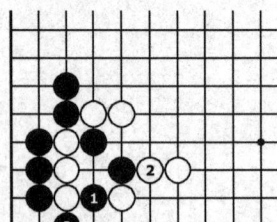

黑1挖是要点，至黑3，白棋被杀。

第68题

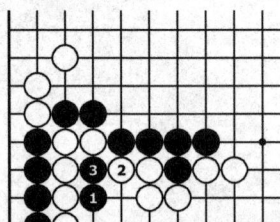

黑1靠是必然的下法，白2冲，黑3断，白棋被杀。

第69题

黑1靠是好手，至黑3，白棋被杀。

第70题

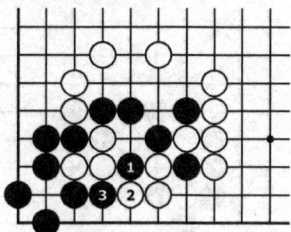

黑1挖是好手，至黑3，白棋被杀。

第71题

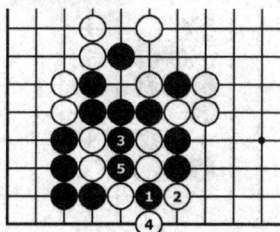

黑1挤是要点，白2打吃，至黑5，白棋被杀。

第72题

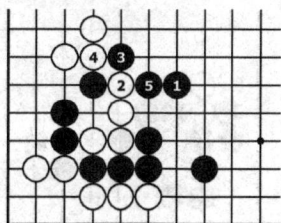

黑1小飞是要点，白2贴，黑3扳，至黑5，白棋被杀。

第73题

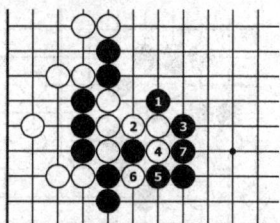

黑1靠是好棋，至黑7紧气，白棋被杀。

第74题

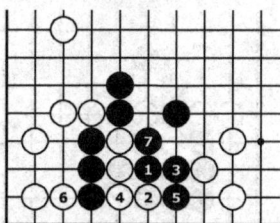

黑1夹，白2扳。黑3顶是好手，白棋无法连回，白棋被杀。

第75题

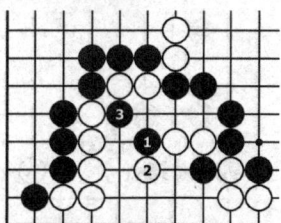

黑1靠，一箭双雕。白2只能做出取舍，至黑3断，是令黑棋满意的下法。

第76题

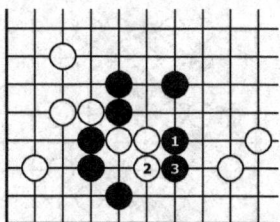

黑1靠是正确的下法，至黑3，白棋被杀。

第77题

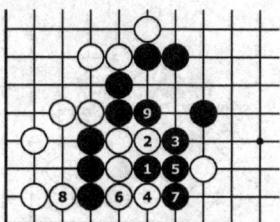

黑1夹是要点，白2冲，黑3扳，至黑9，白棋被杀。

第78题

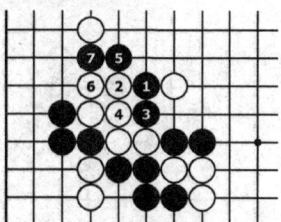

黑1靠是妙手，白2虎，至黑7，白棋被杀。

第79题

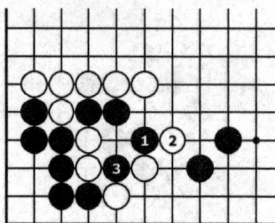

黑1小尖是突围的好手，至黑3，白棋二子被吃。

第80题

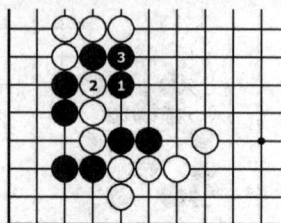

黑1小尖是好手，至黑3，白棋被杀。

第81题

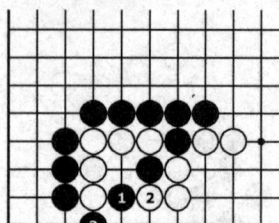

黑1小尖是局部紧气的好手，至黑3，白棋被杀。

第82题

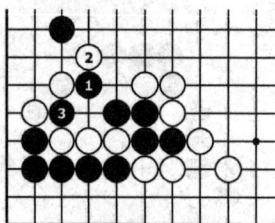

黑1小尖是突围的好手，至黑3，白棋被杀。

第83题

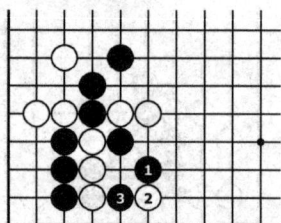

黑1小尖是局部封锁的好手，至黑3，白棋被杀。

第84题

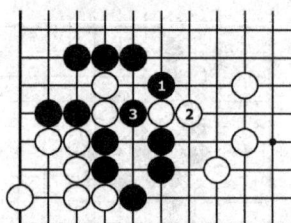

黑1小尖是正确的下法，至黑3，白棋被杀。

第85题

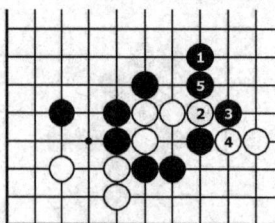

黑1小飞是要点，白2贴，黑3扳，至黑5，白棋被杀。

第86题

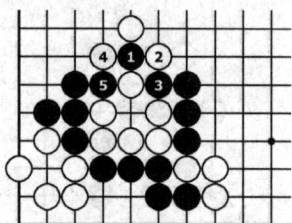

黑1挖是妙手，至黑5，形成"乌龟不出头"的棋形，白棋被杀。

第87题

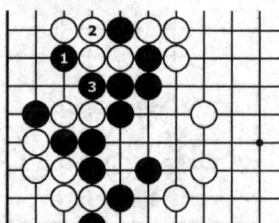

黑1挤利用了白棋气紧的缺陷，至黑3，黑棋突围成功。

第88题

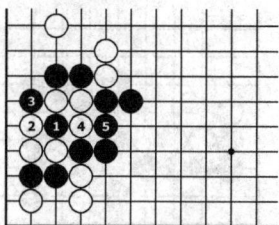

黑1挖是正确的下法，白2打吃，至黑5，白棋被杀。

第89题

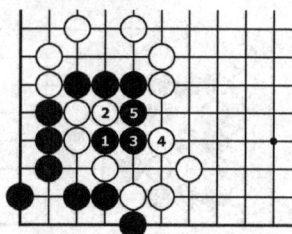

黑1挤利用了白棋气紧的缺陷，至黑5，白棋被杀。

第90题

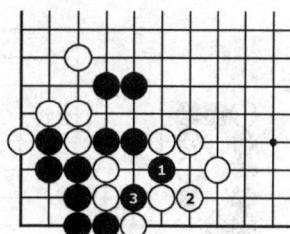

黑1挖是好手，白2退，黑3扑，白棋被杀。

第91题

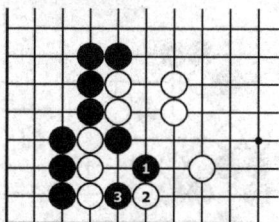

黑1小尖是正确的下法，白2托，黑3挖，白棋被杀。

第92题

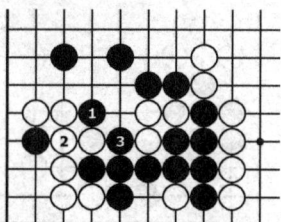

黑1挤是好手，至黑3，白棋被杀。

第93题

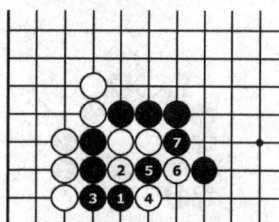

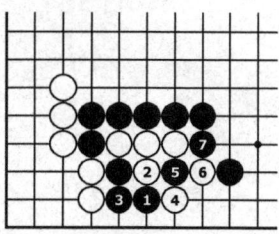

黑1小尖是局部延气的好手，至黑7，白棋被杀。

第94题

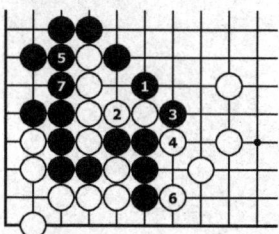

黑1小尖是封锁的好手，至黑7，白棋被杀。

第95题

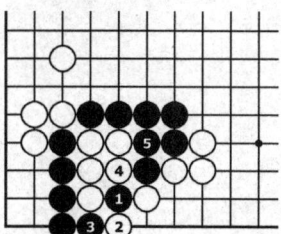

黑1挖是妙手，白2打吃，至黑5，白棋被杀。

第96题

黑1小尖是局部延气的好手，至黑7，白棋被杀。

第97题

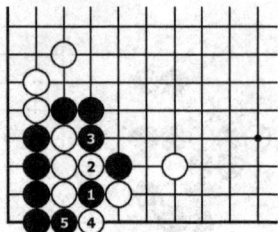

黑1挖是好手，白2打吃，至黑5，白棋被杀。

第98题

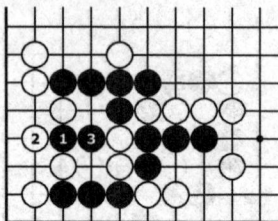

黑1挖是要点，至黑3，白棋被杀。

第99题

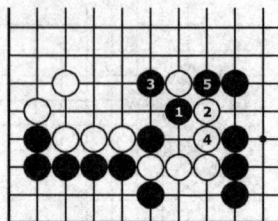

黑1小尖是突围的好手，至黑5，白棋被杀。

第100题

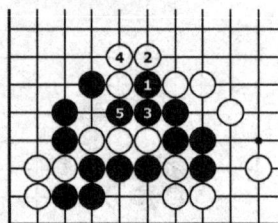

黑1挖是正确的下法，白2打吃，至黑5，白棋被杀。

第101题

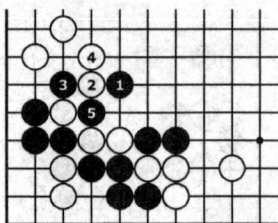

黑1小飞是要点，至黑5，白棋被杀。

第102题

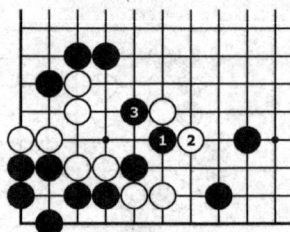

黑1小尖是突围的好手，至黑3，白棋被杀。

1.4 滚打包收

第103题

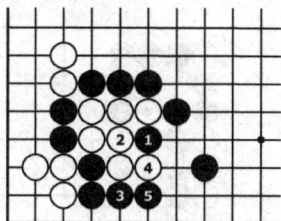

黑1打吃是必然的下法，白2跑，至黑5，白棋被杀。

第104题

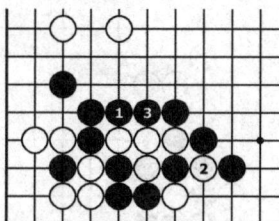

黑1拐吃是正确的下法，至黑3，白棋被杀。

第105题

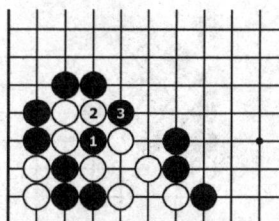

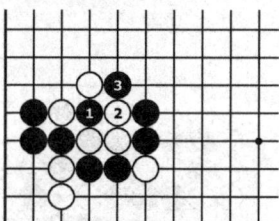

黑1扑是紧气的好手，至黑3，白棋被杀。

第106题

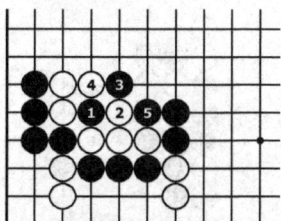

黑1断是好手，白2打吃，黑3反打是好手，至黑5，白棋被杀。

第107题

黑1扑是紧气的好手，至黑3，白棋被杀。

第108题

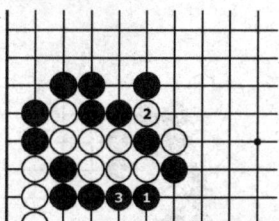

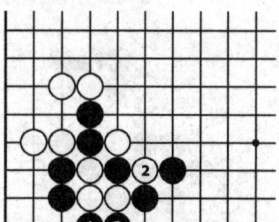

黑1打吃是正确的下法，至黑3，白棋被杀。

第109题

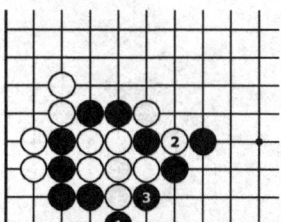

黑1打吃是好手，至黑3，白棋被杀。

第110题

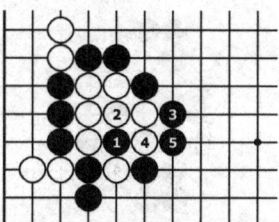

黑1打吃是好手，白2粘，至黑5，白棋被杀。

第111题

黑1打吃是正确的下法，至黑3，白棋被杀。

第112题

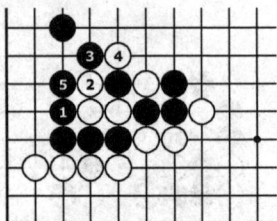

黑1拐吃是方向正确的下法，白2跑，至黑5，白棋被杀。

第113题

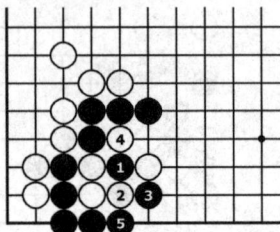

黑1挖打是好手，白2跑，至黑5，白棋被杀。

第114题

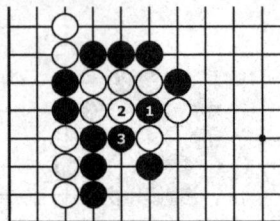

黑1扑是紧气的好手，至黑3，白棋被杀。

第115题

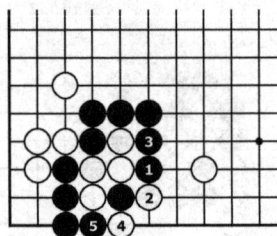

黑1扳是要点，白2打吃，至黑5，白棋被杀。

第116题

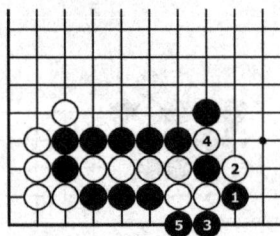

黑1连扳是好手，至黑5，黑棋利用"滚打包收"成功吃掉白棋。

第117题

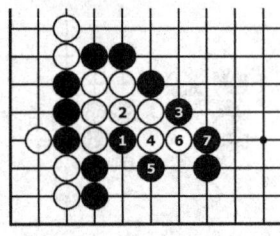

黑1打吃是正确的下法，白2粘，至黑7，白棋被杀。

第118题

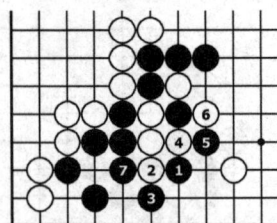

黑1跳是妙手，至黑7，黑棋利用"滚打包收"吃掉白棋。

第119题

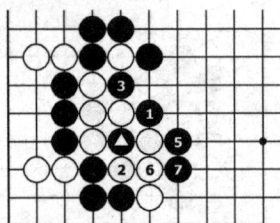

④ = ▲

黑1断打是必然的下法，白2提，至黑7，白棋的气不够。

第120题

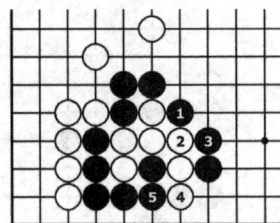

黑1打吃是好手，白2粘，至黑5，白棋被杀。

第121题

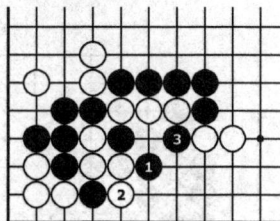

黑1打吃是好手，白2跑，至黑3，白棋被吃。

第122题

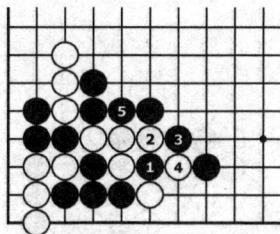

黑1断是正确的下法，白2冲，黑3挡，至黑5，白棋被杀。

第123题

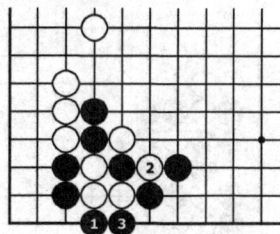

黑1打吃是好手，至黑3，白棋被杀。

第124题

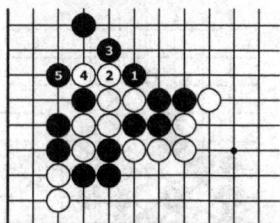

黑1打吃的方向正确，白2拐，至黑5，白棋被杀。

第125题

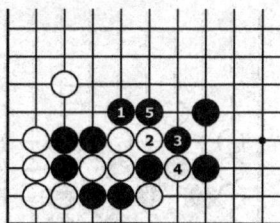

黑1打吃是必然的下法，白2拐吃，至黑5，白棋被杀。

第126题

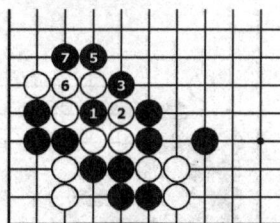

④＝❶

黑1扑是紧气的好手，白2提，至黑7，白棋的气不够。

1.5 接不归

第127题

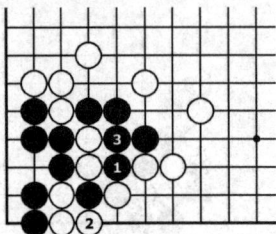

黑1扑是好手，至黑3，白棋接不归。

第128题

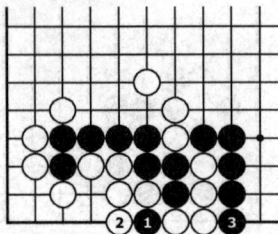

黑1扑是正确的下法，至黑3，白棋接不归。

第129题

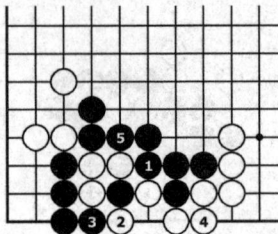

黑1打吃是要点，白2提，至黑5，白棋被杀。

第130题

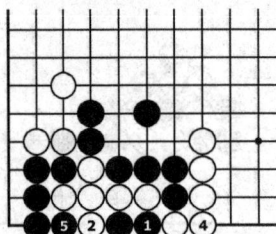

❸ = ❶

黑1扑是好手，白2提，至黑5，白棋被杀。

第131题

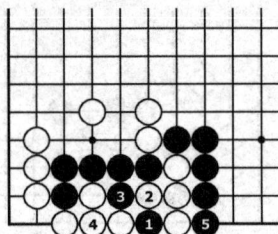

黑1扑是正确的下法，白2提，至黑5，白棋被杀。

第132题

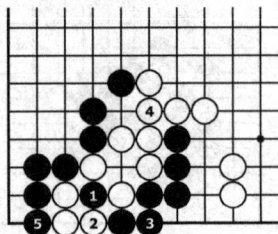

黑1扑是必然的下法，白2提，至黑5，白棋接不归。

第133题

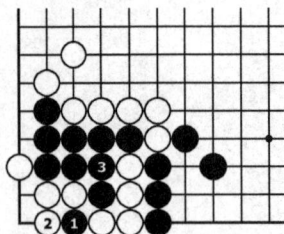

黑1扑是要点，白2提，黑3打吃，白棋接不归。

第134题

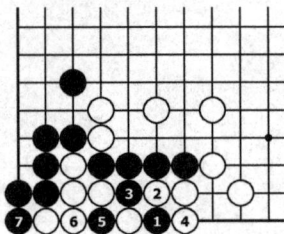

黑1靠是好手，白2冲，至黑7，白棋被吃。

第135题

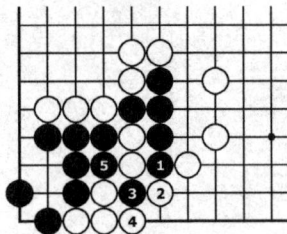

黑1冲是好手，白2挡，黑3扑是要点，至黑5，白棋被杀。

第136题

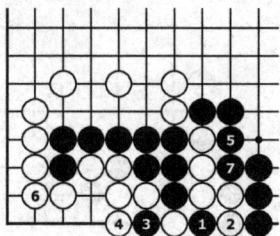

黑1扑是好次序，白2提，至黑7，白棋被杀。

第137题

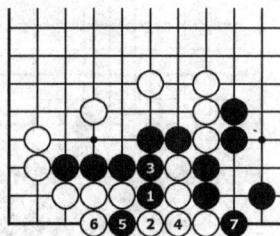

黑1挖是好手，白2打吃，黑5扑是要点，至黑7，白棋接不归。

第138题

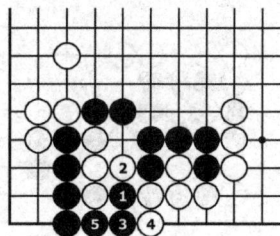

黑1挖是正确的下法，白2打吃，至黑5，白棋被杀。

第139题

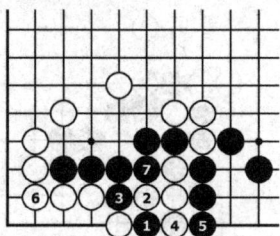

黑1靠是要点，白2打吃，至黑7，白棋被杀。

第140题

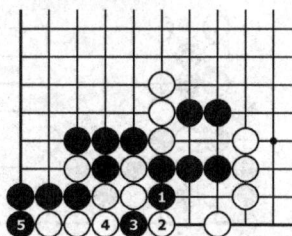

黑1挡是要点，至黑5，白棋接不归。

第141题

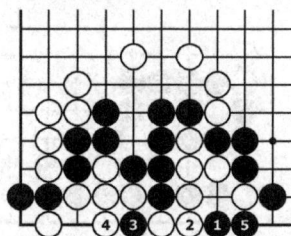

黑1点是正确的下法，白2粘，黑3扑是好次序，至黑5，白棋被杀。

第142题

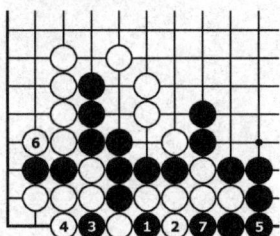

黑1扑是好次序，白2提，黑3再扑，至黑7，白棋被杀。

第143题

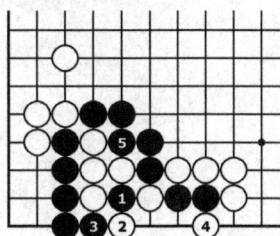

黑1扑是要点，至黑5，白棋被杀。

第144题

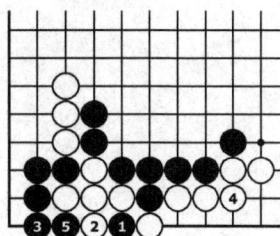

黑1扑是好次序，至黑5，白棋被杀。

第145题

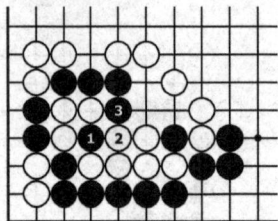

黑1扑是好手，至黑3，
白棋被杀。

第146题

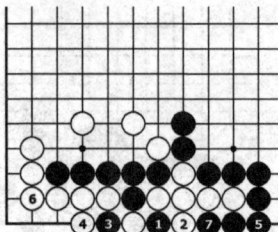

黑1扑是好手，白2提，
黑3再扑，至黑7，白棋
被杀。

第147题

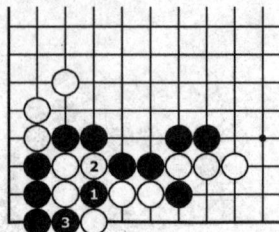

黑1扑是要点，至黑3，
白棋接不归。

第148题

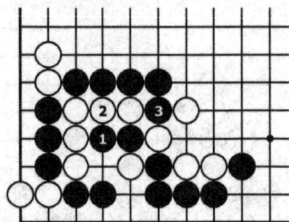

黑1长是好手，白2粘，
黑3断吃，白棋接不归。

第149题

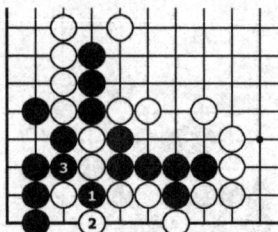

黑1扑是好手，白2提，
黑3打吃，白棋接不归。

第150题

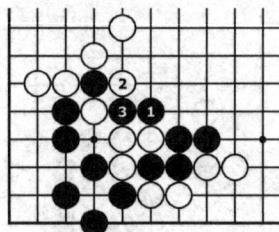

黑1扳是好手，白2提，
黑3打吃，白棋被杀。

1.6 利用气紧

第151题

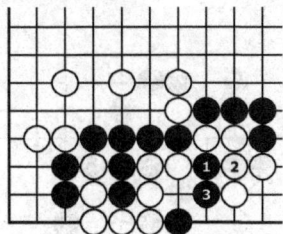

黑1打吃是好手，白2粘，黑3长，白棋被杀。

第152题

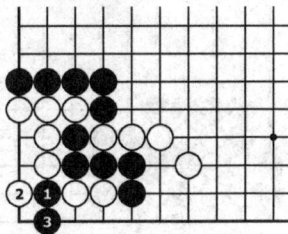

黑1断是正确的下法，至黑3，白棋被杀。

第153题

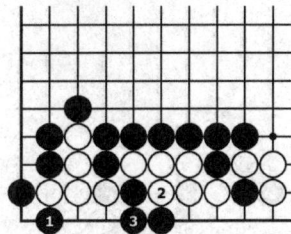

黑1扳的方向正确，至黑3，白棋被杀。

第154题

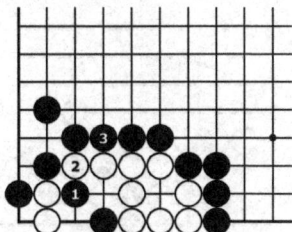

黑1扳是要点，至黑3，白棋被杀。

第155题

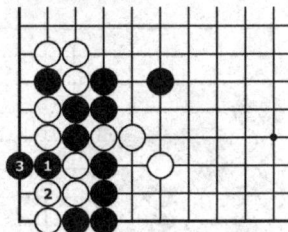

黑1断吃是要点，至黑3，白棋被杀。

第156题

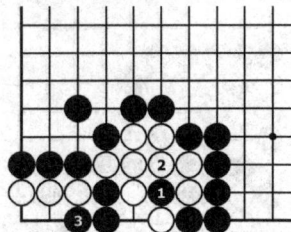

黑1扑是好手，至黑3，白棋被杀。

第157题

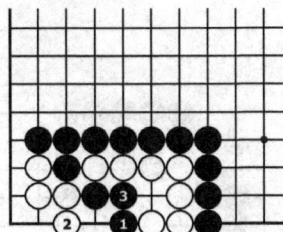

黑1小尖是要点，至黑3，白棋被杀。

第158题

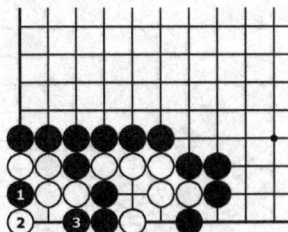

黑1扑是要点，至黑3，白棋被杀。

第159题

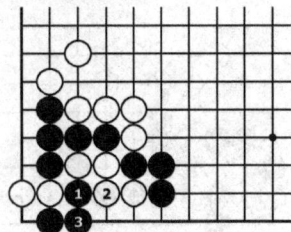

黑1断打是正确的下法，至黑3，白棋被杀。

第160题

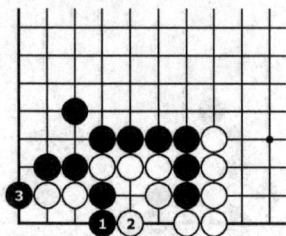

黑1立是好手，白2小尖，黑3扳，白棋被杀。

第161题

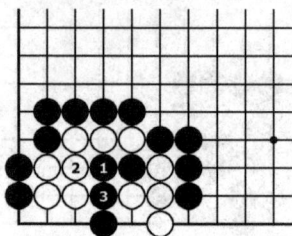

黑1打吃是必然的下法，白2粘，黑3粘，白棋被杀。

第162题

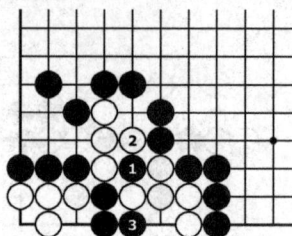

黑1扑是要点，白2提，黑3拐，白棋被杀。

第163题

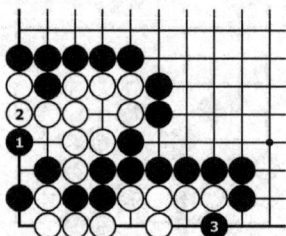

黑1小尖是正确的下法，至黑3，白棋被杀。

第164题

③ = ●

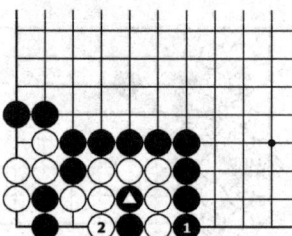

黑1挡是好手，白2提，黑3扑，白棋被杀。

第165题

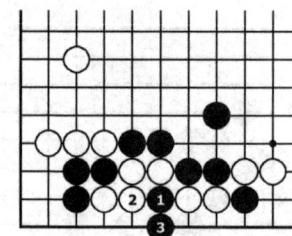

黑1断吃是要点，至黑3，白棋被杀。

第166题

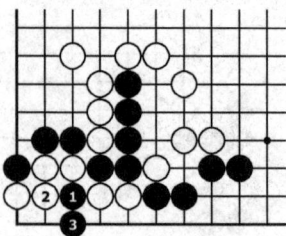

黑1断吃是好手，白2粘，黑3立，白棋被杀。

第167题

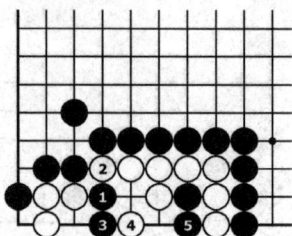

黑1扳是必然的下法，白2断，至黑5，白棋被杀。

第168题

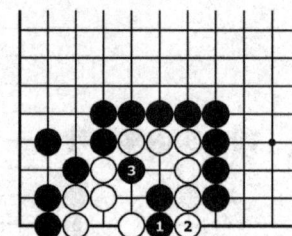

黑1挡是正确的下法，至黑3，白棋被杀。

第169题

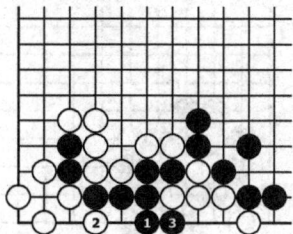

黑1立是好手，白2扳，黑3拐，白棋被杀。

第170题

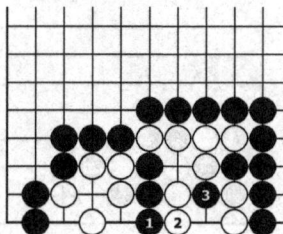

黑1立是必然的下法，白2挡，黑3靠是好手，白棋被杀。

第171题

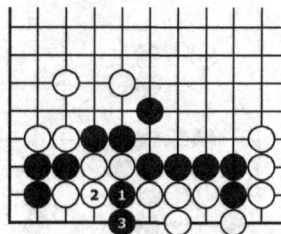

黑1断吃是要点，至黑3，白棋被杀。

第172题

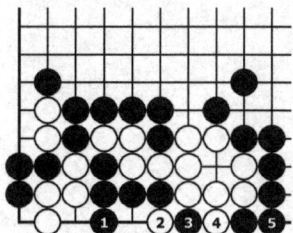

黑1立是好手，白2扳，黑3扑，至黑5，白棋被杀。

第173题

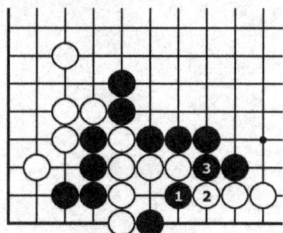

黑1小尖只此一手，白2顶，黑3断，白棋被杀。

第174题

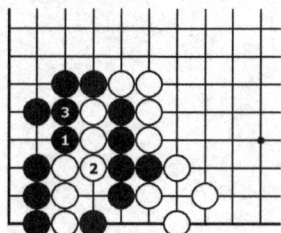

黑1挤是好手，白2粘，黑3紧气，白棋被杀。

第175题

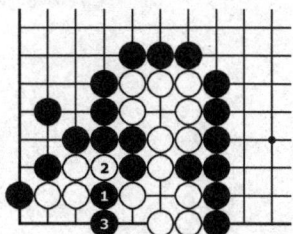

黑1挖是好手，白2打吃，黑3立，白棋被杀。

第176题

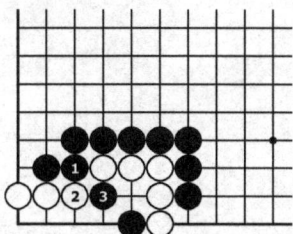

黑1团是要点，白2挡，黑3断，白棋被杀。

第177题

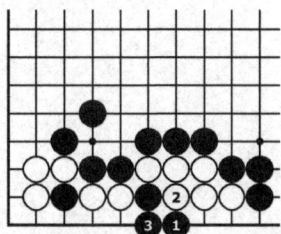

黑1小尖是要点，至黑3，白棋被杀。

第178题

第179题

第180题

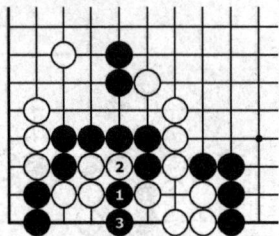

黑1挖是正确的下法，
至黑3，白棋被杀。

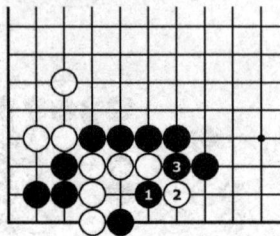

黑1小尖是要点，白2扳，
黑3断，白棋被杀。

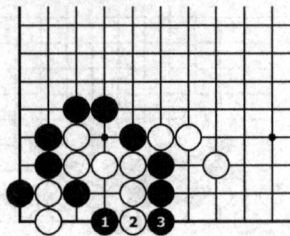

黑1小尖是好手，白2挡，
黑3紧气，白棋被杀。

综合测试

第181题 ×	第182题 √	第183题 ×
第184题 ×	第185题 √	第186题 ×

第187题

黑1夹是正确的下法，白2粘，黑3夹，白棋被杀。

第188题

黑1靠是好手，白2冲，至黑5，白棋被杀。

第189题

黑1靠是要点，白2虎，黑3打吃，白棋被杀。

第190题

黑1靠是好手，白2扳，黑3打吃，白棋被杀。

第191题

黑1夹是正确的下法，白2立，黑3挡，至黑5，白棋被杀。

第192题

黑1夹只此一手，白2立，黑3挡，白棋被杀。

第193题

第194题

第195题

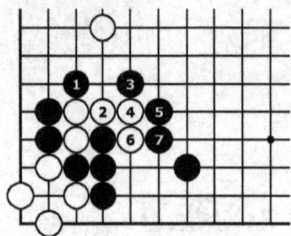

黑1打吃是必然的下法，白2跑，黑3跳枷是好手，至黑7，白棋被杀。

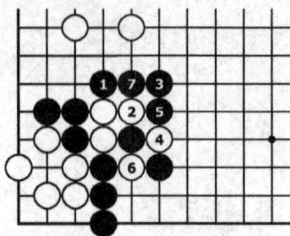

黑1、黑3先打吃再枷是连贯的好手，至黑7，白棋被杀。

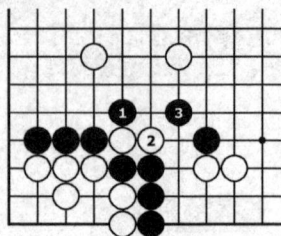

黑1打吃是必然的下法，白2跑，黑3小尖是好手，白棋被杀。

第196题

第197题

第198题

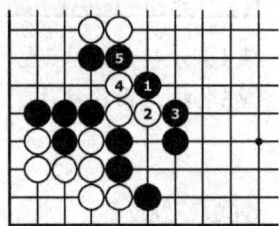

黑1枷是正确的下法，至黑5，白棋被杀。

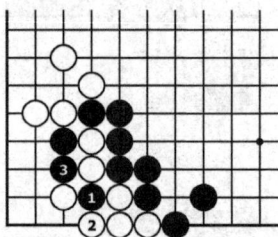

黑1扑是好手，白2提，黑3打吃，白棋接不归。

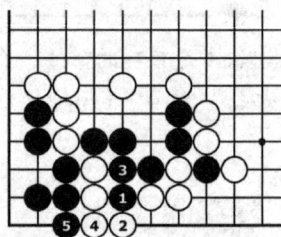

黑1挖只此一手，白2打吃，至黑5，白棋接不归。

第199题

第200题

第201题

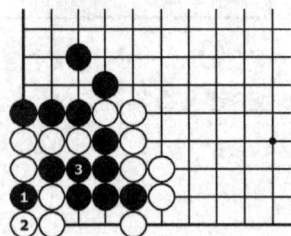

黑1扑是正确的下法，至黑3，白棋被杀。

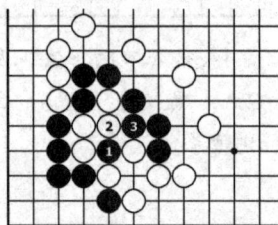

黑1扑只此一手，白2提，黑3打吃，白棋被杀。

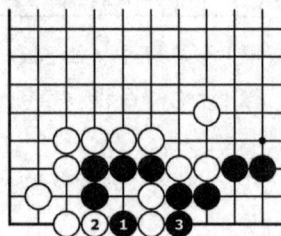

黑1小尖是要点，至黑3，白棋被杀。

第202题

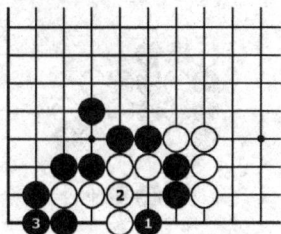

黑1小尖是正确的下法，白2粘，黑3拐，白棋的气不够。

第203题

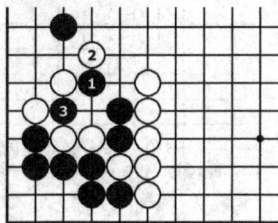

黑1小尖是突围的好手，至黑3，黑成功吃掉白两子。

第204题

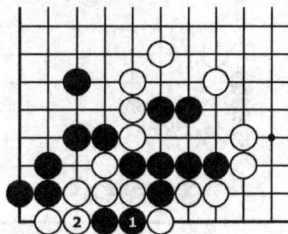

❸ = ❶

黑1扑是正确的下法，白2提，黑3再扑，白棋接不归。

第205题

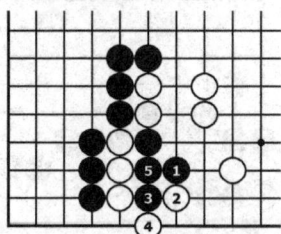

黑1小尖是正确的下法，白2托，黑3挖，至黑5，白棋被杀。

第206题

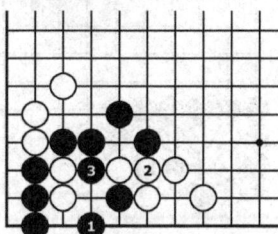

黑1小尖是妙手，白2接，黑3冲，白棋被杀。

第207题

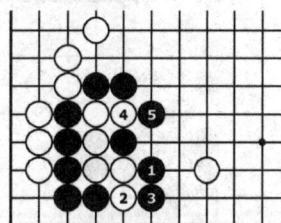

黑1扳是好手，白2拐，黑3贴，至黑5，白棋被杀。

第208题

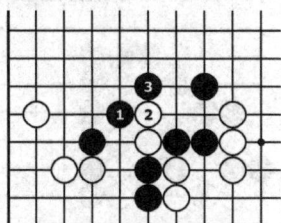

黑1小尖是正确的下法，至黑3，白棋被杀。

第209题

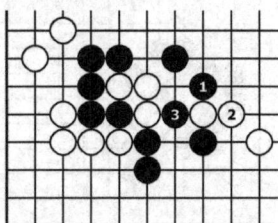

黑1小尖是好手，白2退，黑3挖，白棋被杀。

第210题

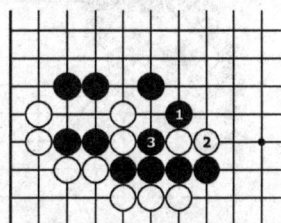

黑1小尖是必然的下法，至黑3，白棋被杀。

第211题

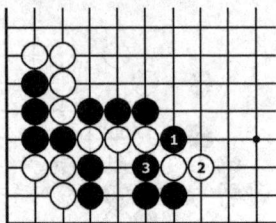

黑1挤是好手，至黑3，
白棋被杀。

第212题

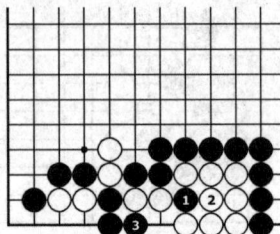

黑1扑是要点，至黑3，
白棋的两边不入气。

第213题

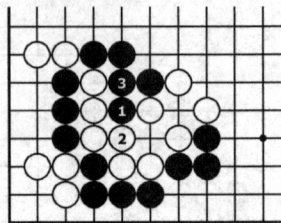

黑1挖只此一手，至黑
3，白棋接不归。

第214题

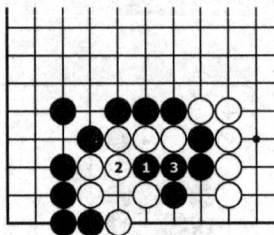

黑1挖是好手，至黑3，
白棋接不归。

第215题

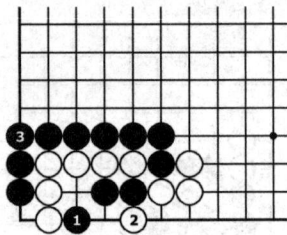

黑1小尖是要点，白2扳，
黑3粘，白棋的气不够。

第216题

⑤ = ▲

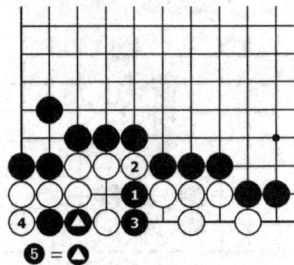

黑1扳只此一手，白2断，
至黑5，白棋被杀。

第217题

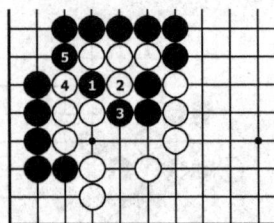

黑1挖是正确的下法，
白2打吃，至黑5，白棋
接不归。

第218题

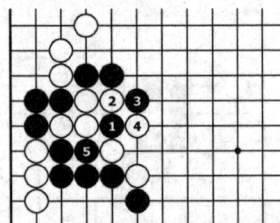

黑1挤是好手，白2打
吃，至黑5，白棋被杀。

第219题

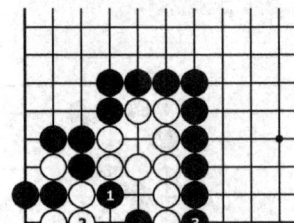

黑1打吃是正确的下法，
至黑3，白棋的两边不
入气。

第220题

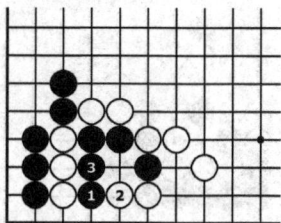

黑1夹是要点，白2顶，黑3粘，白棋被杀。

第221题

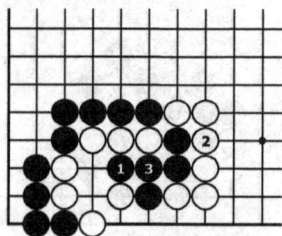

黑1挖是正确的下法，至黑3，白棋接不归。

第222题

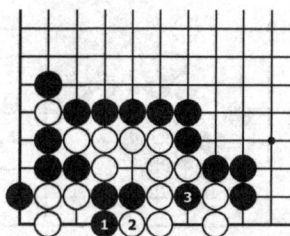

黑1立只此一手，白2紧气，黑3扑，白棋被杀。

第223题

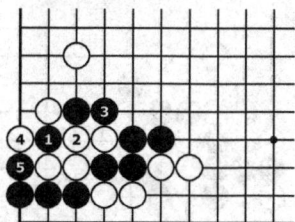

黑1挖是正确的下法，白2打吃，至黑5，白棋接不归。

第224题

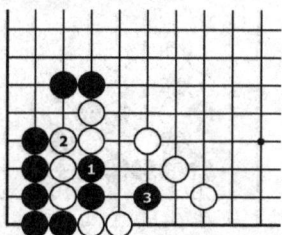

黑1、黑3先打吃再跳是连贯手筋，白棋被杀。

第225题

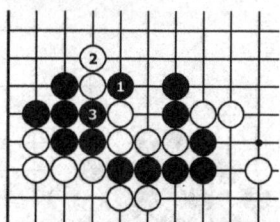

黑1挤是必然的下法，白2长，黑3断，白棋被杀。

第226题

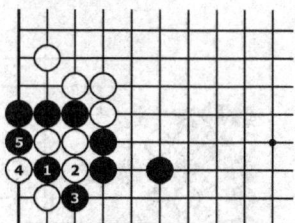

黑1挖是紧气的好手，白2打吃，至黑5，白棋被杀。

第227题

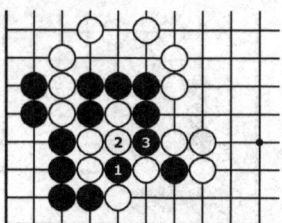

黑1扑是正确的下法，白2打吃，至黑3，白棋接不归。

第228题

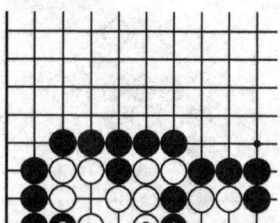

黑1立是要点，至黑3，白棋被杀。

第229题

第230题

第231题

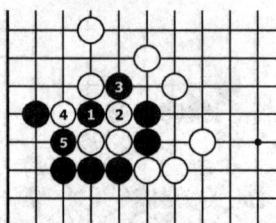

黑1挖是好手，白2打
吃，至黑5，白棋被杀。

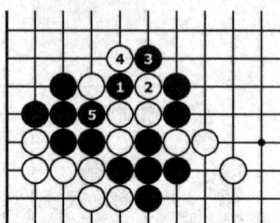

黑1挤是要点，至黑5，
白棋被杀。

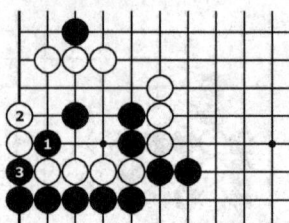

黑1挤是正确的下法，
至黑3，白棋被杀。

第232题

第233题

第234题

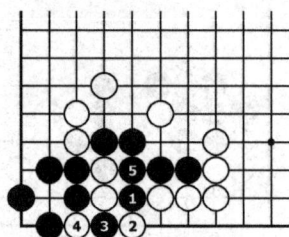

黑1挖只此一手，白2
打吃，至黑5，白棋接
不归。

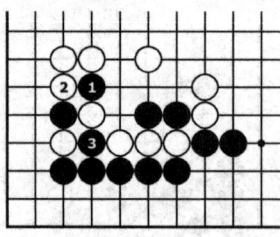

黑1挖是妙手，白2打
吃，黑3断打，白棋接
不归。

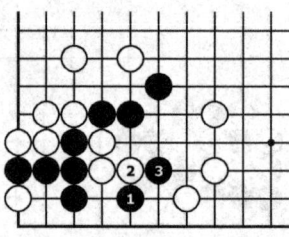

黑1跳是好手，至黑3，
白棋被杀。

第235题

第236题

第237题

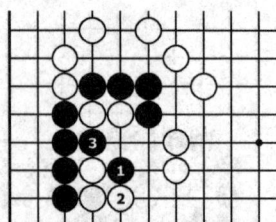

黑1靠是妙手，白2拐，
黑3冲，白棋二子被吃。

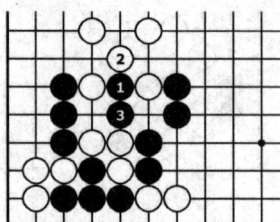

黑1挖是要点，至黑3，
白棋被杀。

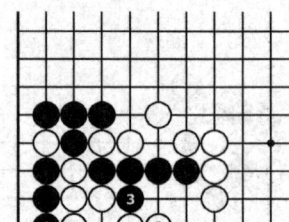

黑1挡是要点，至黑3，
白棋接不归。

第238题

第239题

第240题

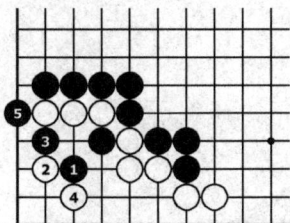

黑1小尖是好手，白2托，黑3挖，至黑5，白棋被杀。

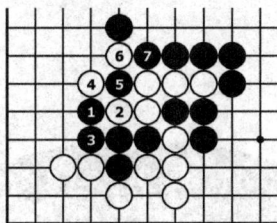

黑1小尖是正确的下法，白2打吃，至黑7，白棋被杀。

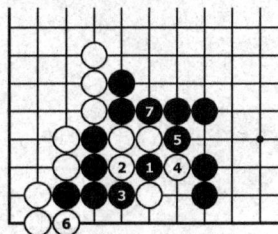

黑1挖是紧气是好手，白2打吃，至黑7，白棋的气不够。

第二章
攻击与防守的手筋

2.1 联络

第241题

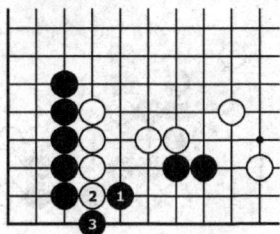

黑1跳是正确的下法，至黑3，黑棋成功联络。

第242题

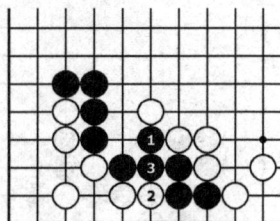

黑1虎只此一手，至黑3，黑棋安全联络。

第243题

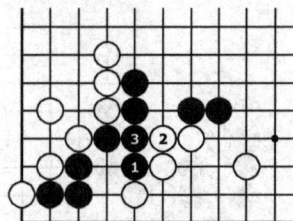

黑1虎是要点，白2团，黑3粘，黑棋成功联络。

第244题

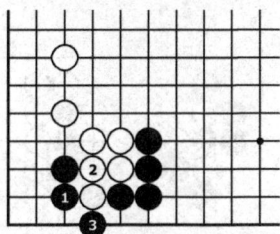

黑1夹是正确的下法，至黑3，黑棋成功联络。

第245题

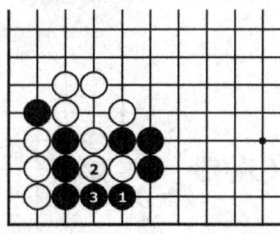

黑1打吃是正确的下法，至黑3，黑棋成功联络。

第246题

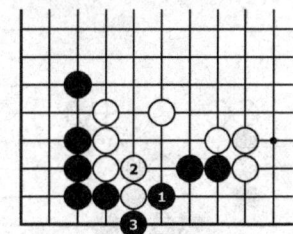

黑1小尖是好手，至黑3，黑棋成功联络。

第247题

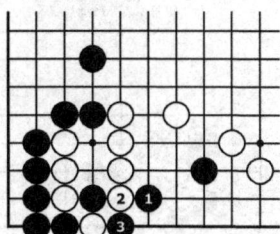

黑1跳是要点，至黑3，黑棋成功联络。

第248题

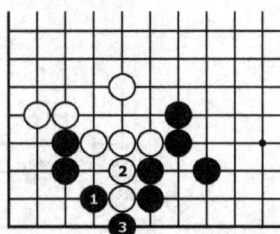

黑1小尖是正确的下法，至黑3，黑棋成功联络。

第249题

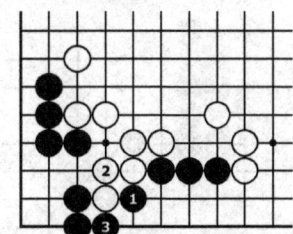

黑1挤是好手，至黑3，黑棋成功联络。

第250题

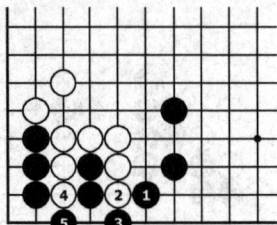

黑1小尖是好手，白2冲，至黑5，黑棋成功联络。

第251题

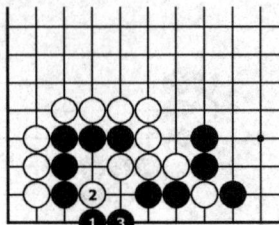

黑1小尖是要点，至黑3，黑棋成功联络。

第252题

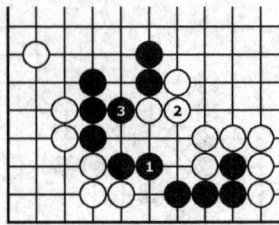

黑1退是必然的下法，至黑3，黑棋成功联络。

第253题

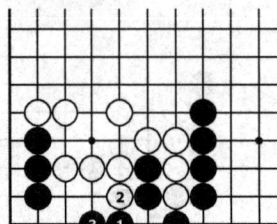

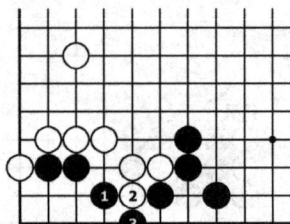

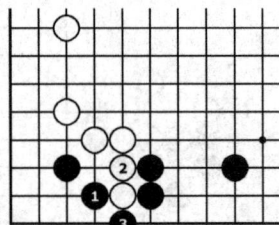

黑1小尖是正确的下法，至黑3，黑棋成功联络。

第254题

黑1小尖是正确的下法，至黑3，黑棋成功联络。

第255题

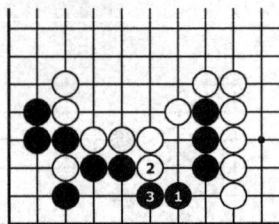

黑1小尖是好手，至黑3，黑棋成功联络。

第256题

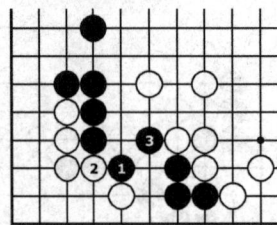

黑1小尖是棋形要点，至黑3，黑棋成功联络。

第257题

黑1小尖是正确的下法，至黑3，黑棋成功联络。

第258题

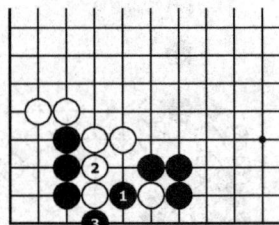

黑1打吃是好手，至黑3，黑棋成功联络。

第259题

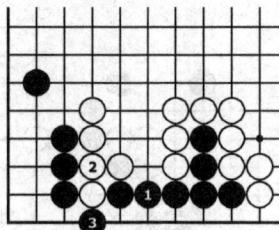

黑1接只此一手，至黑3，黑棋成功联络。

第260题

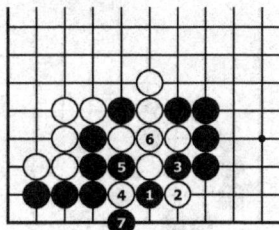

黑1托是好手，白2扳，至黑7，黑棋成功联络。

第261题

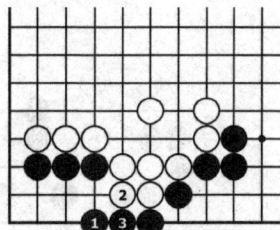

黑1跳是棋形要点，至黑3，黑棋成功联络。

第262题

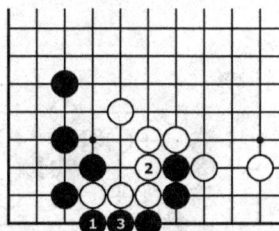

黑1扳是必然的下法，至黑3，黑棋成功联络。

第263题

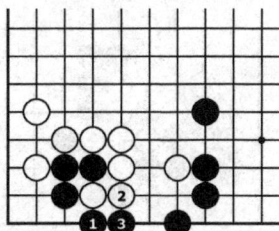

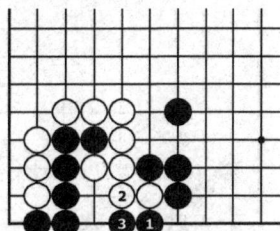

黑1打吃是正确的下法，至黑3，黑棋成功联络。

第264题

黑1打吃是正确的下法，至黑3，黑棋成功联络。

第265题

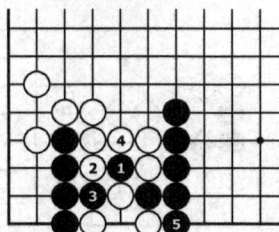

黑1断是好手，白2打吃，至黑5，黑棋成功联络。

第266题

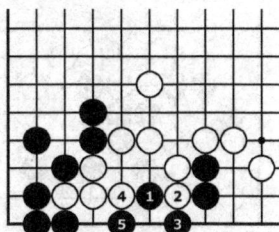

黑1跳是正确的下法，白2冲，至黑5，黑棋成功联络。

第267题

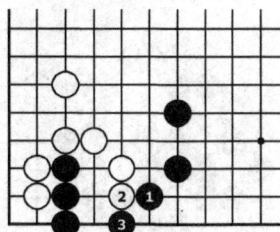

黑1小尖是好手，至黑3，黑棋成功联络。

第268题

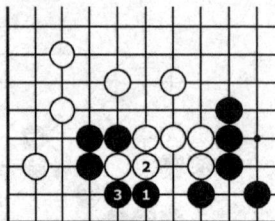

黑1跳是要点，至黑3，黑棋成功联络。

第269题

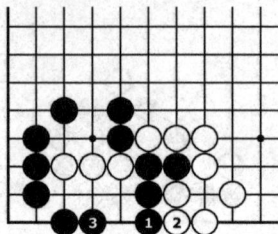

黑1立是正确的下法，至黑3，黑棋成功联络。

第270题

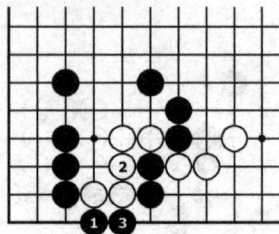

黑1扳是好手，至黑3，黑棋成功联络。

第271题

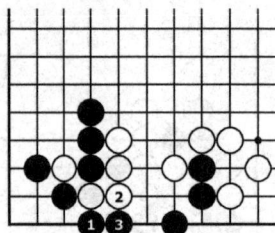

黑1打吃是好手，至黑3，黑棋成功联络。

第272题

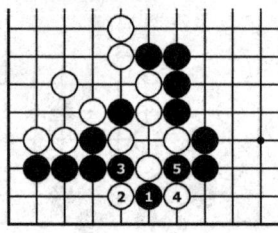

黑1托是要点，白2扳，至黑5，黑棋成功联络。

第273题

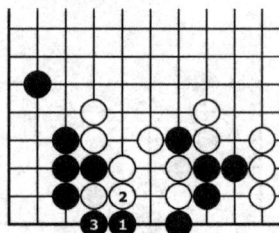

黑1跳是正确的下法，至黑3，黑棋成功联络。

第274题

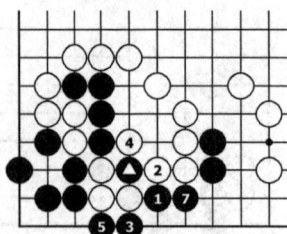

⑥ = ▲

黑1连扳是好手，白2打吃，黑3滚打，至黑7，黑棋成功联络。

第275题

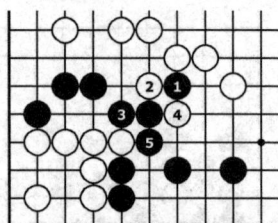

黑1小尖是要点，白2挤，黑3退，至黑5，黑棋成功联络。

第276题

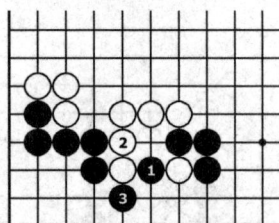

黑1打吃是正确的下法，至黑3，黑棋成功联络。

2.2 出头

第277题

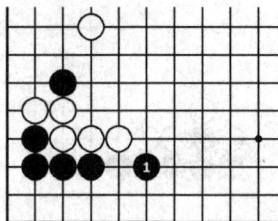

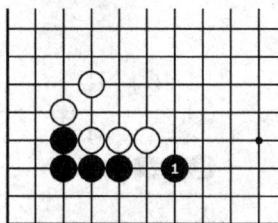

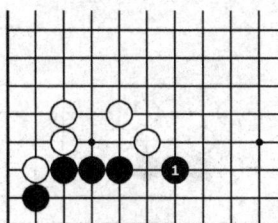

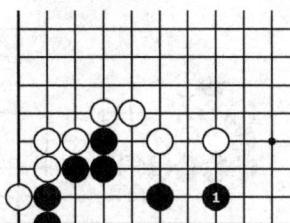

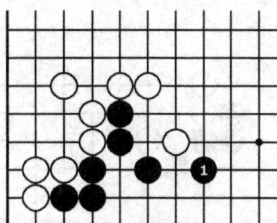

黑1跳是出头的好手。

第278题

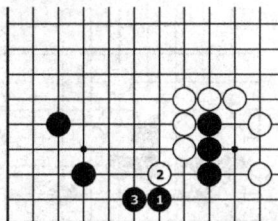

黑1小飞是好手，至黑3，黑棋成功出头。

第279题

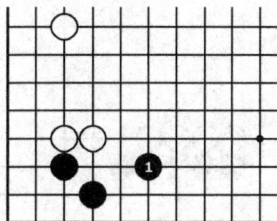

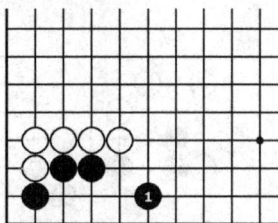

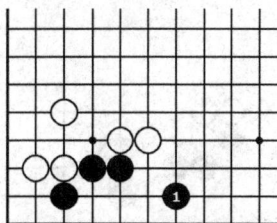

黑1小飞是出头的好手。

第280题

黑1跳是出头的好手。

第281题

黑1小飞是出头的好手。

第282题

黑1小飞是出头的好手。

第283题

黑1跳是出头的好手。

第284题

黑1跳是出头的好手。

第285题

黑1跳是出头的好手。

第286题

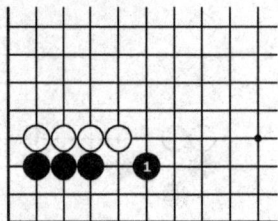

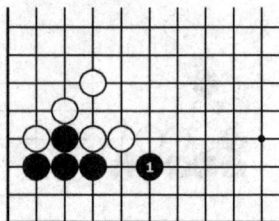

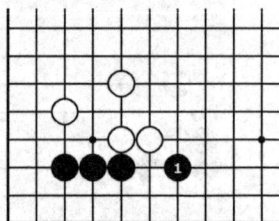

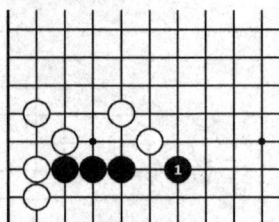

黑1跳是出头的好手。

第287题

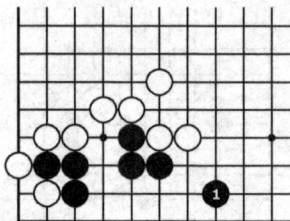

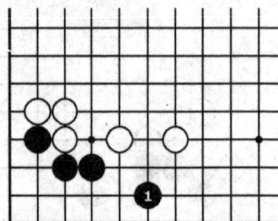

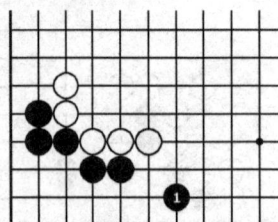

黑1小飞是出头的好手。

第288题

黑1跳是出头的好手。

第289题

黑1小飞是出头的好手。

第290题

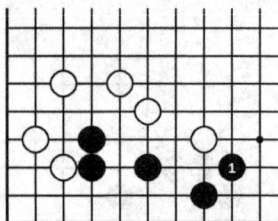

黑1小尖是出头的好手。

第291题

黑1跳是出头的好手。

第292题

黑1小飞是出头的好手。

第293题

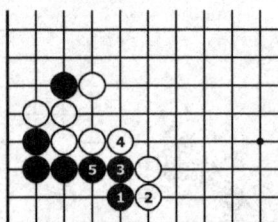

黑1小飞是出头的好手，
白2挡，至黑5，黑棋
活角。

第294题

黑1跳是出头的好手。

第295题

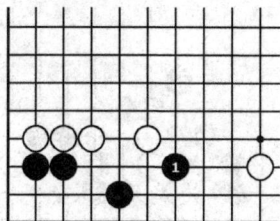

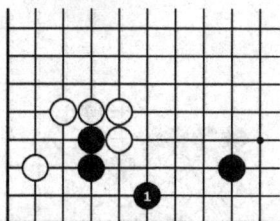

黑1小飞是出头的好手。

第296题

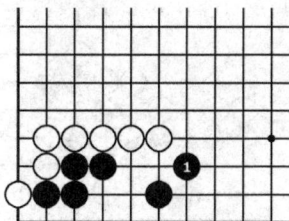

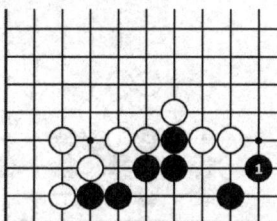

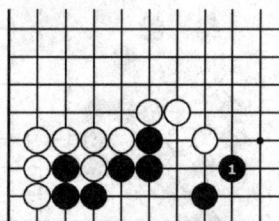

黑1小尖是出头的好手。

第297题

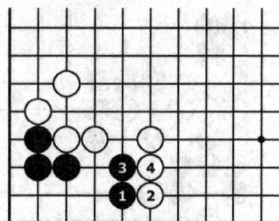

黑1小飞是好手，白2靠，至白4，黑棋活角。

第298题

黑1小飞是出头的好手。

第299题

黑1小尖是出头的好手。

第300题

黑1小尖是出头的好手。

2.3 分断

第301题

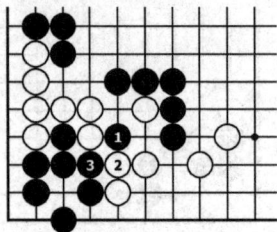

黑1靠是好手，至黑3，白棋被分断。

第302题

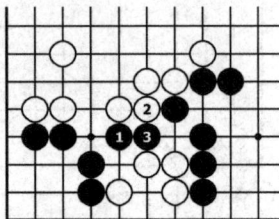

黑1小尖是正确的下法，至黑3，白棋被分断。

第303题

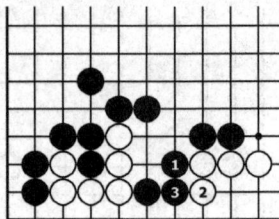

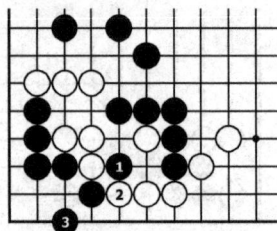

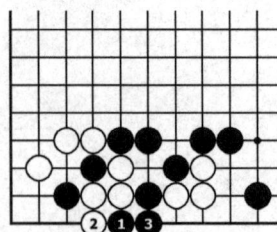

黑1扳是好手，至黑3，白棋被分断。

第304题

黑1扳是好手，至黑3，白棋被分断。

第305题

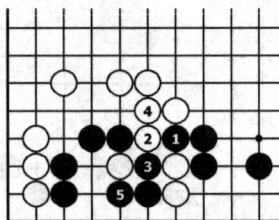

黑1冲是必然的下法，白2挖，至黑5，白棋被分断。

第306题

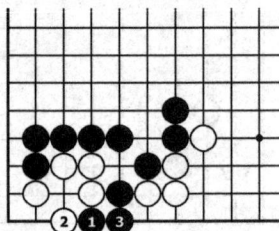

黑1扳是正确的下法，至黑3，白棋被分断。

第307题

黑1扳是好手，至黑3，白棋被分断。

第308题

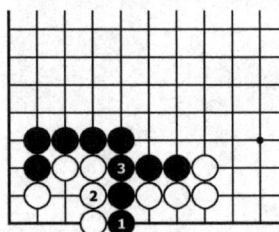

黑1挡是好手，至黑3，白棋被分断。

第309题

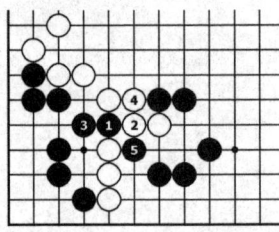

黑1挖断是好手，白2打吃，至黑5，白棋被分断。

第310题

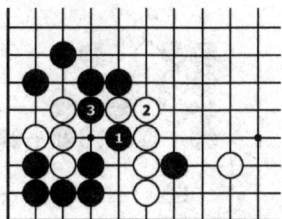

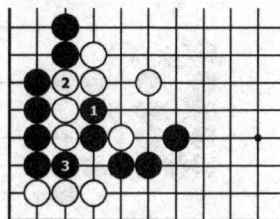

黑1挤是好手，至黑3，白棋被分断。

第311题

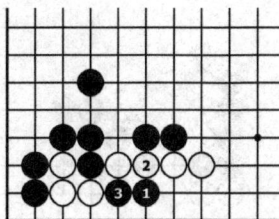

黑1点是正确的下法，至黑3，黑棋成功吃掉白棋。

第312题

黑1挤是好手，至黑3，白棋被分断。

第313题

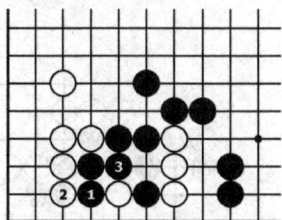

黑1挡是必然的下法，至黑3，白棋被分断。

第314题

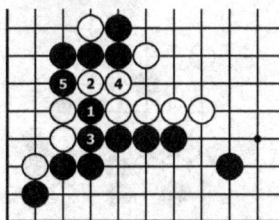

黑1挖是好手，白2打吃，至黑5，白棋被分断。

第315题

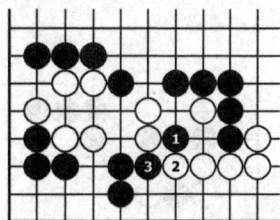

黑1靠是正确的下法，至黑3，白棋被分断。

第316题

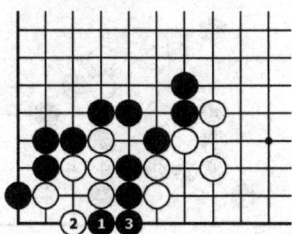

黑1扳是好手，至黑3，白棋被分断。

第317题

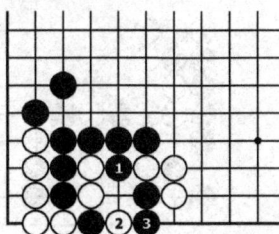

黑1冲只此一手，至黑3，白棋被分断。

第318题

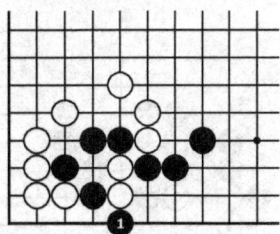

黑1扳是正确的下法，白棋被分断。

第319题

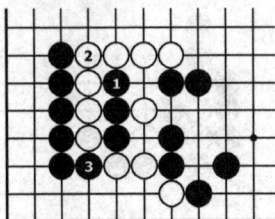

黑1挤是好手，至黑3，
白棋被分断。

第320题

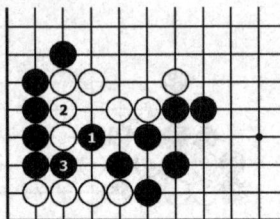

黑1小尖是正确的下法，
至黑3，白棋被分断。

第321题

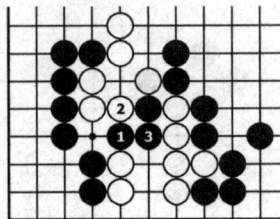

黑1扳是必然的下法，
至黑3，白棋被分断。

第322题

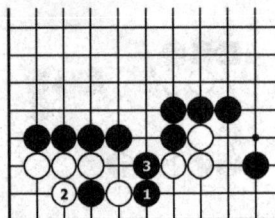

黑1夹是要点，至黑3，
白棋被分断。

第323题

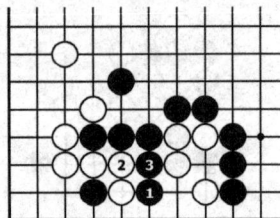

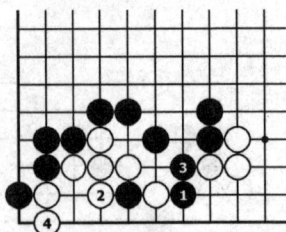

黑1夹是好手，至黑3，
白棋被分断。

第324题

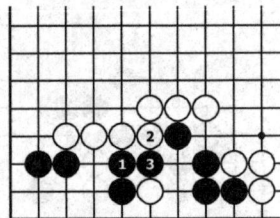

黑1顶是正确的下法，
至黑3，白棋被分断。

第325题

黑1夹是好手，至黑3，
白棋被分断。

第326题

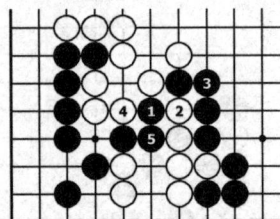

黑1扳是正确的下法，
白2打吃，至黑5，白棋
被分断。

第327题

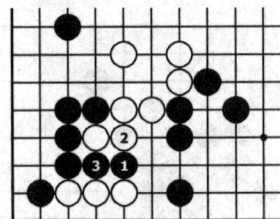

黑1靠是好手，至黑3，
白棋被分断。

第328题

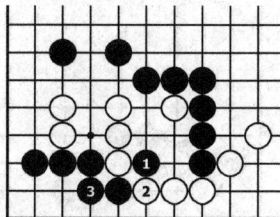

黑1扳是正确的下法，至黑3，白棋被分断。

第329题

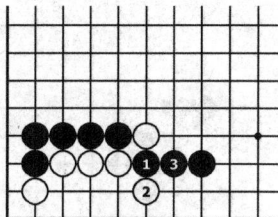

黑1断是必然的下法，至黑3，白棋被分断。

第330题

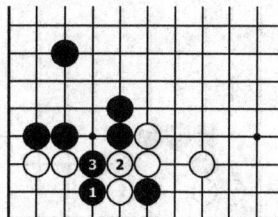

黑1夹是好手，至黑3，白棋被分断。

第331题

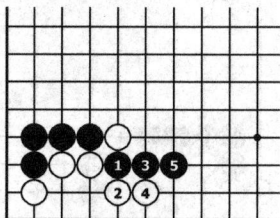

黑1断是必然的下法，白2打吃，至黑5，白棋被分断。

第332题

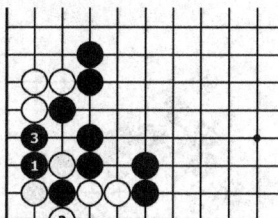

黑1打吃是要点，至黑3，白棋被分断。

第333题

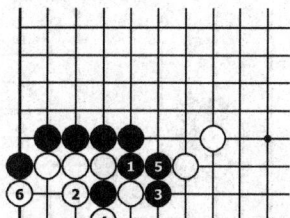

黑1断是正确的下法，白2打吃，至白6，白棋二子被分断。

第334题

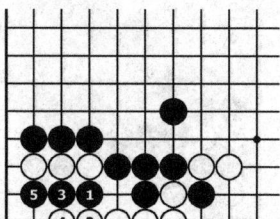

黑1扳是好手，至黑5，白棋被分断。

第335题

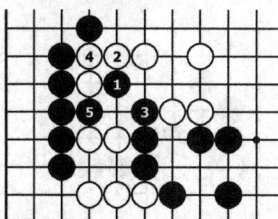

黑1小夹是要点，至黑5，白棋被分断。

第336题

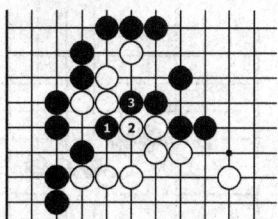

黑1小尖是正确的下法，至黑3，白棋被分断。

2.4 封锁

第337题

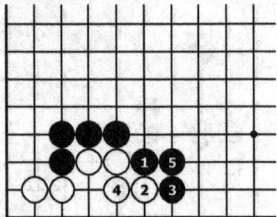

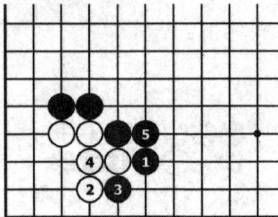

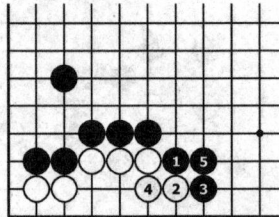

黑1、黑3扳完再扳是好手，至黑5，黑棋成功封锁白棋。

第338题

黑1扳是好手，至黑5，黑棋成功封锁白棋。

第339题

黑1、黑3扳完再扳是好手，至黑5，黑棋成功封锁白棋。

第340题

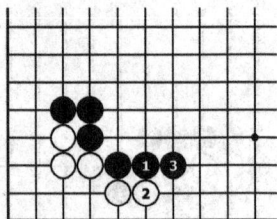

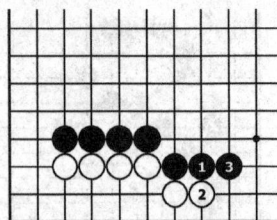

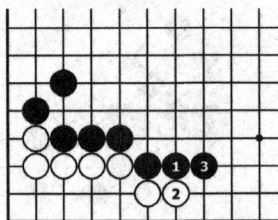

黑1退是正确的下法，至黑3，黑棋成功封锁白棋。

第341题

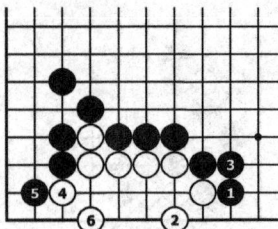

黑1扳是正确的下法，白2虎，黑3粘，至白6，黑棋成功封锁白棋。

第342题

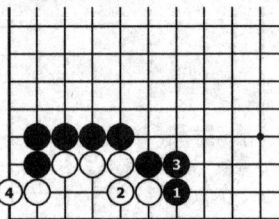

黑1扳是好手，至白4，黑棋成功封锁白棋。

第343题

黑1退是正确的下法，至黑3，黑棋成功封锁白棋。

第344题

黑1退是正确的下法，至黑3，黑棋成功封锁白棋。

第345题

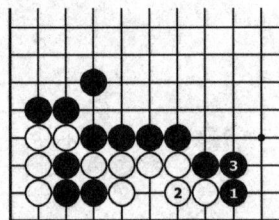

黑1扳是好手，至黑3，黑棋成功封锁白棋。

第346题

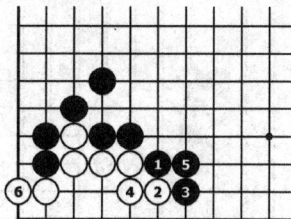

黑1、黑3扳完再扳是好手，白6，黑棋成功封锁白棋。

第347题

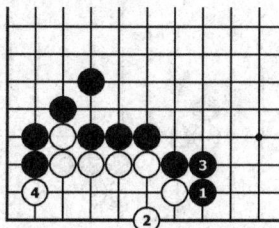

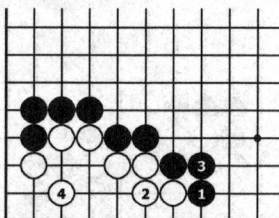

黑1扳是好手，至白4，黑棋成功封锁白棋。

第348题

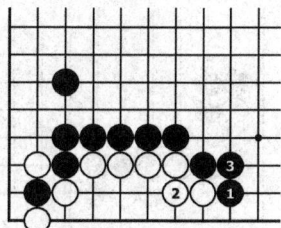

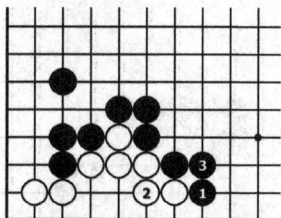

黑1扳是好手，至黑3，黑棋成功封锁白棋。

第349题

黑1扳是好手，至黑3，黑棋成功封锁白棋。

第350题

黑1扳是好手，至白4，黑棋成功封锁白棋。

第351题

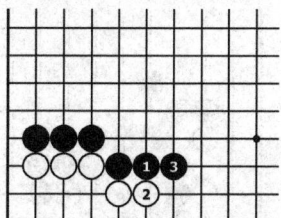

黑1退是正确的下法，至黑3，黑棋成功封锁白棋。

第352题

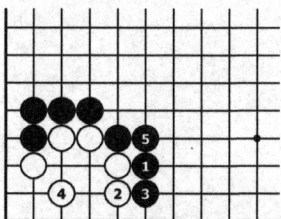

黑1、黑3先扳再挡是好手，至黑5，黑棋成功封锁白棋。

第353题

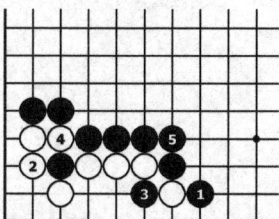

黑1扳是好手，白2打吃，至黑5，黑棋成功封锁白棋。

第354题

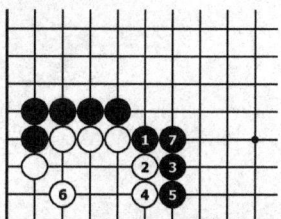

黑1、黑3扳完再扳是好手，至黑7，黑棋成功封锁白棋。

第355题

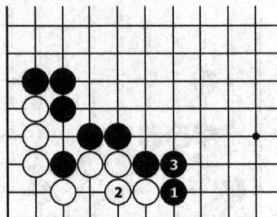

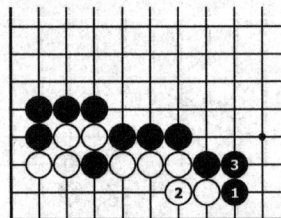

黑1扳是好手，至黑3，黑棋成功封锁白棋。

第356题

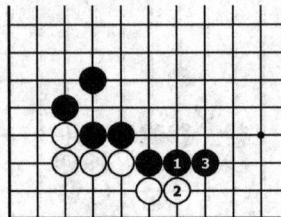

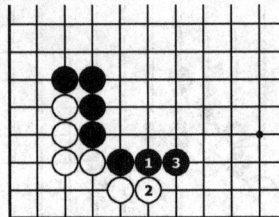

黑1退是正确的下法，至黑3，黑棋成功封锁白棋。

第357题

黑1退是正确的下法，至黑3，黑棋成功封锁白棋。

第358题

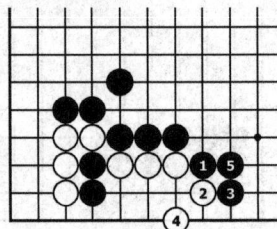

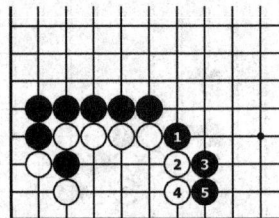

黑1、黑3扳完再扳是好手，至黑5，黑棋成功封锁白棋。

第359题

黑1扳是好手，至黑3，黑棋成功封锁白棋。

第360题

黑1、黑3扳完再扳是好手，至黑5，黑棋成功封锁白棋。

综合测试

第361题

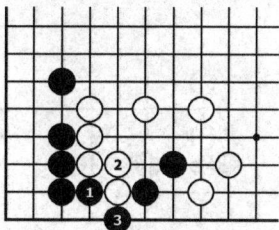

黑1挤是好手，至黑3，
黑棋联络成功。

第362题

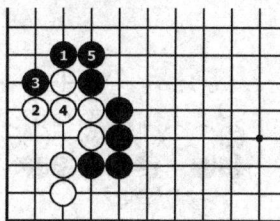

黑1扳是正确的下法，白
2虎，黑3打吃，至黑5，
黑棋成功封锁白棋。

第363题

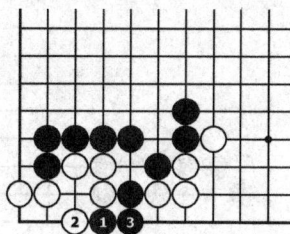

黑1扳是好手，至黑3，
黑棋成功分断白棋。

第364题

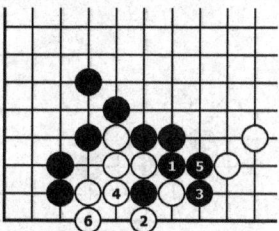

黑1断是好手，至白6，
黑棋成功分断白棋。

第365题

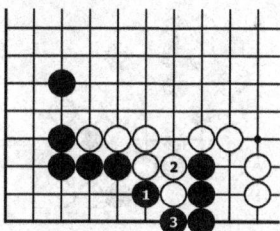

黑1挤是要点，至黑3，
黑棋联络成功。

第366题

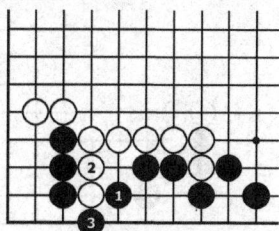

黑1小尖是好手，至黑
3，黑棋联络成功。

第367题

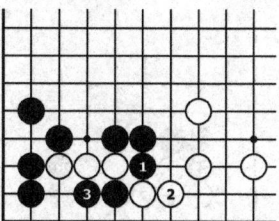

黑1断是正确的下法，
至黑3，黑棋成功分断
白棋。

第368题

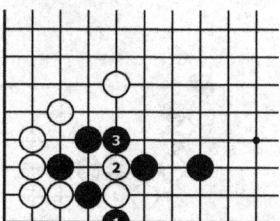

黑1扳是要点，至黑3，
黑棋成功分断白棋。

第369题

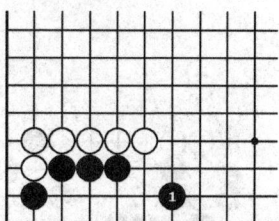

黑1小飞是出头的要点。

第370题

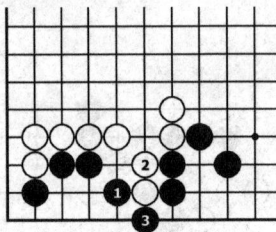

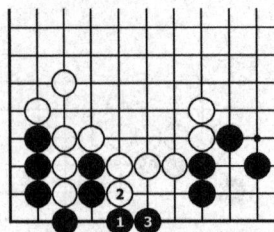

黑1小尖是正确的下法，
至黑3，黑棋成功联络。

第371题

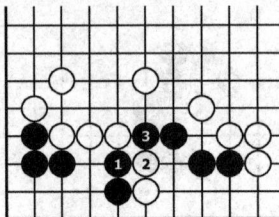

黑1顶是好手，至黑3，
黑棋成功联络。

第372题

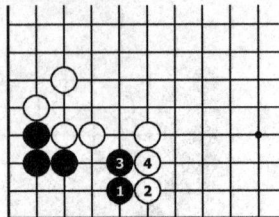

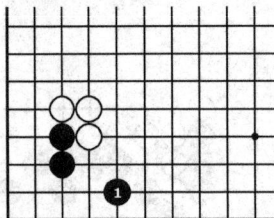

黑1小飞是出头的好手。

第373题

黑1小飞是出头的好手。

第374题

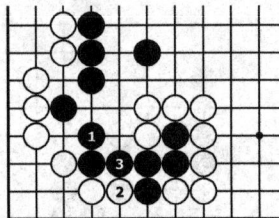

黑1退是正确的下法，至
黑3，黑棋成功联络。

第375题

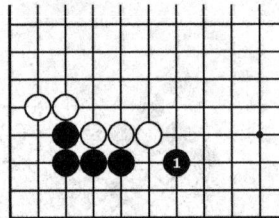

黑1跳是出头的好手。

第376题

黑1小尖是正确的下法，
至黑3，黑棋成功联络。

第377题

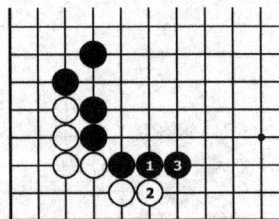

黑1退是正确的下法，
至黑3，黑棋成功封锁
白棋。

第378题

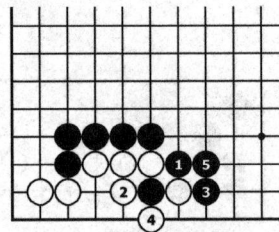

黑1、黑3扳完再扳是好
手，至黑5，黑棋成功
封锁白棋。

第379题

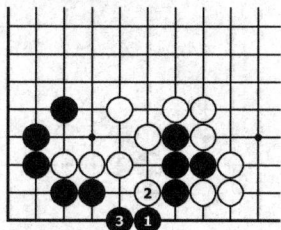

黑1小尖是正确的下法，至黑3，黑棋成功联络。

第380题

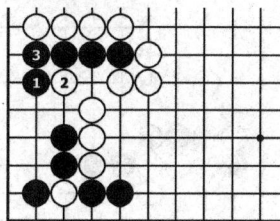

黑1小尖是好手，至黑3，黑棋成功联络。

第381题

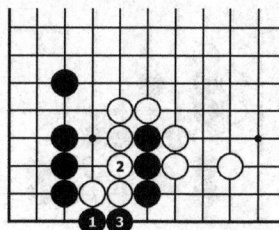

黑1扳是正确的下法，至黑3，黑棋成功联络。

第382题

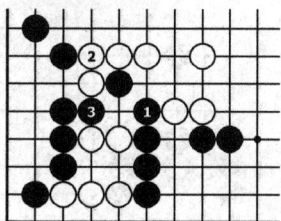

黑1冲是正确的下法，至黑3，黑棋成功分断白棋。

第383题

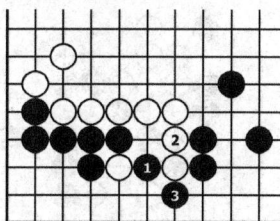

黑1打吃是好手，至黑3，黑棋成功联络。

第384题

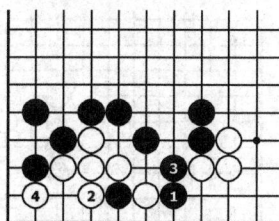

黑1夹是要点，至白4，黑棋成功分断白棋。

第385题

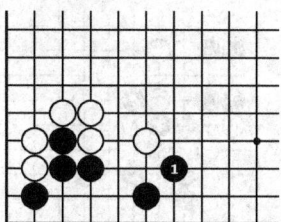

黑1小尖是出头的好手。

第386题

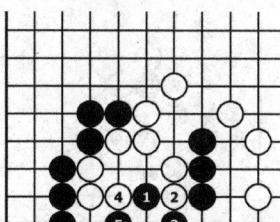

黑1跳是要点，白2冲，黑3挡，至黑5，黑棋成功联络。

第387题

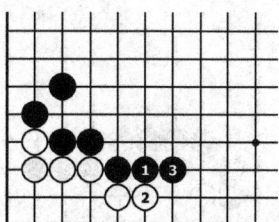

黑1退是正确的下法，至黑3，黑棋成功封锁白棋。

第388题

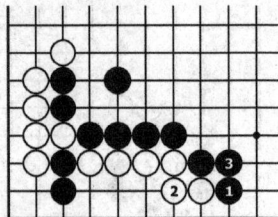

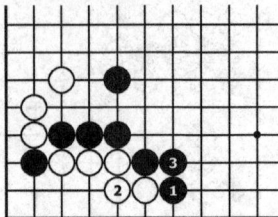

黑1扳是要点，至黑3，黑棋成功封锁白棋。

第389题

黑1扳是要点，至黑3，黑棋成功封锁白棋。

第390题

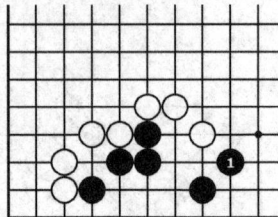

黑1小尖是出头的要点。

第391题

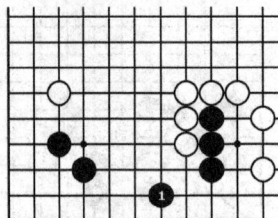

黑1小飞是出头的要点。

第392题

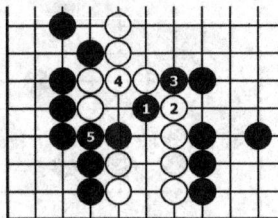

黑1小尖是要点，白2冲，黑3断，至黑5，黑棋成功分断白棋。

第393题

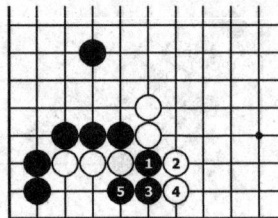

黑1断是正确的下法，白2打吃，黑3立，至黑5，黑棋成功分断白棋。

第394题

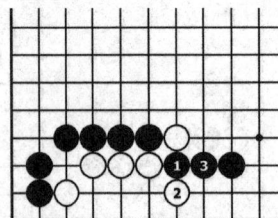

黑1断是好手，至黑3，黑棋成功分断白棋。

第395题

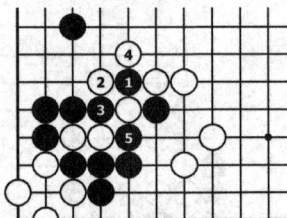

黑1断是要点，白2打吃，黑3断吃，至黑5，黑棋联络成功。

第396题

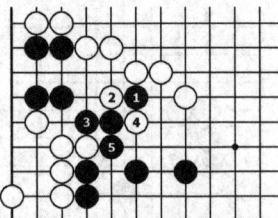

黑1小尖是好手，白2挤，黑3退，至黑5，黑棋成功联络。

第397题

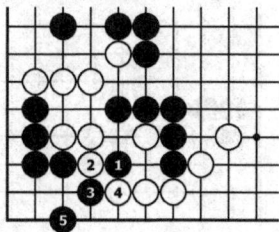

黑1跳是要点，至黑3，黑棋成功分断白棋。

第398题

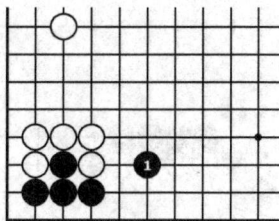

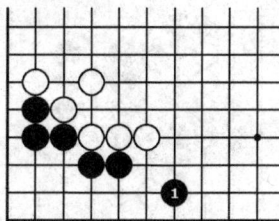

黑1小飞是出头的要点。

第399题

黑1小飞是出头的要点。

第400题

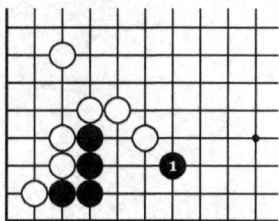

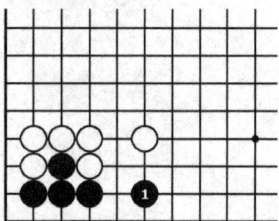

黑1大跳是出头的好手。

第401题

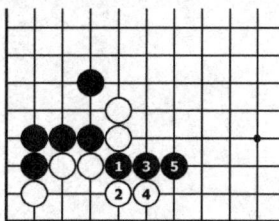

黑1断是正确的下法，至黑3，黑棋成功分断白棋。

第402题

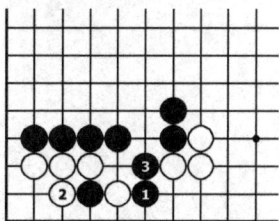

黑1夹是要点，至黑3，黑棋成功分断白棋。

第403题

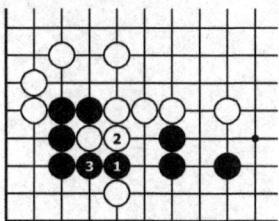

黑1靠是要点，至黑3，黑棋成功分断白棋。

第404题

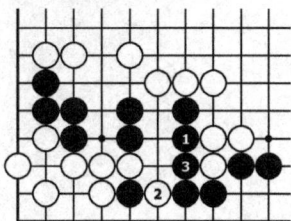

黑1贴是正确的下法，至黑3，黑棋成功联络。

第405题

黑1跳是出头的好手。

第406题

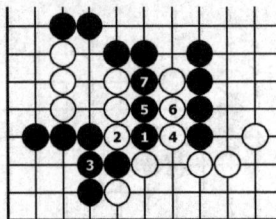

黑1扳是要点，白2打吃，黑3粘，至黑7，黑棋成功分断白棋。

第407题

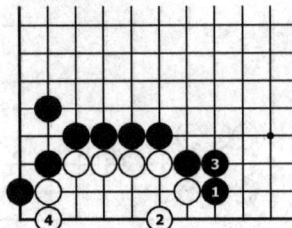

黑1扳是好手，至白4，黑棋成功封锁白棋。

第408题

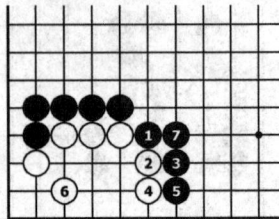

黑1、黑3扳完再扳是要点，至黑7，黑棋成功封锁白棋。

第三章
对杀

3.1 紧气对杀

第409题

第410题

第411题

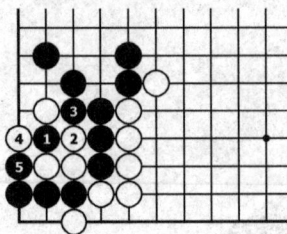

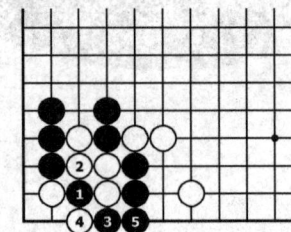

黑1、黑3挖完打吃是紧气的好手，至黑5，白棋的气不够。

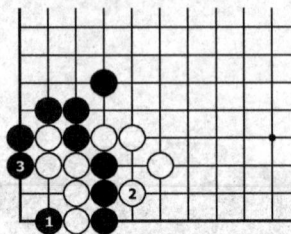

黑1靠是要点，至黑3，白棋的气不够。

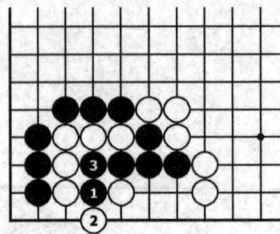

黑1挖只此一手，至黑3，白棋被杀。

第412题

第413题

第414题

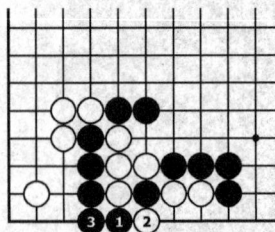

黑1打吃是必然的下法，至黑3，白棋被杀。

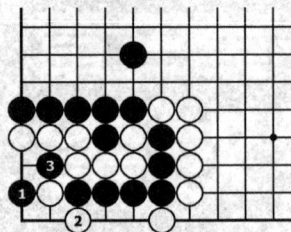

黑1夹是要点，至黑3，白棋的气不够。

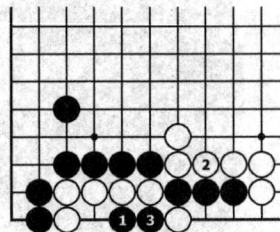

黑1靠是要点，至黑3，白棋被杀。

第415题

第416题

第417题

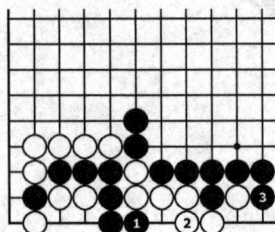

黑1拐是紧气的好手，至黑3，白棋的气不够。

黑1、黑3挖完打吃是紧气的好手，至黑5，白棋的气不够。

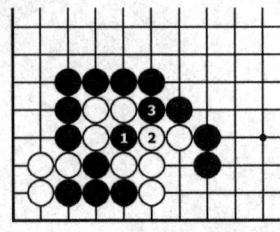

黑1扑是要点，至黑3，白棋的气不够。

第418题

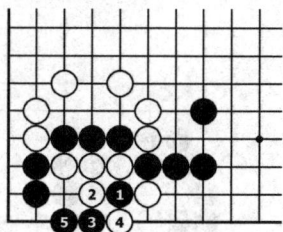

黑1、黑3断完打吃是紧气的好手，至黑5，白棋的气不够。

第419题

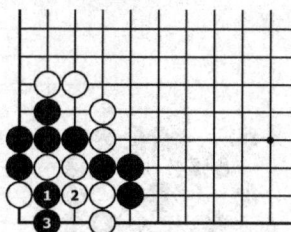

黑1打吃，白2接，黑3立是好手，白棋被杀。

第420题

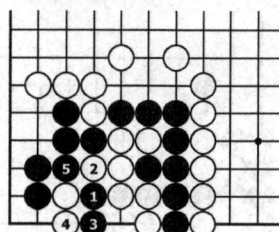

黑1、黑3挖完立是紧气的好手，至黑5，白棋的气不够。

第421题

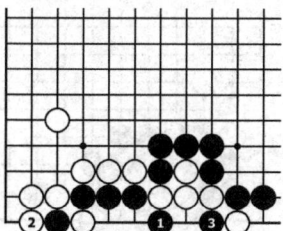

黑1扳是要点，至黑3，白棋被杀。

第422题

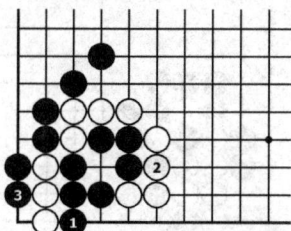

黑1挡是正确的下法，至黑3，白棋被杀。

第423题

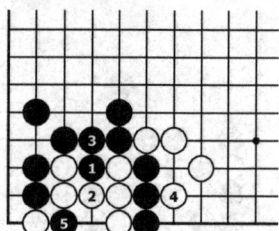

黑1、黑3挖完粘是紧气的好手，至黑5，白棋的气不够。

第424题

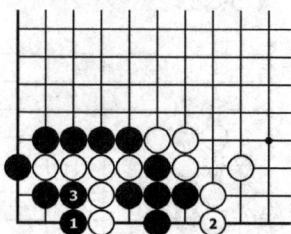

黑1小尖是紧气的要点，至黑3，白棋被杀。

第425题

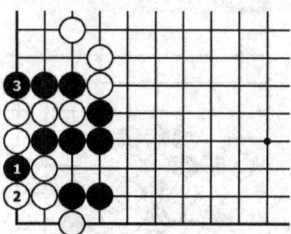

黑1扑是好手，至黑3，白棋被杀。

第426题

❸=❶

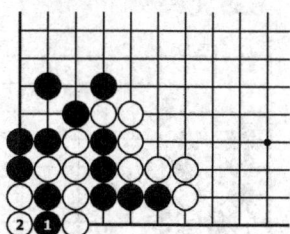

黑1、黑3扑完再扑是紧气的好手，白棋被杀。

第427题

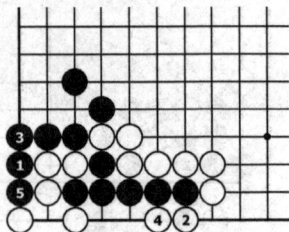

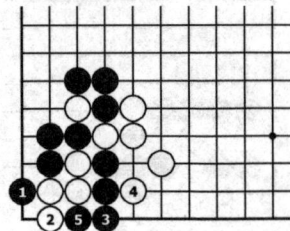

黑1扳的方向正确，至黑5，白棋被杀。

第428题

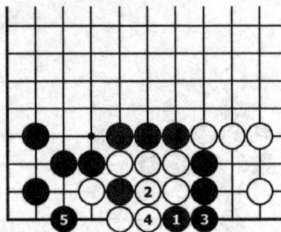

黑1、黑3先打吃再粘是紧气的好手，至黑5，白棋的气不够。

第429题

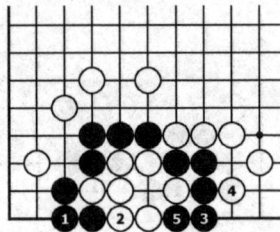

黑1粘的次序正确，至黑5，白棋的气不够。

第430题

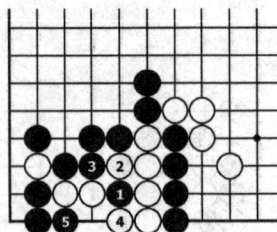

黑1、黑3挖完打吃是紧气的好手，至黑5，白棋的气不够。

第431题

⑤＝❶

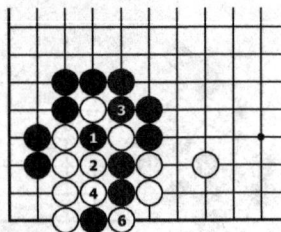

黑1、黑3扑完打吃是紧气的要点，至白6，黑成功吃掉白二子。

第432题

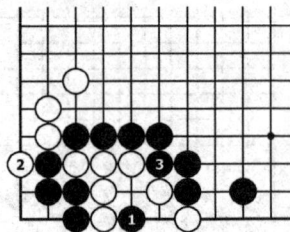

黑1靠是要点，至黑3，白棋被杀。

第433题

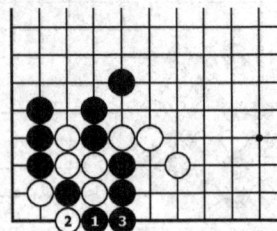

黑1打吃是正确的下法，至黑3，白棋被杀。

第434题

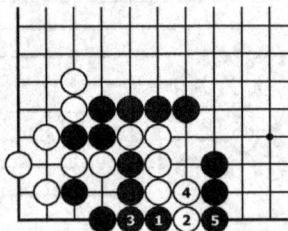

黑1、黑3扳完粘是紧气的要点，至黑5，白棋的气不够。

第435题

黑1扳的方向正确，至黑5，白棋被杀。

第436题

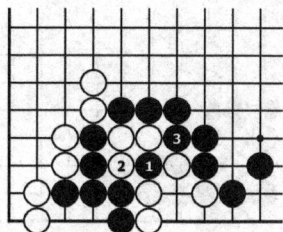

黑1扑是要点，至黑3，
白棋的气不够。

第437题

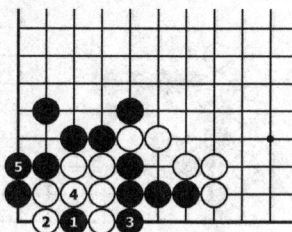

黑1靠是好手，至黑5，
白棋的气不够。

第438题

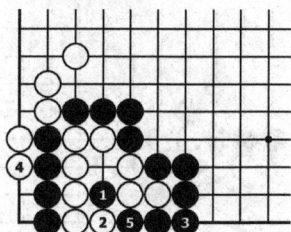

黑1挖是紧气的好手，
至黑5，白棋被杀。

第439题

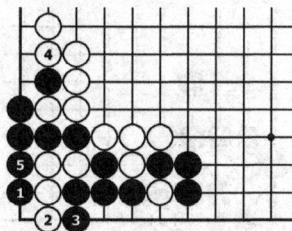

黑1夹是要点，至黑5，
白棋的气不够。

第440题

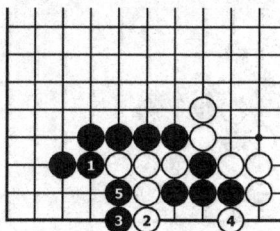

黑1团是紧气的好手，
至黑5，白棋被杀。

第441题

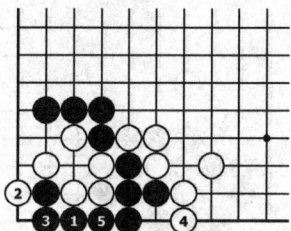

黑1扳是必然的下法，至
黑5，白棋的气不够。

第442题

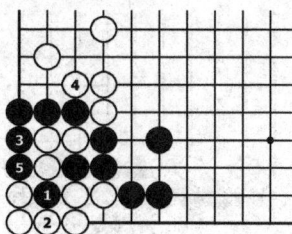

黑1扑是紧气的好手，
至黑5，白棋被杀。

第443题

④＝❶

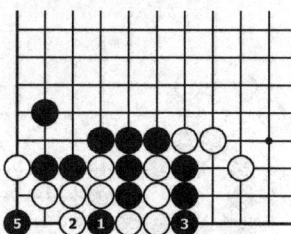

黑1、黑3扑完打吃是紧
气的好手，至黑5，白
棋的气不够。

第444题

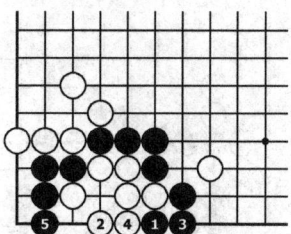

黑1、黑3扳完粘是紧气
的好手，至黑5，白棋
的气不够。

第445题

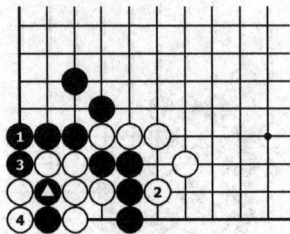

⑤ = ▲

黑1立的方向正确，白2小尖，黑3打吃，至黑5，白棋的气不够。

第446题

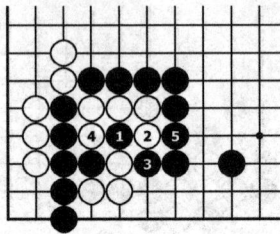

黑1挖是要点，至黑5，白棋的气不够。

第447题

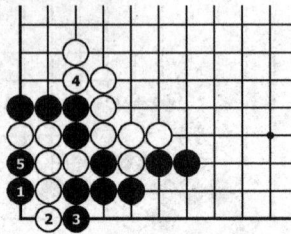

黑1靠是紧气的好手，至黑5，白棋的气不够。

第448题

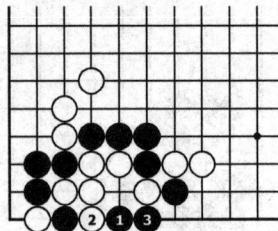

黑1点只此一手，至黑3，白棋的气不够。

第449题

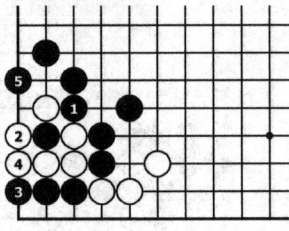

黑1、黑3先打吃再立是紧气的好手，至黑5，白棋的气不够。

第450题

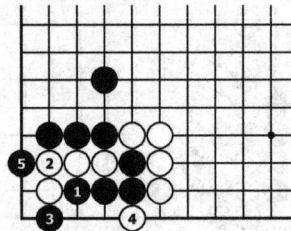

黑1打吃的方向正确，至黑5，白棋的气不够。

第451题

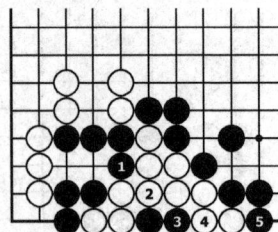

黑1、黑3先打吃再跑是紧气的好手，至黑5，白棋的气不够。

第452题

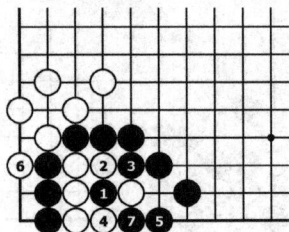

黑1、黑3挖完打吃是紧气的好手，至黑7，白棋的气不够。

第453题

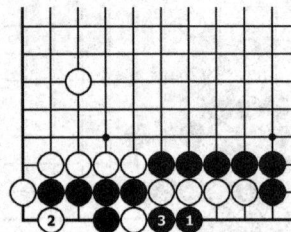

黑1靠是要点，至黑3，白棋的气不够。

第454题

第455题

第456题

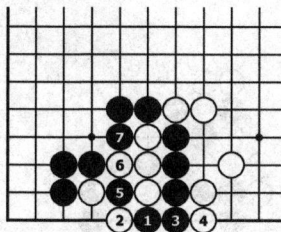

黑1扳是要点，白2打吃，黑3粘，至黑7，白棋的气不够。

黑1、黑3挖完扑是紧气的好手，至黑7，白棋的气不够。

黑1、黑3扑完立是紧气的好手，至黑5，白棋的气不够。

3.2 延气对杀

第457题

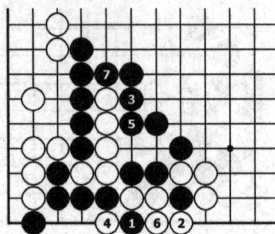

黑1打吃是延气的好手，至黑7，白棋的气不够。

第458题

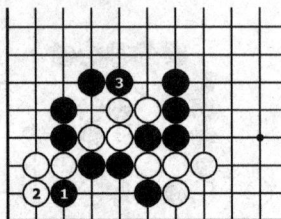

黑1扳是正确的下法，至黑3，白棋的气不够。

第459题

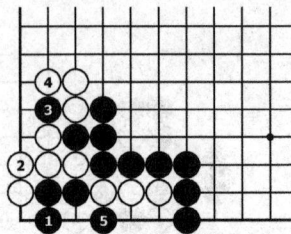

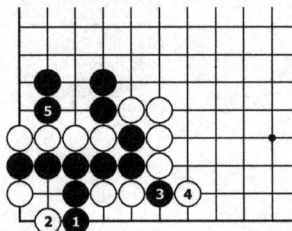

黑1、黑3立完再断是延气的好手，至黑5，白棋被杀。

第460题

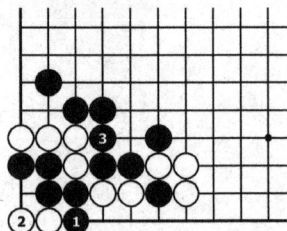

黑1打吃只此一手，至黑3，白棋被杀。

第461题

黑1、黑3立完断是延气的好手，至黑5，白棋被杀。

第462题

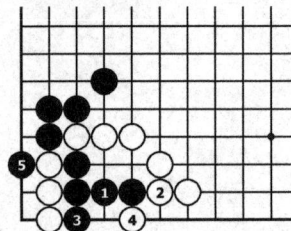

黑1粘是必然的下法，至黑5，白棋的气不够。

第463题

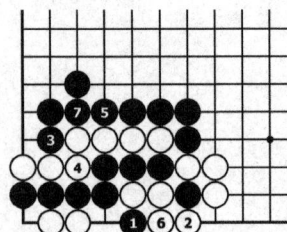

黑1打吃是延气的好手，至黑7，白棋被杀。

第464题

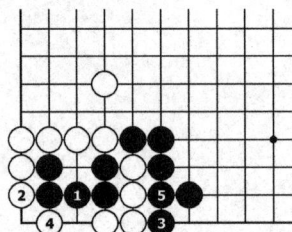

黑1粘只此一手，至黑5，白棋的气不够。

第465题

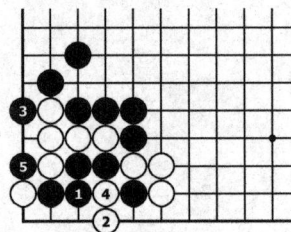

黑1粘是正确的下法，至黑5，白棋被杀。

第466题

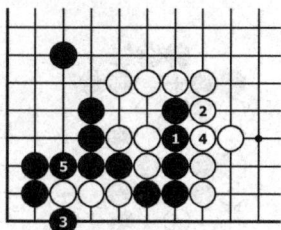

黑1粘是必然的下法，至黑5，白棋的气不够。

第467题

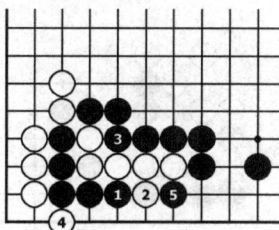

黑1爬是延气的要点，至黑5，白棋被杀。

第468题

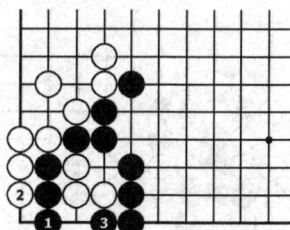

黑1立是正确的下法，至黑3，白棋被杀。

第469题

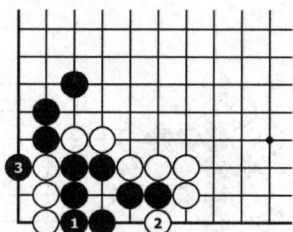

黑1团是必然的下法，至黑3，白棋被杀。

第470题

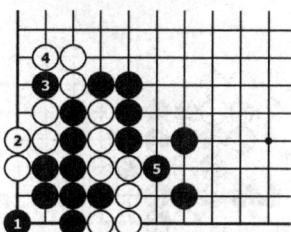

黑1、黑3先做眼再断是延气的好手，至黑5，白棋被杀。

第471题

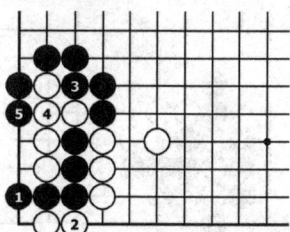

黑1立是正确的下法，至黑5，白棋被杀。

第472题

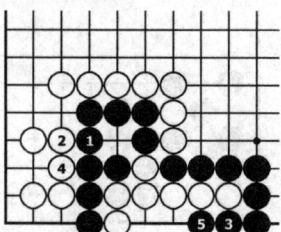

黑1做眼是要点，至黑5，白棋的气不够。

第473题

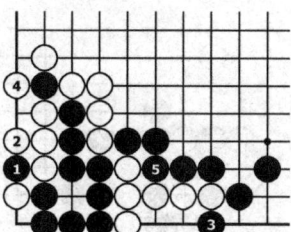

黑1扑是延气的好手，至黑5，白棋被杀。

第474题

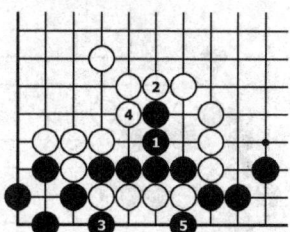

黑1粘是延气的要点，至黑5，白棋被杀。

第475题

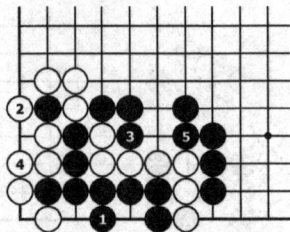

黑1做眼是延气的好手，至黑5，白棋被杀。

第476题

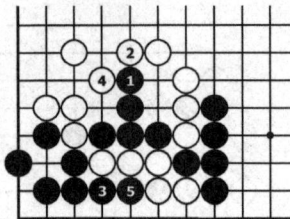

黑1并是好手，至黑5，白棋被杀。

第477题

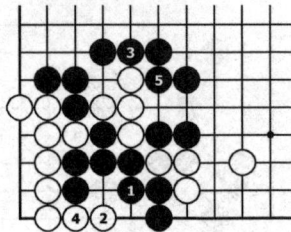

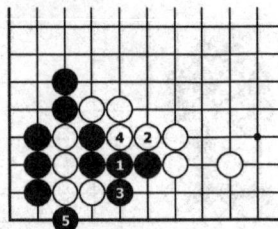

黑1粘只此一手，至黑5，白棋被杀。

第478题

黑1粘只此一手，至黑5，白棋被杀。

第479题

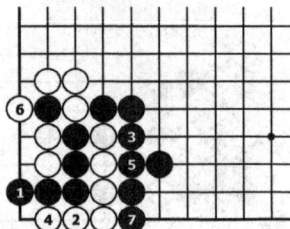

黑1立是要点，至黑7，白棋被杀。

第480题

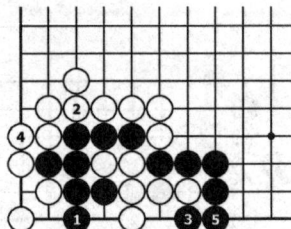

黑1立是延气的要点，至黑5，白棋被杀。

第481题

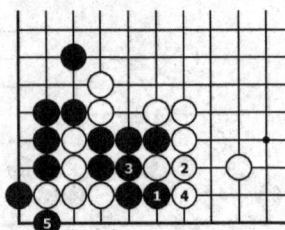

黑1夹是延气的好手，至黑5，白棋被杀。

第482题

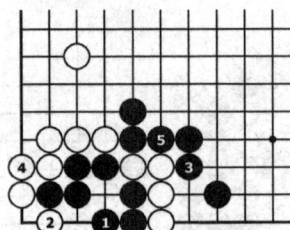

黑1做眼是延气的要点，至黑5，白棋的气不够。

第483题

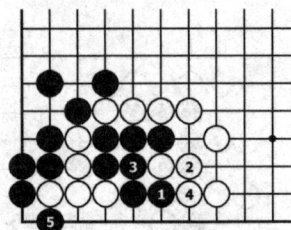

黑1夹是延气的要点，至黑5，白棋的气不够。

第484题

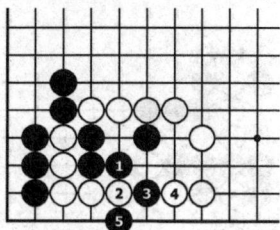

黑1弯是正确的下法，至黑5，白棋被杀。

第485题

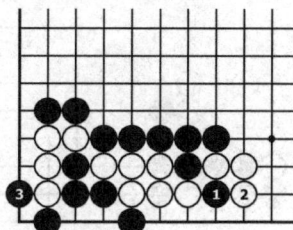

黑1断是必然的下法，至黑3，白棋被杀。

第486题

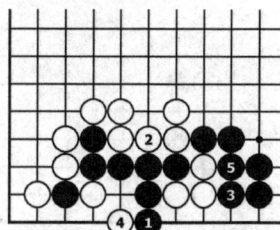

黑1立是延气的要点，至黑5，白棋的气不够。

第487题

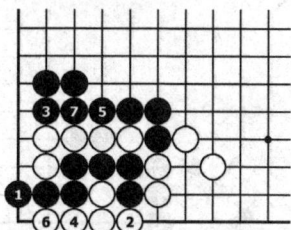

黑1立是要点，至黑7，白棋被杀。

第488题

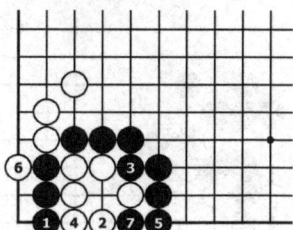

黑1立是正确的下法，至黑7，白棋被杀。

第489题

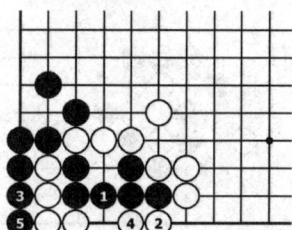

黑1粘是必然的下法，至黑5，白棋的气不够。

第490题

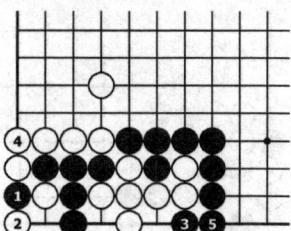

黑1扑是延气的好手，至黑5，白棋的气不够。

第491题

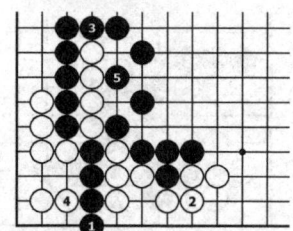

黑1立是延气的好手，白2补断，至黑5，白棋被杀。

第492题

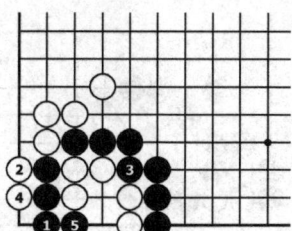

黑1立是延气的要点，至黑5，白棋被杀。

第493题

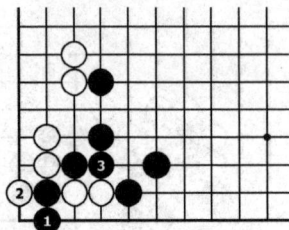

黑1立是延气的要点，
至黑3，白棋被杀。

第494题

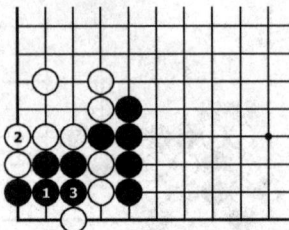

黑1粘是要点，至黑3，
白棋被杀。

第495题

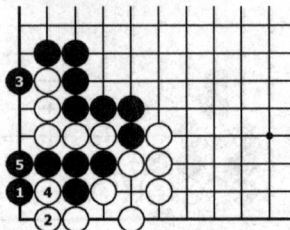

黑1小尖是延气的好手，
至黑5，白棋被杀。

第496题

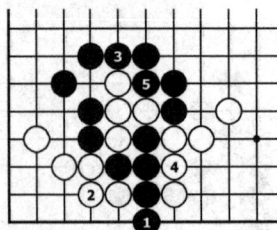

黑1立是延气的要点，至
黑5，白棋被杀。

第497题

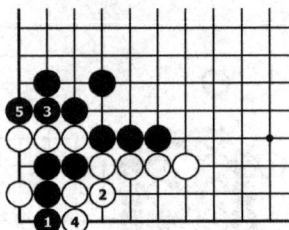

黑1立是好手，至黑5，
白棋被杀。

第498题

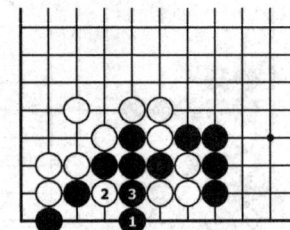

黑1跳是要点，至黑3，
白棋被杀。

第499题

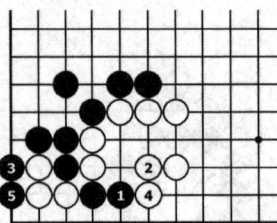

黑1长是必然的下法，
至黑5，白棋被杀。

第500题

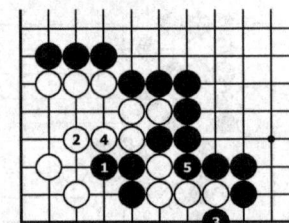

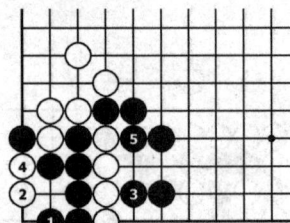

黑1弯是延气的好手，
至黑5，白棋被杀。

第501题

黑1弯是延气的好手，
至黑5，白棋被杀。

第502题

第503题

第504题

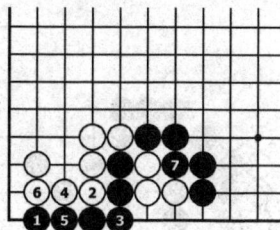

黑1跳是延气的好手，至黑7，白棋被杀。

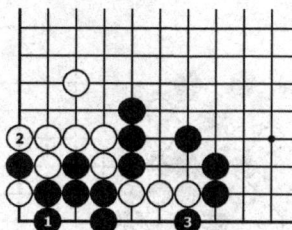

黑1立是正确的下法，至黑3，白棋的气不够。

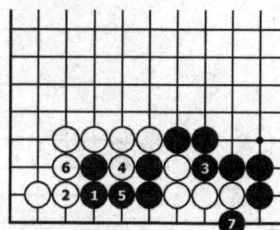

黑1立是延气的要点，至黑7，白棋被杀。

3.3 有眼杀无眼

第505题

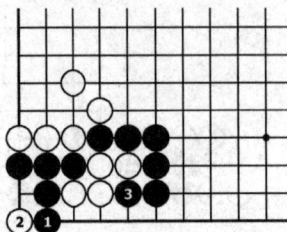

黑1立是好手，至黑3，白棋被杀。

第506题

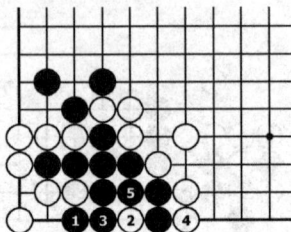

黑1扳是要点，至黑5，白棋被杀。

第507题

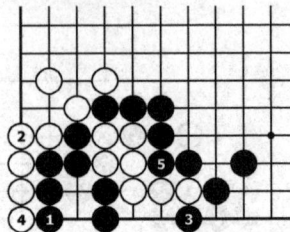

黑1立只此一手，至黑5，白棋被杀。

第508题

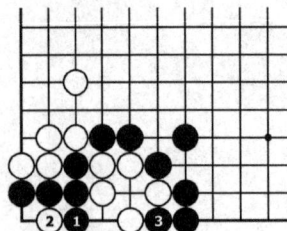

黑1立是要点，至黑3，白棋被杀。

第509题

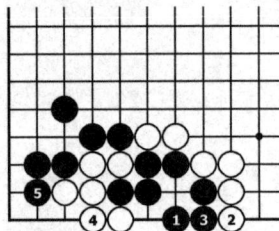

黑1做眼是要点，至黑5，白棋被杀。

第510题

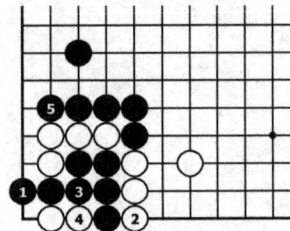

黑1立是延气的好手，至黑5，白棋被杀。

第511题

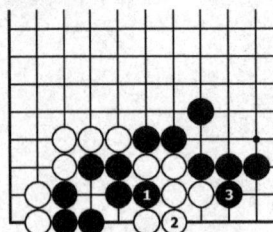

黑1挤是要点，至黑3，白棋被杀。

第512题

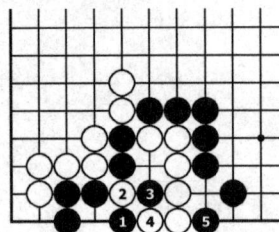

黑1虎只此一手，至黑5，白棋的气不够。

第513题

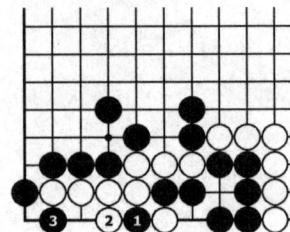

黑1扑是必然的下法，至黑3，白棋被杀。

第514题

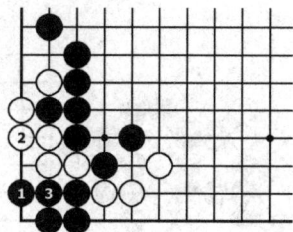

黑1小尖是要点，至黑3，白棋被杀。

第515题

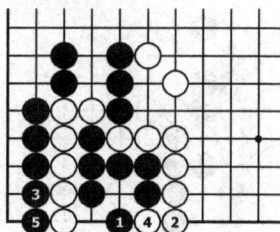

黑1做眼只此一手，至黑5，白棋被杀。

第516题

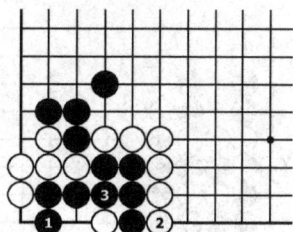

黑1立是必然的下法，至黑3，白棋被杀。

第517题

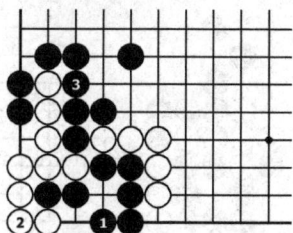

黑1做眼是正确的下法，至黑3，白棋被杀。

第518题

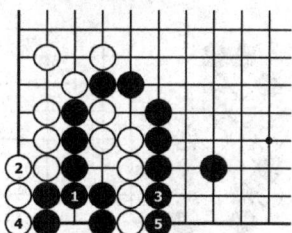

黑1粘是好手，至黑5，白棋被杀。

第519题

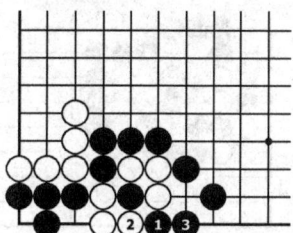

黑1打吃是正确的下法，至黑3，白棋被杀。

第520题

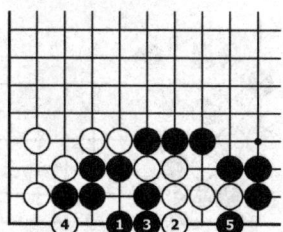

黑1做眼是必然的下法，至黑5，白棋的气不够。

第521题

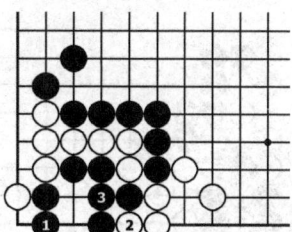

黑1立是正确的下法，至黑3，白棋被杀。

第522题

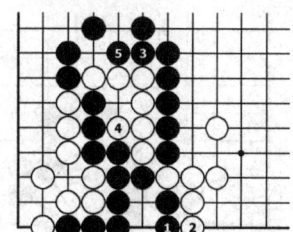

黑1立只此一手，至黑5，白棋被杀。

第523题

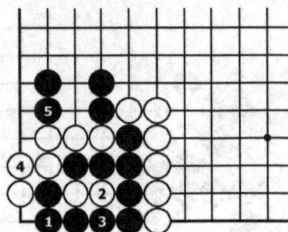

黑1粘是正确的下法，
至黑5，白棋被杀。

第524题

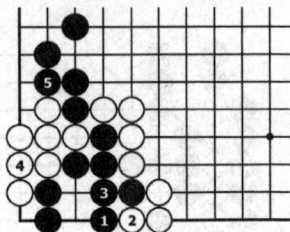

黑1虎是正确的下法，
至黑5，白棋被杀。

第525题

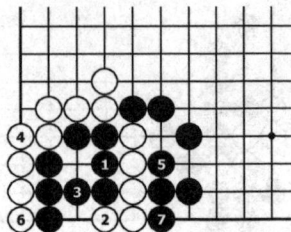

黑1粘是要点，白2拐，
黑3粘是好手，至黑7，
白棋被杀。

第526题

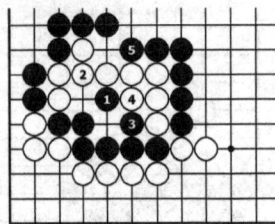

黑1、黑3尖完做眼是要
点，至黑5，白棋被杀。

第527题

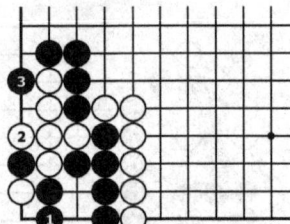

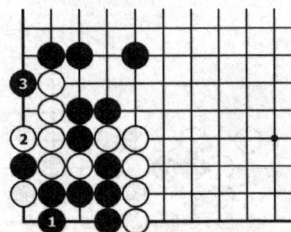

黑1立是正确的下法，
至黑3，白棋被杀。

第528题

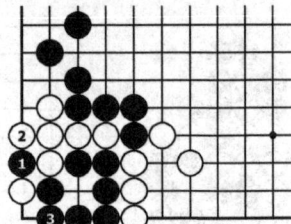

黑1扑是要点，至黑3，
白棋被杀。

第529题

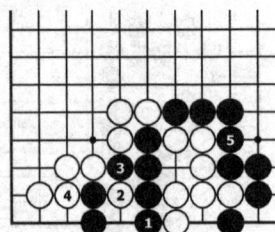

黑1挡是要点，至黑5，
白棋被杀。

第530题

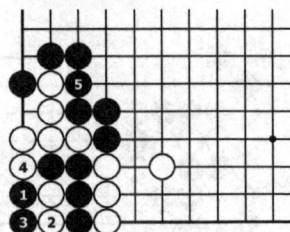

黑1打吃是必然的下法，
至黑5，白棋被杀。

第531题

黑1立是正确的下法，
至黑3，白棋被杀。

第532题

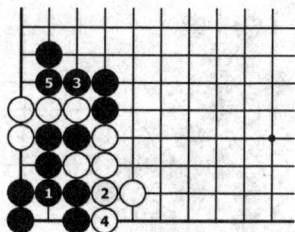

黑1粘是正确的下法，
至黑5，白棋被杀。

第533题

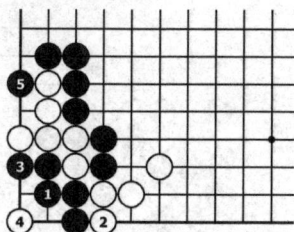

黑1粘是要点，至黑5，
白棋被杀。

第534题

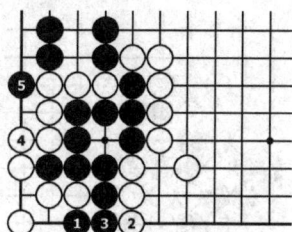

黑1扳是要点，至黑5，
白棋被杀。

第535题

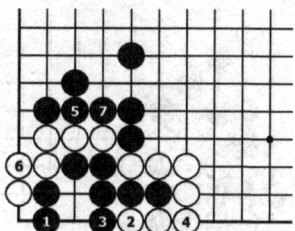

黑1立是要点，至黑7，
白棋被杀。

第536题

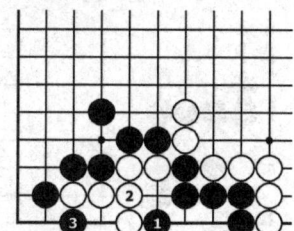

黑1小尖是要点，至黑3，
白棋被杀。

第537题

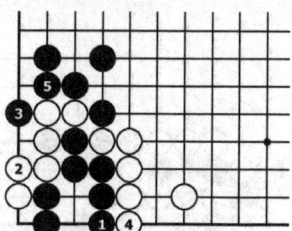

黑1立是正确的下法，
至黑5，白棋被杀。

第538题

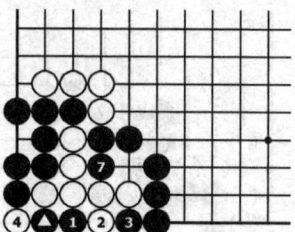

⑤＝▲，⑥＝❶

黑1爬是要点，白2打吃，
黑3紧气，至黑7，白棋
被杀。

第539题

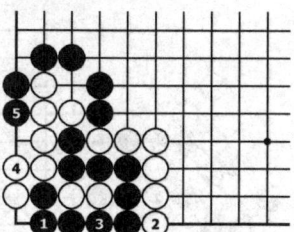

黑1粘是好手，至黑5，
白棋的气不够。

第540题

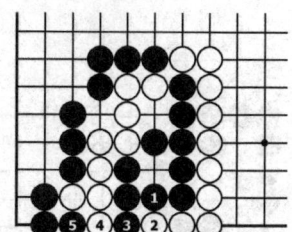

黑1做眼是要点，至黑
5，白棋被杀。

第541题

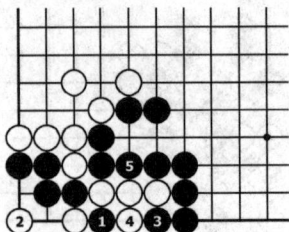

黑1扑是要点，至黑5，
白棋被杀。

第542题

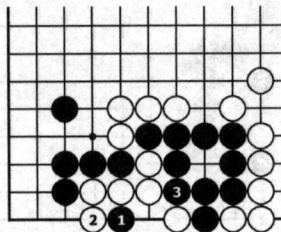

黑1靠是要点，至黑3，
白棋的气不够。

第543题

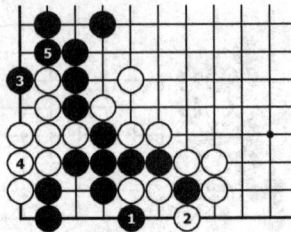

黑1打吃是必然的下法，
至黑5，白棋被杀。

第544题

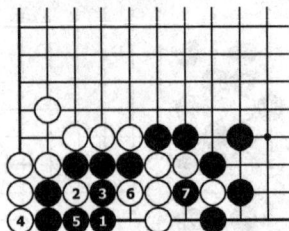

黑1跳只此一手，白2
断，黑3粘，至黑7，白
棋被杀。

第545题

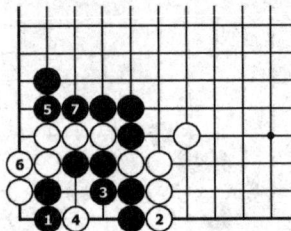

黑1立是要点，白2挡，
黑3粘，至黑7，白棋
被杀。

第546题

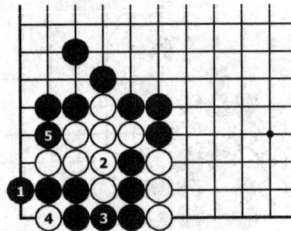

黑1立是正确的下法，至
黑5，白棋被杀。

第547题

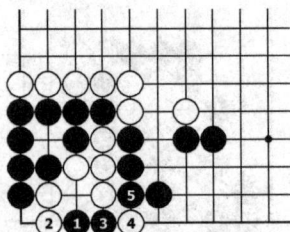

黑1点是正确的下法，
至黑5，白棋被杀。

第548题

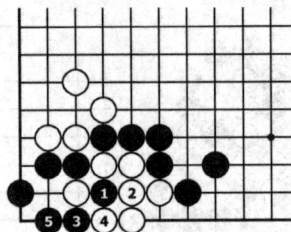

黑1、黑3先打吃再反打
是要点，至黑5，白棋
被杀。

第549题

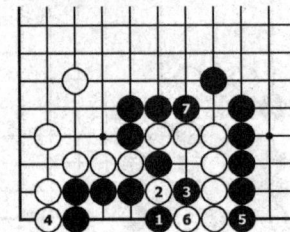

黑1虎是正确的下法，至
黑7，白棋的气不够。

第550题

第551题

第552题

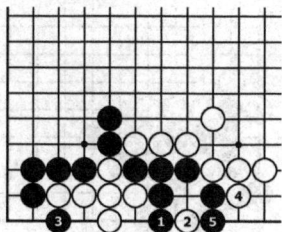

黑1立是正确的下法，至黑5，白棋被杀。

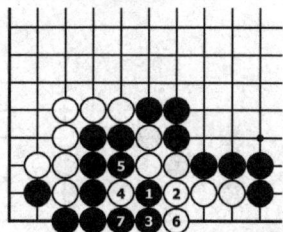

黑1、黑3靠完立是做眼的好手，至黑7，白棋被杀。

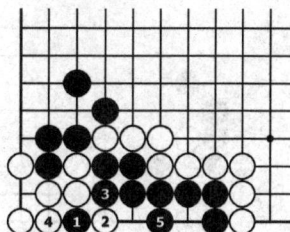

黑1托是要点，至黑5，白棋的气不够。

3.4 劫杀的应用

第553题

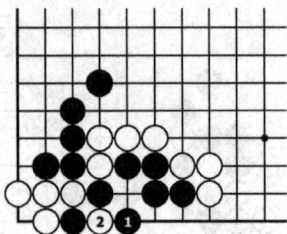

黑1做眼只此一手，至白2，成劫杀。

第554题

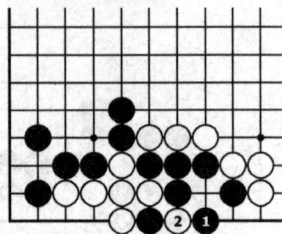

黑1做眼是正确的下法，至白2，成劫杀。

第555题

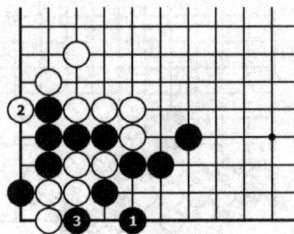

黑1倒虎是要点，至黑3，成劫杀。

第556题

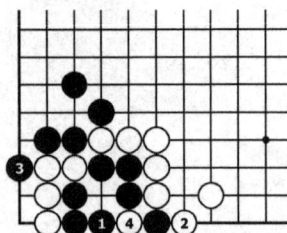

黑1做眼是要点，至白4，成劫杀。

第557题

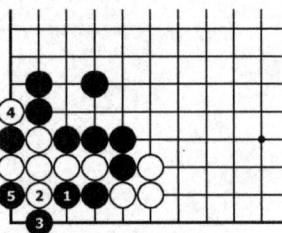

黑1爬是必然的下法，至黑5，成劫杀。

第558题

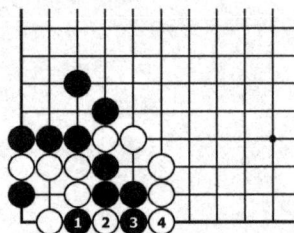

黑1、黑3扑完打吃是好手，至白4，成劫杀。

第559题

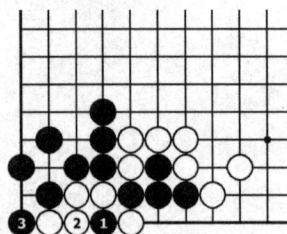

黑1扑是正确的下法，至黑3，成劫杀。

第560题

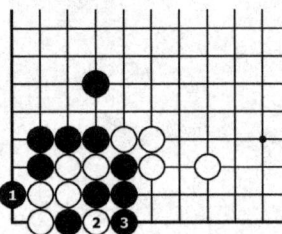

黑1打吃是必然的下法，至黑3，成劫杀。

第561题

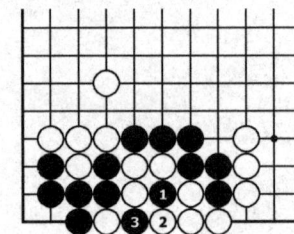

黑1扑是要点，至黑3，成劫杀。

第562题

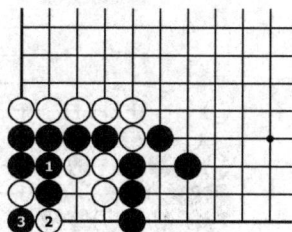

黑1粘只此一手，至黑3，成劫杀。

第563题

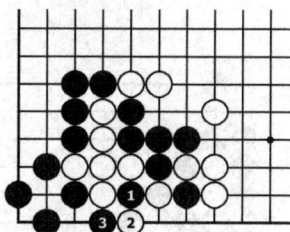

黑1扑是要点，至黑3，成劫杀。

第564题

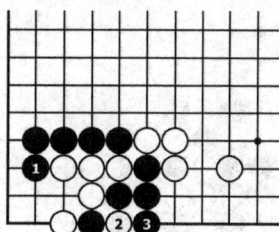

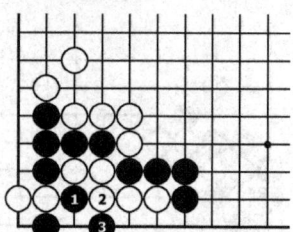

黑1打吃是必然的下法，至黑3，成劫杀。

第565题

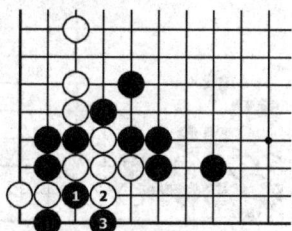

黑1断是好手，至黑3，成劫杀。

第566题

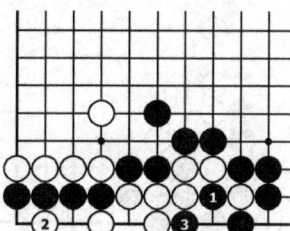

黑1提是正确的下法，至黑3，成劫杀。

第567题

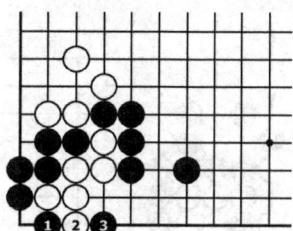

黑1扳是必然的下法，至黑3，成劫杀。

第568题

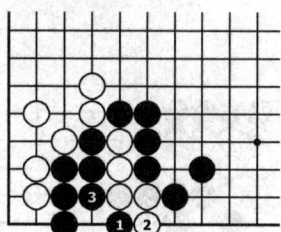

黑1托是正确的下法，至黑3，成劫杀。

第569题

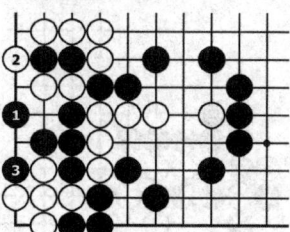

黑1小尖是好手，至黑3，成劫杀。

第570题

黑1打吃是必然的下法，至黑3，成劫杀。

第571题

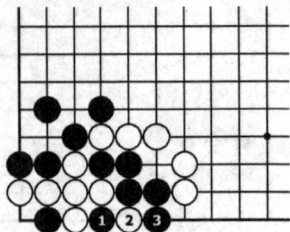

黑1扑是必然的下法，
至黑3，成劫杀。

第572题

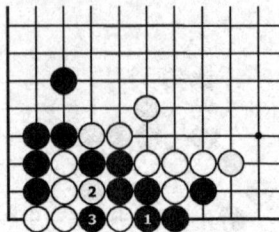

黑1打吃是正确的下法，
至黑3，成劫杀。

第573题

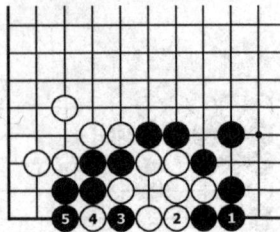

黑1粘是好次序，至黑
5，成劫杀。

第574题

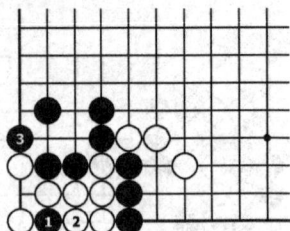

黑1扑是正确的下法，至
黑3，成劫杀。

第575题

⑤=①

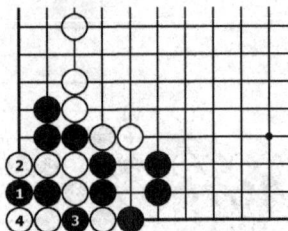

黑1立是必然的下法，至
黑5，成劫杀。

第576题

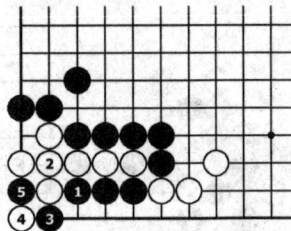

黑1、黑3先打吃再扳是
好手，至黑5，成劫杀。

第577题

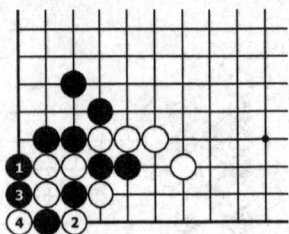

黑1打吃是正确的下法，
至白4，成劫杀。

第578题

④=①

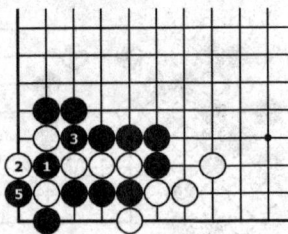

黑1扑是要点，至黑5，
成劫杀。

第579题

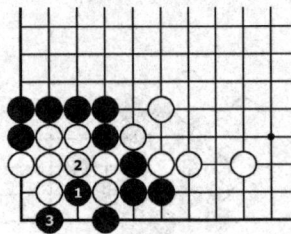

黑1打吃是必然的下
法，至黑3，成劫杀。

第580题

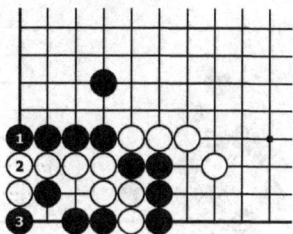

黑1立是正确的下法，至黑3，成劫杀。

第581题

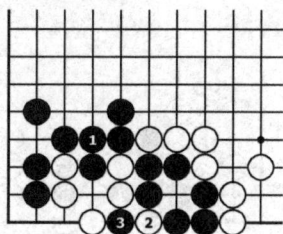

黑1粘只此一手，至黑3，成劫杀。

第582题

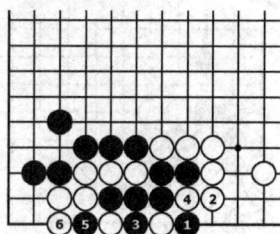

黑1打吃是必然的下法，白2立，至白6，成劫杀。

第583题

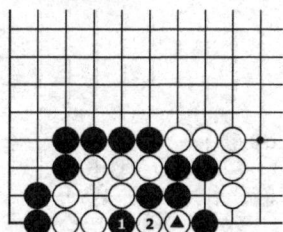

❸=❶，④=②，❺=▲

黑1扑只此一手，白2提，至黑5，成劫杀。

第584题

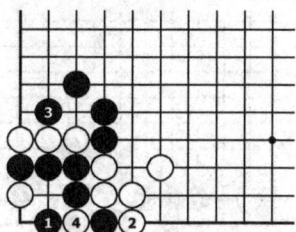

黑1小尖是正确的下法，至白4，成劫杀。

第585题

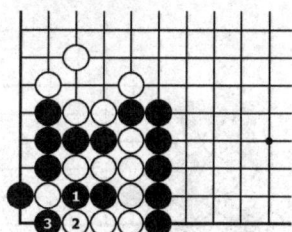

黑1扑是正确的下法，至黑3，成打劫。

第586题

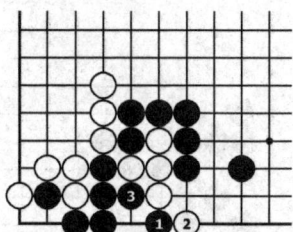

黑1托是好手，至黑3，成打劫。

第587题

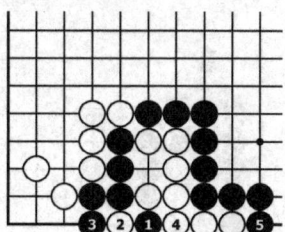

黑1扳是好手，白2扑，至黑5，形成对黑有利的缓一气劫。

第588题

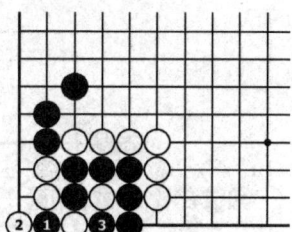

黑1扑是要点，至黑3，成劫杀。

第589题

黑1夹是必然的下法，
白2扑是要点，至黑3，
成劫杀。

第590题

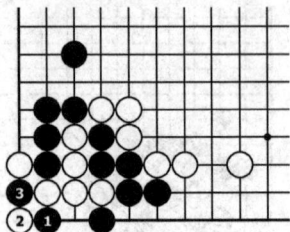

黑1、黑3挤完扑是好
手，至黑5，成打劫。

第591题

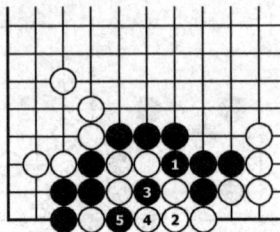

黑1打吃是正确的下法，
至黑3，成劫杀。

第592题

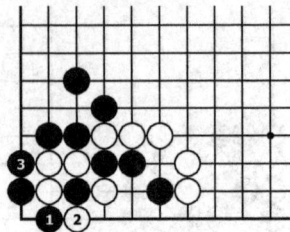

黑1扑是要点，至黑3，
成劫杀。

第593题

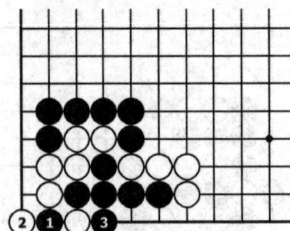

黑1打吃是必然的下法，
至黑3，成劫杀。

第594题

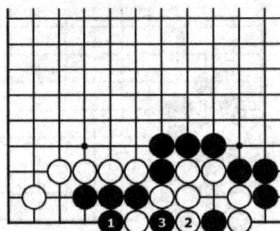

黑1、黑3扑完再扑是好
次序，至黑5，成劫杀。

第595题

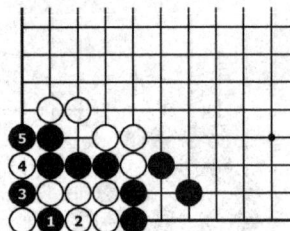

黑1、黑3打吃完扑是好
次序，至黑5，成劫杀。

第596题

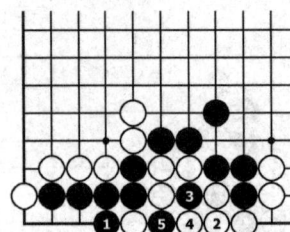

黑1立是好次序，至黑
5，成劫杀。

第597题

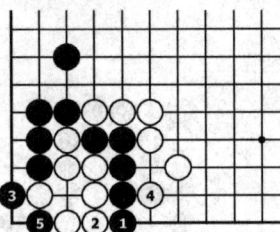

黑1断是好手，至黑3，
成打劫。

第598题

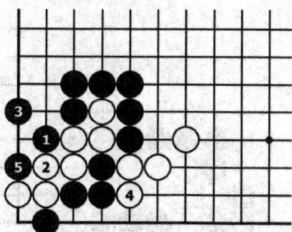

黑1、黑3先打吃再虎是好手，至黑5，成劫杀。

第599题

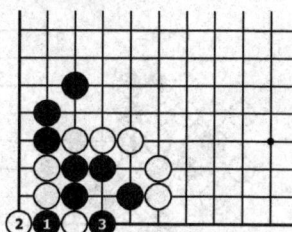

黑1扑是正确的下法，至黑3，成劫杀。

第600题

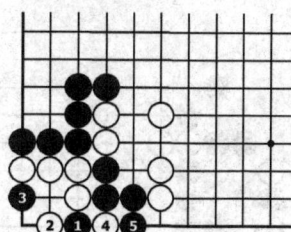

黑1、黑3扳完打吃是好手，至黑5，成劫杀。

综合测试

第601题

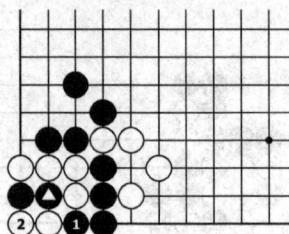

❸ = △

黑1打吃是正确的下法，
至黑3，白棋的气不够。

第602题

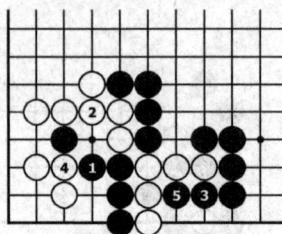

黑1弯是延气的好手，
至黑5，白棋被杀。

第603题

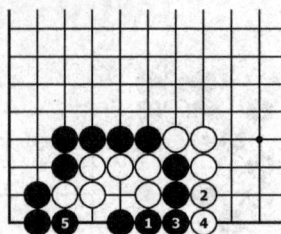

黑1挡是必然的下法，
至黑5，白棋被杀。

第604题

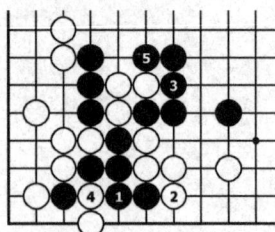

黑1粘是延气的好手，
至黑5，白棋被杀。

第605题

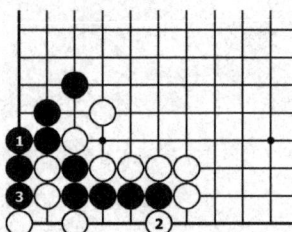

黑1粘是正确的下法，
至黑3，白棋被杀。

第606题

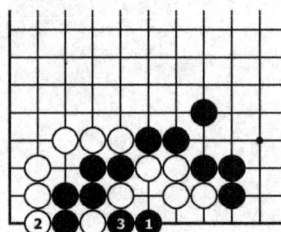

黑1点是要点，至黑3，
白棋被杀。

第607题

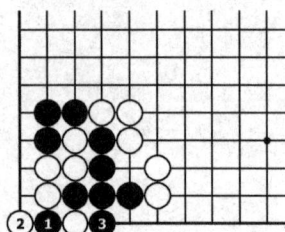

黑1扑是正确的下法，至
黑3，成劫杀。

第608题

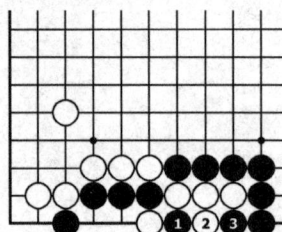

黑1扑是要点，至黑3，
白棋被杀。

第609题

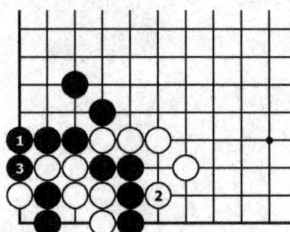

黑1立是正确的下法，至
黑3，白棋被杀。

第610题

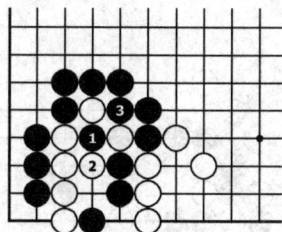

黑1扑是要点，至黑3，黑棋成功吃掉白棋二子。

第611题

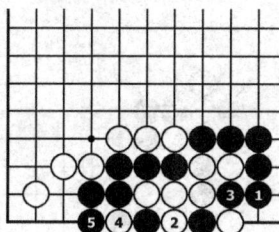

黑1立是要点，至黑5，成劫杀。

第612题

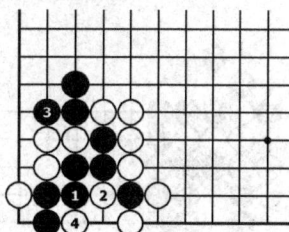

黑1粘是正确的下法，至白4，成劫杀。

第613题

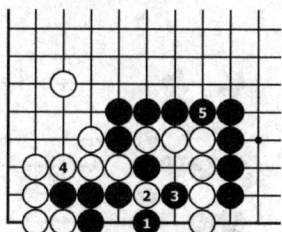

黑1虎是要点，至黑5，白棋被杀。

第614题

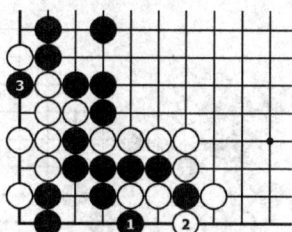

黑1打吃是正确的下法，至黑3，白棋被杀。

第615题

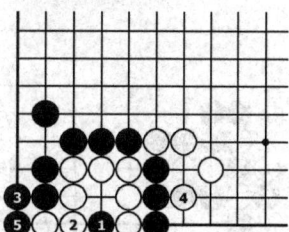

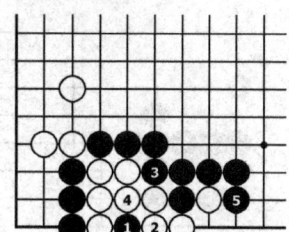

黑1靠是要点，至黑5，白棋被杀。

第616题

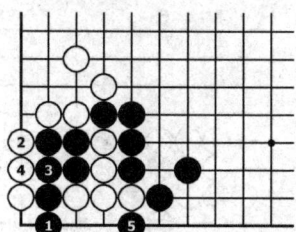

黑1立是要点，至黑5，白棋的气不够。

第617题

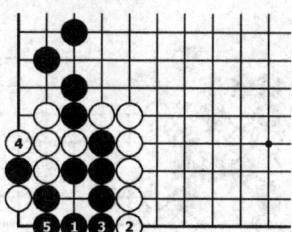

黑1做眼只此一手，至黑5，白棋被杀。

第618题

黑1靠是要点，至黑5，白棋被杀。

第619题

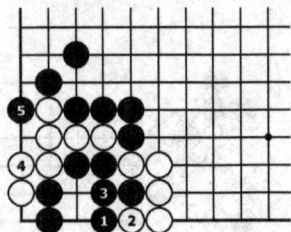

黑1虎是正确的下法，至黑5，白棋被杀。

第620题

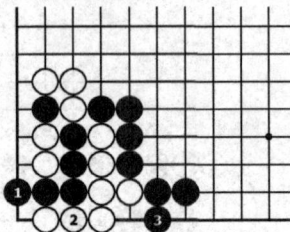

黑1立是延气的好手，至黑3，白棋被杀。

第621题

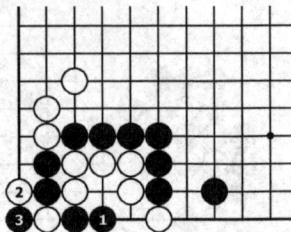

黑1长是必然的下法，至黑3，成劫杀。

第622题

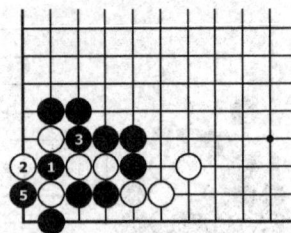

④＝❶

黑1、黑3扑完打吃是紧气的好手，至黑5，成劫杀。

第623题

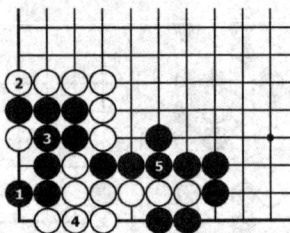

黑1立是正确的下法，至黑5，白棋被杀。

第624题

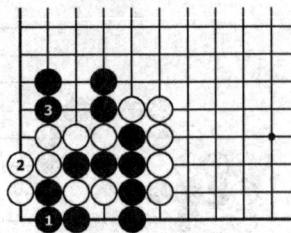

黑1粘是好手，至黑3，白棋被杀。

第625题

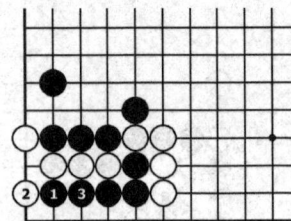

黑1夹是紧气的要点，至黑3，白棋被杀。

第626题

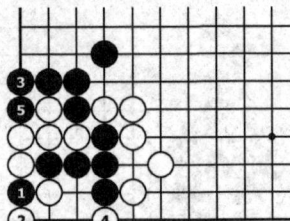

黑1、黑3扑完立是紧气的好手，至黑5，白棋被杀。

第627题

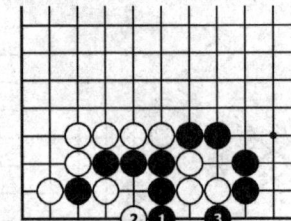

黑1立是正确的下法，至黑3，白棋被杀。

第628题

黑1点是好手，至黑3，白棋被杀。

第629题

黑1、黑3挖完打吃是紧气的好手，至黑7，白棋被杀。

第630题

黑1打吃是正确的下法，至黑3，白棋被杀。

第631题

黑1、黑3立完挡是延气的好手，至黑5，白棋被杀。

第632题

黑1点是正确的下法，至黑5，白棋被杀。

第633题

黑1打吃只此一手，至黑3，白棋被杀。

第634题

黑1粘是延气的要点，至黑5，白棋被杀。

第635题

黑1扳是好手，至白2，成劫杀。

第636题

黑1粘是延气的好手，至黑5，白棋被杀。

第637题

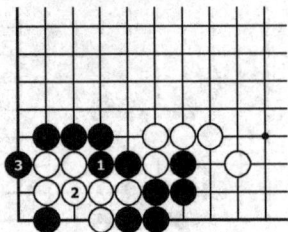

黑1挤是好手，至黑3，
白棋被杀。

第638题

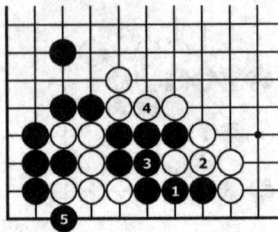

黑1粘是延气的好手，
至黑5，白棋被杀。

第639题

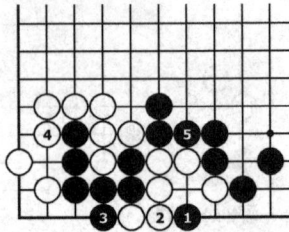

黑1点是要点，至黑5，
白棋被杀。

第640题

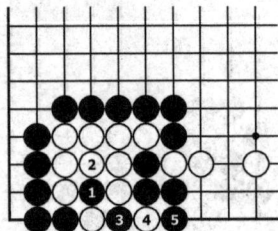

黑1、黑3扑完再扑是好
次序，至黑5，成劫杀。

第641题

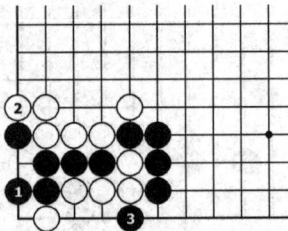

黑1立只此一手，至黑
3，成劫杀。

第642题

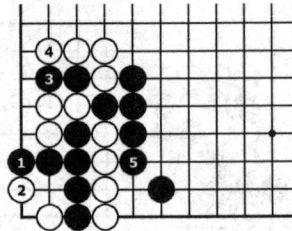

黑1立是延气的要点，至
黑5，白棋被杀。

第643题

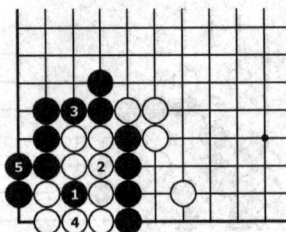

黑1扑是正确的下法，至
黑5，白棋被杀。

第644题

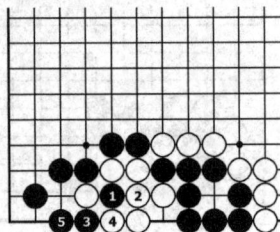

黑1、黑3打吃再反打
是要点，至黑5，白棋
被杀。

第645题

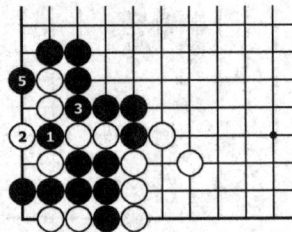

④＝❶

黑1、黑3扑完再打是紧
气的好手，至黑5，白
棋被杀。

第646题

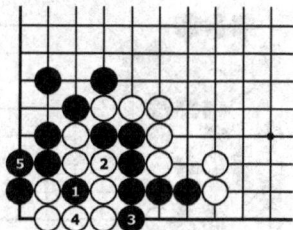

黑1扑是紧气的要点，至黑5，白棋被杀。

第647题

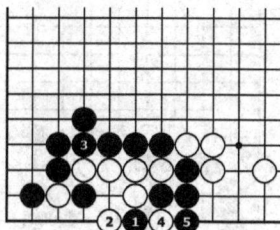

黑1、黑3扳完打吃是紧气的好手，至黑5，成劫杀。

第648题

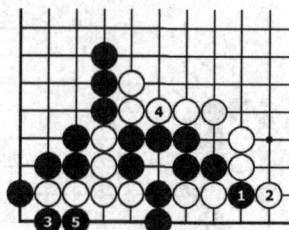

黑1断是延气的好手，至黑5，白棋被杀。

第649题

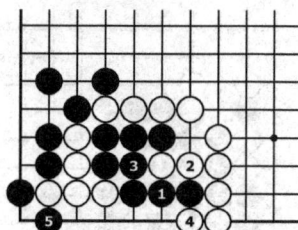

黑1粘是必然的下法，至黑5，白棋被杀。

第650题

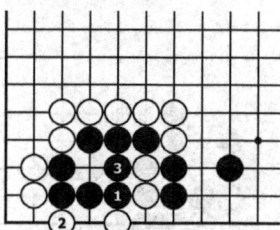

黑1挤是要点，至黑3，白棋被杀。

第651题

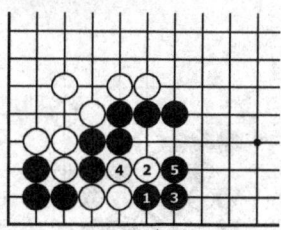

黑1靠是紧气的好手，至黑5，白棋被杀。

第652题

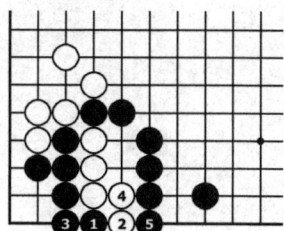

黑1扳是正确的下法，至黑5，白棋被杀。

第653题

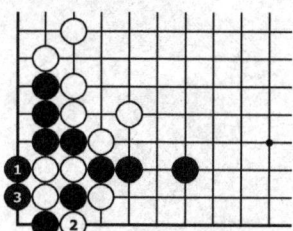

黑1打吃是必然的下法，至黑3，成劫杀。

第654题

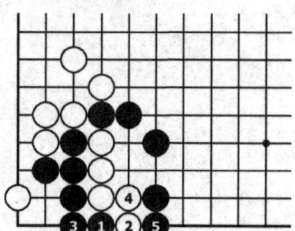

黑1扳是紧气的要点，至黑5，白棋被杀。

第655题

第656题

第657题

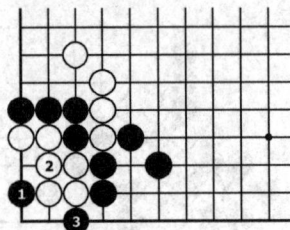

黑1靠是要点，至黑3，
白棋被杀。

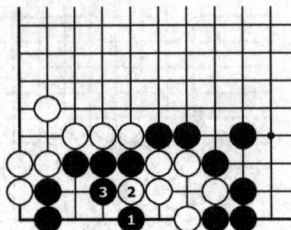

黑1跳是对杀的要点，
至黑3，白棋被杀。

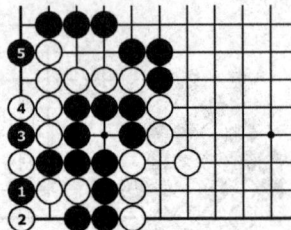

黑1、黑3连续扑是好
棋，至黑5，白棋被杀。

第658题

第659题

第660题

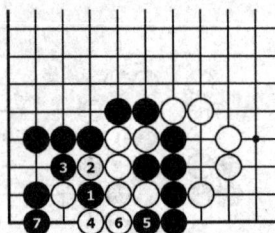

黑1、黑3挖完打吃是紧
气的好手，至黑7，白棋
被杀。

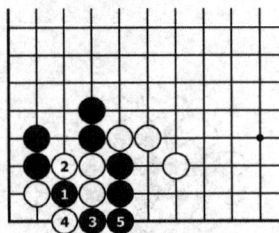

黑1、黑3挖完打吃是紧
气的好手，至黑5，白棋
被杀。

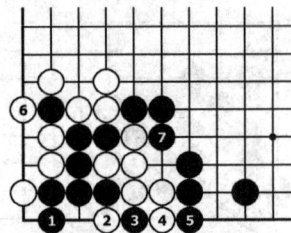

黑1立是延气的好手，白
2扳，黑3扑是要点，至
黑7，白棋被杀。